Gongyinglian Qiyejian
Xinren de Chansheng Jizhi Yanjiu

供应链企业间信任的产生机制研究

—— 基于中国制造业的实证

杨静 著

经济科学出版社
Economic Science Press

图书在版编目（CIP）数据

供应链企业间信任的产生机制研究：基于中国制造业的
实证 / 杨静著. —北京：经济科学出版社，2016.2
ISBN 978 - 7 - 5141 - 6565 - 4

Ⅰ. ①供…　Ⅱ. ①杨…　Ⅲ. ①制造工业 - 供应链管理 -
研究 - 中国　Ⅳ. ①F426.4

中国版本图书馆 CIP 数据核字（2016）第 019983 号

责任编辑：周国强
责任校对：杨晓莹
责任印制：邱　天

供应链企业间信任的产生机制研究
——基于中国制造业的实证
杨　静　著
经济科学出版社出版、发行　新华书店经销
社址：北京市海淀区阜成路甲 28 号　邮编：100142
总编部电话：010 - 88191217　发行部电话：010 - 88191522
网址：www. esp. com. cn
电子邮件：esp@ esp. com. cn
天猫网店：经济科学出版社旗舰店
网址：http://jjkxcbs. tmall. com
北京季蜂印刷有限公司印装
710 × 1000　16 开　16.75 印张　290000 字
2016 年 3 月第 1 版　2016 年 3 月第 1 次印刷
ISBN 978 - 7 - 5141 - 6565 - 4　定价：68.00 元
（图书出现印装问题，本社负责调换。电话：010 - 88191502）
（版权所有　侵权必究　举报电话：010 - 88191586
电子邮箱：dbts@ esp. com. cn）

　　本书受浙江省自然科学基金"基于网络嵌入性的组织间信任对合作创新绩效的影响机理研究（LQ13G020006）"、国家自然科学基金"创新型企业组织间信任的形成机理及效应研究——嵌入性视角（71403253）"、浙江省人文社科基地"管理科学与工程"和浙江省哲社重点研究基地"产业发展政策研究中心"联合资助。

前　言

在中国传统文化中，"信"是个人立身之本，是国家的财富。古人云："自古皆有死，民无信不立"（《论语·颜渊》）；"信，国之宝也，民之所庇也"（《左传·僖公二十五年》）。在经济快速发展的今天，随着竞争的全球化、资源的全球化、技术的全球化，企业的竞争形态和赖以制胜的资源基础正在发生深刻变化，企业的发展越来越依赖于组织间的信任、网络及合作关系。市场竞争不再是企业间在某一时间、某一地点、某一局部市场的竞争，已经转变为供应链之间跨时间、跨空间、全方位的竞争，企业已经无法选择是否与外部伙伴建立关系，网络已经成为企业不可避免的一种组织形式，合理选择并有效管理这些网络关系才是明智的选择（Ritter, Wilkinson & Johnston, 2002; Ritter & Gemünden, 2003; 孙颖，2009）。

根据交易成本理论，组织间信任有助于交易双方采取合作的态度，降低交易成本，降低机会主义行为的风险（Artz & Brush, 2000; Dyer & Chu, 2003; 李永锋、司春林，2007; 卓翔芝等，2009）。根据资源理论，信任对于网络中的组织间合作及资源获取十分重要（Gulati, 1999; Nahapiet, 1998; Payan, 2007; Tamara Kugler, 2007），以信任为基础的网络是企业获得竞争优势的来源之一（Saxenian, 1999）。根据博弈论，信任会改变博弈的收益函数，从而使企业间的"非合作博弈"转向"合作博弈"（Gulati, Khanna & Nohria, 1994; Parkhe, 1993a）。根据社会交换理论，信任以"嵌入"的形式存在于社会网络当中，建立一定程度的相互信任是经济领域的交换行为发生的基础（Granovetter, 1985; Rousseau et al, 1998; 王海萍，2006）。

据美国《财富》杂志报道，美国中小企业平均寿命7年，大企业平均寿命40年；而中国中小企业的平均寿命2.5年，集团企业的平均寿命也仅7～8年。中国的企业像流星一样可以辉煌一时，却难以辉煌一世；创造了很多的神话和奇迹，却难以创造悠久的历史。因此，制造业的未来发展、长远发展是当前企业网络化发展中的难题之一。然而，当前企业间的"信"也面临着严峻考验，在经济利益的诱惑下，企业已经越来越难以做到"重信轻利"。因此，正确把握和建立企业间信任及合作关系，是企业健康发展的保证。它不仅可以使企业赢得良好声誉，而且还是企业长远利益的根本所在。

因此，本书以"信任"作为研究的切入点，以制造业企业为主体，从企业的视角探讨组织间信任的产生机制及其对合作的影响；并探索基于本土文化的信任维度划分及信任与合作的演化路径，这也将是一项具有理论探索性和现实紧迫性的研究。

本书的主要研究内容包括以下几方面：

1. 供应链企业间信任的产生机制

本书将信任的影响因素研究与机制性研究相结合，把供应链内企业间影响信任产生的因素分为三个方面：①供应商（受信方）特征，包括供应商的能力、声誉、产品及人员，其中，产品及人员是本书引入的新变量；②企业与供应商（施信方与受信方）的关系特征，包括交往经验、相互依赖性及沟通；③企业自身（施信方）特征，包括企业的规模、性质、所在的地区以及股份制改造情况。此部分新变量的引入及函数的构建为本书的创新点之一。

2. 供应链企业间信任维度的划分

中国文化是以儒家文化为代表的东方文化，是一个典型的"人情"社会，在这种文化背景下，基于西方文化背景的信任维度划分是否仍然适合中国企业是值得商榷的。因此，本书没有完全采用国外的信任维度划分，而是在以往文献总结的基础上，通过实地访谈，结合中国企业的背景、文化进行修改，将信任划分为"计算型信任"和"关系型信任"两个维度，并以此作为进一步分析的基础。信任维度的划分为本书的创新点之二。

3. 供应链企业间信任对合作的影响研究

与以往事先根据即定条件对合作进行分类的做法不同，本书通过探索性因子分析，针对企业及行业的特色对合作进行分类，并通过确定性因子分析检验其有效性，在此基础上进一步探讨不同信任与合作之间的关系、信任与合作的演化路径以及信任与合作的最佳匹配类型。

4. 基于中国制造业的实证研究

信任的研究近些年来得到国外学者们的普遍关注，并且发展迅速，但大部分理论研究都基于西方文化，而经验研究也是以西方企业为样本。国外研究的结论是否具有跨文化、跨地域的适用性，还有待通过其他文化、地区的样本进行检验。基于中国制造业的实证研究为本书的创新点之三。

基于制造业的特点、快速发展、经济地位及存在的问题等几个思考，选择以中国制造业为样本进行实证研究。调查选择河北、浙江、北京、天津四个省市进行简单随机抽样，共发放问卷 700 份，获得有效样本 316 个。在数据的处理过程中采用 CITC 分析、探索性因子分析、确定性因子分析、独立样本 T 检验、方差分析、相关分析、回归分析以及结构方程模型等多种方法，在检验数据信度及效度的同时对假设和模型进行分析和验证。

5. 基于数据，为供应链企业构建信任框架提供对策建议

基于大样本的调研及数据分析结论，为供应链企业竞争优势的获取提出以下几个建议：①企业在选择供应商时要考虑能力的最佳匹配，关注供应商能力与关系型信任的"倒 U 型"关系；②谨慎对待曾经的交往或合作经验；③关注"人际"信任向"企业"信任的传递；④根据企业自身特征选择合适的合作伙伴；⑤寻求信任与合作的最佳匹配。

本书在撰写的过程查阅并参考了大量的国内外文献，对相关研究学者及研究成果的引用都进行了说明，在此一并感谢学者的观点、研究为本书撰写带来的帮助。同时，由于笔者学识有限，若在本书撰写中有任何不当之处，恳请各位专家批评指正。

本书是基于笔者博士论文的基础进行修改、完善、整理而成，在本书交稿之际要衷心感谢我的恩师宝贡敏教授，他用自己渊博的学识感染我，并在各章节的修改中均提供宝贵意见。感谢在调研过程中各位老师、朋友、企业人士的帮助，得以顺利完成大量详实数据的收集，并获得了宝贵的企业经验。感谢父母、家人给予的理解和支持，使书稿可以顺利撰写完成。

杨　静

2015 年 11 月于杭州

I

第1章 绪　　论

1.1　信任是企业网络化发展的重要资源

中国经济经过近 30 年的发展，凭借廉价的劳动力、原材料资源、低估的人民币汇率在国际竞争中不断取得比较优势，然而随着全球竞争的不断推进和产业技术的快速变革，企业的竞争形态和赖以制胜的资源基础正在发生深刻变化。在当前企业网络化（企业组织的网络化发展和企业创新范式的网络化）背景下，企业的发展越来越依赖于组织间的网络及合作关系。市场竞争不再是企业间在某一时间、某一地点、某一局部市场的竞争，已经转变为供应链之间跨时间、跨空间、全方位的竞争，企业要想在市场上取得成功，就必须和供应商、客户建立紧密的伙伴关系，通过供应链的整体协作，增强各节点企业的核心竞争力，从而加快市场的反应速度，在更好地满足市场需求的同时，降低成本，提高竞争力。企业已经无法选择是否与外部伙伴建立关系，网络已经成为企业不可避免的一种组织形式，合理选择并有效管理这些网络关系才是明智的选择（Ritter，Wilkinson & Johnston，2002；Ritter & Gemünden，2003；孙颖，2009）。

组织间信任作为组织中一项重要的资源，以"嵌入"的形式存在于网络当中，对于网络中的资源获取十分重要，以信任为基础的网络是企业获得竞争优势的一个来源（Granovetter，1985；王海萍，2006；Saxenian，1999；Payan，2007；Tamara Kugler，2007）。组织间的信任环境对组织网络关系、组织间合作效果均有非常重要的影响（Dyer & Chu，2003），低信任和高信任环境下的样本有很大的差异（孙颖，2009），在不同的信任水平下均有与之最为匹配的合作类型（Das & Teng，2001；Kwon & Suh，2005）。

尽管经济学、社会学、心理学、管理学等学科对信任的理解不尽相同（Deutsch，1958；Hosmer，1995；Luhmann，1979，1988；Rousseau et al，1998），但对于信任的重要性认识却是一致的。例如，信任可以促进合作（Gambetta，1988）；改变组织形式，改善组织网络关系（Miles & Creed，1995；Miles & Snow，1992）；减少交易费用和组织间冲突（Dyer & Chu，2003；Heide & John，1988；Nooteboom，1993a；Nooteboom，Berger & Noorderhaven，1997）等；同时信任还可以提高供应链整体的反应速度，尤其是面

对突发事件和危机时的应变能力。

然而，当前中国社会的整体信任度偏低，阻碍了合作的发展，企业间的"信"正面临着严峻考验，在经济利益的诱惑面前，企业很难做到"重信轻利"。但企业间的信任是一把"双刃剑"，只要正确的把握企业间信任并建立合作关系，一定可以使企业在赢得声誉的同时，获得更多的长远利益，这不仅有益于企业，也会有益于社会。福山（1995）指出整个社会的信任程度不仅与企业的发展息息相关，而且对整个经济的发展都有至关重要的影响。通过信任以及合作，制造商（买方）可以得到物料的供应保障，同时获得更低的价格、更好的服务、更多的培训和新产品信息；而供应商（卖方）可以得到更准确的产品销售信息，更好地了解市场需求，拥有更稳定的客户。

在信任影响因素的诸多研究中，多是根据信任不同类型建立各自不同的信任影响因素模型（Bulter，1991；Boies，Finegan & McNally，2005），缺乏系统的归类和分层次的研究。在信任的影响因素研究中，可以发现"资源"是信任的基础，"信息"是信任的媒质（霍荣棉，2009），由初始信任关系而创造的资源会成为信任进一步发展的信息，进而形成信任的"动态"变化过程。

本书中将对信任的影响因素进行系统的归类与分析，构建适合中国文化的企业间信任模型，并探索信任演化的动态过程。并以此为基本出发点；以本土文化、本土企业作为基本立足点；以期在理论上可以丰富相关领域的研究，并在实践中给企业提供建立信任的指导框架，以提高企业及整个供应链的竞争优势。

1.2 中国制造业的发展与样本选择

1.2.1 中国制造业的发展现状

在过去 20 年中国的制造业发展很快，凭借廉价的劳动力、原材料资源、低估的人民币汇率在国际竞争中不断取得比较优势，从图 1.1 中可以看到，到 2011 年中国制造业增加值已居世界第二位，仅次于美国，并远高于日本。到了 2013 年中国的工业增加值已经赶超美国。然而随着全球竞争的不断推进和产业技术的快速变革，企业的竞争形态和赖以制胜的资源基础正在发生深刻变化,中国制造业来到了一个新的十字路口,"中国制造业该走向何处?"
已成为近年来的热门话题。

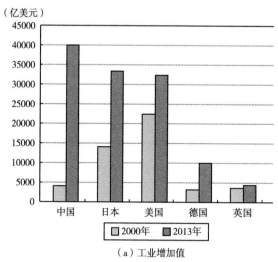

(a) 工业增加值

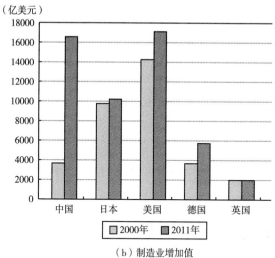

(b) 制造业增加值

图 1.1　近 10 年各主要国家工业与制造业增加值

资料来源:国家统计局。

中国制造业的发展将开始依赖于产业升级、创新,产业必须要有更高的
附加值,随之中国制造业必须要拥有更多的自主知识产权、具备更强的研发
能力。从图 1.2 可以看出研发经费、研发投入强度都在逐年增加,企业对产

业升级的意识和重视度都在增强。

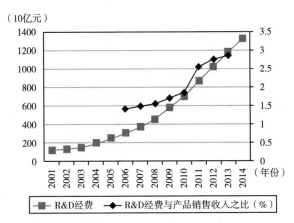

图 1.2 近 14 年全国 R&D 经费投入强度

资料来源：国家统计局。

而在当前企业网络化背景下，单个企业越来越难掌握各种知识并独立开发所有技术，企业必须与不同组织进行合作，以交换、获取各种知识、信息等资源，获得持续竞争优势，也就是说，关键的创新越来越依赖于组织间的网络及合作关系。尤其对于中小企业来说，合作更是必由之路。

从 2013 年制造业的 PMI 指数可以看到，始终围绕 50.5% 上下小幅波动，连续 10 个月位于临界点以上，显示目前我国制造业运行总体平稳，但中小企业的 PMI 仍位于临界点以下，仍面临着资金紧张、劳动力成本增长过快、技术落后等诸多困难和问题。

当然，如果"中国制造"能够用技术、品牌来应对目前所面临的危机，那么危机就会变成机遇。当进行了产业结构的调整和升级，更多的制造业企业以高附加值产品进入到产业链上游竞争，且进入到品牌竞争中，则"中国制造"就可以改变低成本、低价格的低端形象，使自己在全球化的舞台上彻底告别"跑龙套"，而转变成世界舞台的主角。

通过对竞争环境和制造业的分析可以看到，当前随着企业的网络化发展、市场的竞争模式改变，企业自身核心竞争力的深入挖掘与企业间战略性合作的开展将共同形成企业的竞争优势，两者缺一不可。合作已经渗透到企业的发展战略当中，在竞争中合作，通过合作提升企业的核心竞争力，建立互利

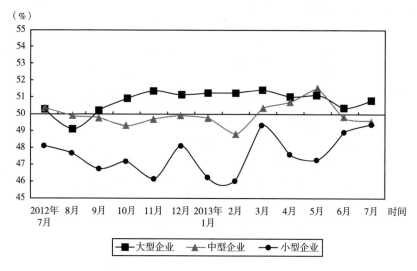

图 1.3   2012~2013 年制造业 PMI 指数

注：50% = 与上月比较无变化。

资料来源：国家统计局。

互惠的合作竞争关系已成为共识（王群力，2008）。

1.2.2   以制造业为研究样本的思考

在经验研究的样本选择上，本书将其限定在制造业，对制造业企业与其供应商之间信任及合作的关系进行研究。对于将样本选定在制造业企业，主要基于以下几方面的考虑：

（1）思考一：基于制造业企业的特点。

首先，制造企业与其供应商产品的关联度较高，相比较其他行业，更需要与供应商建立长期稳定的合作关系。而在长期的合作关系中，信任是必不可少的（Das & Teng，1998，2000，2001；Gulati，1995a，1995b，1998；Nooteboom，1993a，1993b，1996；Nooteboom，Berger & Noorderhaven，1997；Payan，2007；Kugler，2007），在我国的工业企业中，各种物料的采购成本更是高达企业销售成本的70%，因此供应商的选择与企业的赢利息息相关。供应商的重要性也使得如何与供应商建立信任，如何促进合作的研究显得更具理论和实践意义。其次，制造企业与供应商的交往频率较高，且不会轻易更换厂家。交往次数的增加使得交易费用所占比例提高（Williamson，1975），企业间更需要信任以降低信息收集、合约签定等各项交易费用（Anderson & Narus，1990；Batt，2003；Dwyer，Schurr & Oh，1987），制造企业也会更加注重与供应商之间信任的培育。通过企业间信任的建立，可以有效减少谈判、合同制定等交易费用，提高合作效率。

（2）思考二：基于制造业企业的发展。

制造企业的技术发展很快，对于供应商拥有的专有技术，一方面可能由于知识产权保护意识不够很快被模仿、价值降低；另一方面，也有可能随着相关技术的出现其利用程度增加，或市场更为成熟其利用范围更广，从而使该技术价值增加（戚昌文、柳福东，2000）。无论是哪种情况，企业与供应商合作的博弈矩阵会发生改变，这时信任对于合作的维持显得尤其重要。因此，在制造企业与供应商的关系中，不仅合作非常重要，如何维持合作更显得尤其重要，而在这一过程中，信任的作用会得到充分体现，企业间信任建立的研究也就更具意义。

（3）思考三：基于制造业企业的地位。

由于制造业是中国经济的支柱，对于制造业企业的研究具有很强的实践意义。中国制造业近年来取得长足发展，但中国仍称不上制造强国。在中国由"制造大国"向"制造强国"的转变过程中，无论是其"核心技术"的发展，还是竞争优势的建立，都需要企业与其供应商的紧密合作。因此，对于制造企业与其供应商的信任与合作研究，为企业打造以信任为基础、以合作为纽带的竞争优势框架，为我国制造业企业的发展提供一定的对策建议。

（4）思考四：基于制造业企业存在的问题。

制造业在我国的"工业化"战略过程中扮演着重要角色，虽然近年来制造业的发展已取得长足进步，但与发达的工业化国家相比还存在一定的差距，尤其是中小制造业企业的发展也面临很多困境。据美国《财富》杂志报道，美国中小企业平均寿命7年，大企业平均寿命40年；而中国中小企业的平均寿命2.5年，集团企业的平均寿命也仅7~8年。中国的企业像流星一样可以辉煌一时却难以辉煌一世；创造了很多的神话和奇迹，却难以创造悠久的历史。这也是本书选择以制造业为调查及研究对象的原因，以求通过大量调查，发现其中原因，并能够提供一定的对策及建议。

1.3 研究的理论与实践意义

（1）理论意义之一：拓展信任研究的领域，推进企业间信任的研究。

当前，我国对信任的研究相对来说较国外落后很多，且目前的研究中侧重于人际间信任、消费者与企业间信任的研究，而专门针对企业间信任的研究较少，尤其是相关的经验研究更少。本书将针对中国企业的文化背景，进行企业间信任的研究，推进这一研究领域的发展。

（2）理论意义之二：丰富企业间信任领域的研究方法及研究成果。

本书针对中国企业的文化背景，完善企业间信任的产生机制并进行信任的维度划分，改变将西方已有成果直接借鉴的思路；同时以中国制造业企业为样本，通过经验研究进行检验。由于目前以中国企业为样本进行企业间信任实证研究得不多，通过本书将开拓这一领域的研究方法，丰富这一领域的研究成果。

（3）实践意义之一：在企业竞争合作的关系中，有助于开阔企业的思路。

打造以信任为基础的，企业间合作及竞争优势的指导框架。在与对方建立伙伴关系时不仅是靠契约、合同来建立合作，而是通过建立更深层次的信任，使双方的关系更稳定、更持久。

（4）实践意义之二：发现不同区域制造业企业间的差异。

通过对河北、浙江、北京及天津几个省市的制造业企业进行经验研究，了解不同因素对信任建立的影响，分析信任与合作间的演化路径，探索信任与合作间的最佳匹配类型。通过这些研究，企业在实践中可以避免进入"误区"，为企业的发展提供借鉴和指导。

（5）实践意义之三：有助于为提升供应链效率提供数据指导。

通过对信任及合作关系的研究，不仅可以给供应链上各节点企业以指导，还可以提高整个供应链的效率及竞争优势。根据信任与合作的演化路径，可以对不同发展阶段的供应链企业给予不同的战略指导，同时，通过供应链效率的提高，促进库存周转，以实现"零"库存的管理，从而实现企业真正意义上的 JIT 生产。鉴于制造业在我国经济发展中的重要性，制造业供应链竞争优势的提高，必将对整个经济的发展起到巨大的推动作用。

1.4 技术路线与研究方法

（1）技术路线。

技术路线是本书的总体研究规划，包括选题、研究框架、研究过程以及研究结论等部分，归纳如图 1.4 所示。

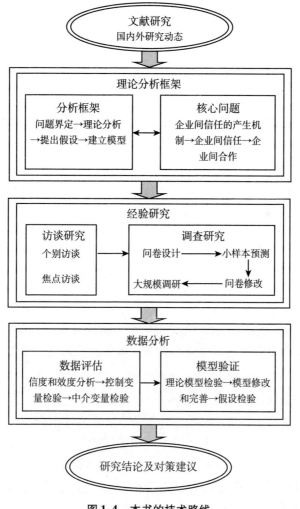

图 1.4 本书的技术路线

（2）研究方法。

本书中所采用的研究方法主要包括文献研究和经验研究两大类，涉及深度访谈、小样本预测、大样本调查等多种形式。

1）文献研究。

系统的阅读、梳理国内外与供应链伙伴关系和企业间信任相关的文献，总结以往研究成果的长处与不足，作为本书的理论基础。在借鉴前人研究的基础上，结合中国企业的本土文化，提出供应链企业间信任的产生机制，以及信任与合作的关系，建立研究的分析框架和理论模型。

2）经验研究。

本书主要采用的经验研究方法包括：访谈研究和调查研究，将经验研究的方法及过程归纳总结，如表 1.1 所示。

表 1.1 经验研究方法及过程

访谈研究		调查研究	
		小样本预测	大规模调研
目的	对已有量表进行适合本土企业文化的修改；对于本书的新变量，设计适合的量表	修正测量条款，提高问卷的信度及效度	获取本书所需的数据
资料分析方法	描述性统计分析	CITC 分析，探索性因子分析	确定性因子分析，独立样本 T 检验，方差分析，相关分析，回归分析，结构方程模型

访谈研究中多采用非结构化的开放式深度访谈，访谈对象包括相关领域的学者和企业高层领导，访谈方式包括个别访谈（face-to-face）和焦点访谈（focus interview）。在文献研究的基础上，通过访谈研究，一方面将前人研究的量表针对我国企业的文化背景进行修改；另一方面，针对本书的新变量，在访谈研究的基础上产生适合的量表。

调查研究分为小样本预测和大样本调查，调查主要采用问卷邮寄和专门走访两种方式，样本的选择采用简单随机抽样的原则。小样本预测在天津市制造业企业进行，发放问卷 60 份，回收 52 份，获得有效问卷 35 份，共历时一个月。针对小样本的回收数据，采用 CITC 净化条款、α 信度系数法评估信度。在对问卷进行修正的基础上，进行大规模的问卷调查，以河北、天津、浙江及北京四个省市作为区域调查范围，以制造业企业为调查对象，共发放问卷 700 份，回收 386 份，获得有效问卷 316 份，历时四个月。研究中用到的统计分析方法包括探索性因子分析、确定性因子分析、独立样本 T 检验、方差分析、相关分析、回归分析以及结构方程模型等。

1.5　研究内容和结构安排

本书内容以技术路线为主线，具体安排如图 1.5 所示。

首先，从不同视角对供应链伙伴关系的相关文献进行回顾，包括交易费用视角、资源视角、博弈视角和社会学视角，本书发现，在供应链企业间合作的影响因素上，尽管各视角关注的侧重点各不相同，但"信任"是各种理论共同关注的焦点之一：交易费用视角强调意图信任，资源视角强调能力信任和意图信任，博弈视角强调理性信任，社会学视角强调了解型信任和阻止型信任。此外，虽然各视角对信任方式的讨论各异，但信任对合作的影响却是被认可的，也就是说，信任是合作产生的一个必要条件。

其次，本书以"信任"作为研究的切入点，从企业的视角探讨了供应链企业间信任的产生机制、维度划分以及信任对合作的影响，进而探索出企业通过信任建立供应链伙伴关系的途径，并试图发现企业间信任及合作的演化路径。本部分研究内容包括以下几方面：

（1）供应链企业间信任产生机制的完善。

将信任的影响因素研究与机制性研究相结合，按照信任产生的特征机制，将影响信任产生的因素进行归类，分为三种特征：①供应商（受信方）特征，包括四部分：供应商的能力、声誉、产品及人员，而产品及人员是本书引入的新变量；②企业与供应商（施信方与受信方）的关系特征，包括三种关系：交往经验、相互依赖性及沟通；③企业自身（施信方）特征，包括企业的规模、性质、所在的地区以及股份制改造情况。

在供应商特征中，加入针对供应商产品及人员特征的新变量："供应商产品的重要性"和"对供应商人员的信任"，是对以往企业间信任研究的一个补充。对于企业自身特征对信任的影响，很少有学者放入模型中进行经验

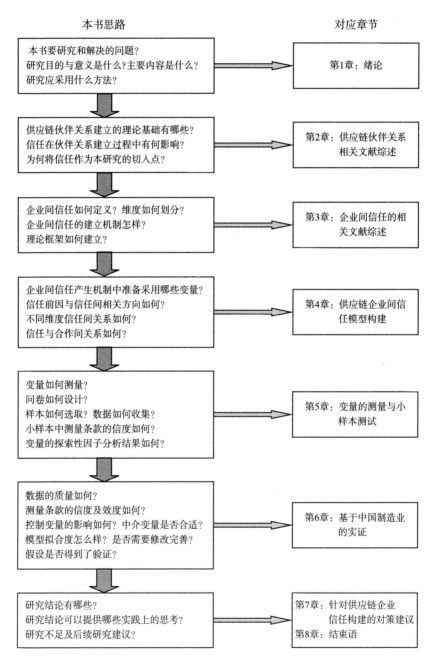

本书思路　　　　　　　　　　　　　　对应章节

本书要研究和解决的问题?
研究目的与意义是什么?主要内容是什么?　　　→　　第1章:绪论
研究应采用什么方法?

供应链伙伴关系建立的理论基础有哪些?　　　　　第2章:供应链伙伴关系
信任在伙伴关系建立过程中有何影响?　　　→　　相关文献综述
为何将信任作为本研究的切入点?

企业间信任如何定义?维度如何划分?　　　　　　第3章:企业间信任的相
企业间信任的建立机制怎样?　　　　　　→　　　关文献综述
理论框架如何建立?

企业间信任产生机制中准备采用哪些变量?　　　　第4章:供应链企业间信
信任前因与信任间相关方向如何?　　　　→　　　任模型构建
不同维度信任间关系如何?
信任与合作间关系如何?

变量如何测量?
问卷如何设计?　　　　　　　　　　　　　　　　第5章:变量的测量与小
样本如何选取?数据如何收集?　　　　　→　　　样本测试
小样本中测量条款的信度如何?
变量的探索性因子分析结果如何?

数据的质量如何?
测量条款的信度及效度如何?　　　　　　　　　　第6章:基于中国制造业
控制变量的影响如何?中介变量是否合适?　→　　　的实证
模型拟合度怎么样?是否需要修改完善?
假设是否得到了验证?

研究结论有哪些?　　　　　　　　　　　　　　　第7章:针对供应链企业
研究结论可以提供哪些实践上的思考?　　　→　　　信任构建的对策建议
研究不足及后续研究建议?　　　　　　　　　　　第8章:结束语

图1.5　本书思路和结构安排

研究，本书将企业特征对信任及合作的影响进行深入分析，并针对中国经济转型期这一特殊背景，加入"股份制改造情况"这一特征。这些变量的引入，使企业间信任的产生机制更加完善，并且更针对本土文化背景，也使经验研究的结果更具有针对性和实践指导意义。

另一方面本书认为，在对企业间信任的研究中，将施信方企业的特征作为控制变量更适合信任的研究，根据信任产生机制的三个方面，将其简化为如下函数。

信任 = f{供应商特征(能力、声誉、产品、人员)，关系特征(交往、依赖、沟通)，企业特征}

其中，①②部分中的因素将构成本书中的自变量，即信任的前因；③部分中的因素将作为本书中的控制变量，分析其对信任及合作的影响差异。

（2）供应链企业间信任维度的划分。

通过对以往信任维度的研究，本书发现这些研究基本是以西方文化为背景，经验研究也都以西方企业为样本。这种以西方文化为背景的分类方式是否适合中国企业呢？这也是本书提出的一个疑问，毕竟中国文化是以儒家文化为主导的东方文化，是一个典型的"人情"社会。因此，本书没有照搬国外的研究方式，而是在以往文献研究的基础上，通过实地访谈，根据中国企业的背景、文化进行调整，将信任划分为"计算型信任"和"关系型信任"两个维度，并以此作为进一步分析的基础。

（3）供应链企业间信任对合作的影响研究。

有别于以往事先根据即定条件对合作进行分类的做法，本书通过探索性因子分析，针对企业及行业的特色对合作进行分类，并通过确定性因子分析检验其有效性。通过本部分的研究，将试图发现不同信任与不同合作之间的关系、信任与合作的演化路径，以及信任与合作的最佳匹配类型。

再次，针对中国的制造业企业进行大样本实地调查，对问卷的信度及效度进行严格的分析，并用结构方程模型来分析各变量之间的关系，对提出的理论模型进行检验、修改和完善，并对本书提出的假设进行验证，总结结果及发现。

最后，通过调查及数据分析的结果，为供应链企业信任的构建提供相适应的对策建议，并为企业间合作的建立提供更适合自身发展的演化路径。

第2章　供应链伙伴关系相关文献综述

目前，国内外学者已经从多个视角对供应链内企业伙伴关系进行探讨，包括资源视角、交易费用视角、博弈视角、社会学视角等，并在不同层次和程度上，揭示其内在规律。

2.1　基于交易费用视角的供应链伙伴关系

新古典经济学中假设交易无成本，即交易费用为零。1937年，科斯发表《企业的性质》，首次提出交易费用（transaction cost）的概念，认为市场运行中存在着"交易费用"。该理论主要关注企业在组织其跨边界活动时，如何将生产费用和交易费用最小化，供应链伙伴关系就是企业间为了实现某种战略目标而达成的一种契约关系，是企业间合作的一种方式。

威廉姆森（Williamson，1975，1985，1996）的研究细化和发展了这一理论，总结出交易费用的决定因素，增强了这一理论的可操作性。研究中将这些因素分为两类：一类是有关交易主体行为的；另一类是有关交易特性的。理论主要包括两个基本假设：有限理性、机会主义，三个基本维度：资产专用性、不确定性、交易频率。具体分析如下：

（1）人的有限理性（bounded rationality）。在古典经济学中假设人都是完全理性的，然而在现实的经济活动中，由于认知能力有限、信息不完全等原因，使得人的理性往往是有限的，决策中的非理性不可避免。

（2）机会主义的存在（opportunism）。所谓机会主义行为，指的是交易主体在经济活动中为了将自己的利益最大化，不惜利用对方弱点、损害对方利益的行为。机会主义行为的存在增加了交易的复杂性，同时增加了市场交易费用，如搜寻信息的费用、签订详细合约的额外费用等。因此交易个体的机会主义动机、利己行为的大小都会影响合作的方式（Nooteboom，Berger & Noorderhaven，1997）。

（3）资产的专用性（asset specificity）。专用资产是为了支持某一特定的交易而进行的耐久性投资（Williamson，1985）。如果合作被破坏或结束，则专用资产的转换价值非常低，甚至没有任何其他用途（Batt，2003；Williamson，1985）。所以说当一方的专用性资产投入越多时，对另一方的依赖性就越强，合作的风险也就会越大（Anderson & Weitz，1989；Gao，Sirgy & Bird，2005）。在交易中若双方同时投入大量的专用资产，那就可以增加相互的信任，因为转换成本的存在可以减少机会主义行为（Anderson & Weitz，1992；Batt，2003；Ganesan，1994；Williamson，1985）。

（4）交易的不确定性（uncertainty）。市场环境的变幻莫测、双方信息的不对称都会增加交易的不确定性，使交易、契约的签订变得复杂，同时增加交易的费用（Kwon & Suh，2005；Lee，Padmanabhan & Whang，1997）。库普曼斯（Koopmans，1985）将这种不确定性分为两类：一类是初级不确定性，即由于市场环境变化和消费者偏好改变所带来的不确定性；另一类是次级不确定性，即由于交易双方信息、依赖性不对称而导致的不确定性（转引自史占中，2001）。

（5）交易的次数（transaction frequency）。随着交易次数的增多，交易信息的收集费用、交易过程中的签约费用会大幅度增加。但多次的合作又使得双方相互了解，信任度提高，从而减少机会主义行为，降低合作风险，有利于合作效率的提高（Anderson & Narus，1990；Batt，2003；Dwyer，Schurr & Oh，1987）。

诺特博姆等（Nooteboom，Berger & Noorderhaven，1997）对双方的依赖性、资产专用性和机会主义行为的相互作用，以及这些因素对合作的影响进行了探讨，经验研究的结果如图2.1所示。

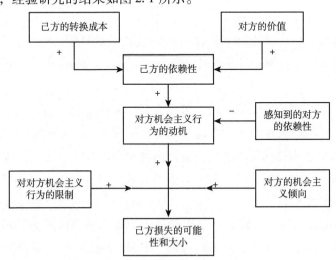

图 2.1 基于交易费用视角的分析框架

资料来源：Nooteboom，Berger & Noorderhaven（1997）。

交易费用在企业的总成本中占有很大的比重，并对交易的效率有很大影响，交易费用会占到经济活动总费用的 35% ~ 40%（North，1990；Williamson，1991；转引自：Dyer & Chu，2003）。而伙伴关系的建立正是有利于交易费用的降低，本书按照威廉姆森（Williamson，1975）的交易费用决定因素进行了分析。

首先，由于合作伙伴的长期交往，相互了解加深、信息交流通畅，搜寻信息费用将会有所降低（Dyer & Chu，2003）；同时双方的相互交流使得技术、文化相互渗透，彼此的认同会降低交易费用（Dyer & Chu，2003；Houston & Johnson，2000；McQuiston，2001）。

其次，合作伙伴之间的信任能够减少机会主义行为（Dyer & Chu，2003；Kwon & Suh，2005）。信任使双方不会为了短期的利益而进行机会主义行为，因为机会主义的利益不足以弥补合作中止的损失。信任还可以提高合作的效率（Gambetta，1988），因为双方的交流更加通畅，愿意将自己的关键信息告知对方，有效地降低了信息的不对称，也就减少了交易的费用（Dyer & Chu，2003；Heide & John，1990）。信任同时也可以减少由签订详细、完备的契约所带来的额外费用。

再次，供应链伙伴关系可以降低由于资产专用性带来的风险（Anderson & Weitz，1992；Batt，2003；Williamson，1985），合作双方一般共同投资金额巨大的专用性设备，双方风险均等可以减少一定的履约风险，从而也降低了交易费用。同时共同的抵押还可以形成可置信的承诺（Williamson，1983；张延锋，2003）。

最后，供应链伙伴关系的建立可以降低交易的不确定性。以上的分析曾指出交易的不确定性来自两个方面，首先合作双方可以共同抵御市场的变化，整体的抗风险能力和面对市场的应变能力都会强于单个企业，从而有效降低第一层不确定性；其次合作双方的信任和有效沟通可以降低双方信息不对称性（Batt，2003；Kwon & Suh，2005；Moorman Zaltman & Deshpande，1992；Morgan & Hunt，1994），而资产专用性风险的降低则有效降低了相互依赖的不对称（Anderson & Weitz，1992；Batt，2003；Heide & John，1988），也就有效降低了第二层不确定性。因此，伙伴关系可以有效降低不确定性，进而有效降低交易费用。

　　从以上的分析中可以发现，无论是有效的降低机会主义行为，还是通过有效的沟通减少信息不对称，信任都在其中起了非常关键的作用。

　　诺特博姆（Nooteboom）等针对交易费用视角下信任对交易费用的影响，以及信任对合作的影响作了系列的研究（Nooteboom，1993a，1993b，1996；Nooteboom，Berger & Noorderhaven，1997）。诺特博姆等（Nooteboom，Berger & Noorderhaven，1997）将信任分为两类：能力信任（competence trust）和意图信任（intentional trust），其中主要对意图信任进行讨论、分类，并对意图信任与合作的关系进行深入研究，见表 2.1。

表 2.1　　　　　　　　　　　　　合作的来源

	最高水平	最低水平
利己的	权威制裁的威慑（上帝、法律）	物质利益
利他的	道德规范：正确行为的标准/准则	朋友关系、血缘关系

　　资料来源：Williams（1988），转引自 Nooteboom，Berger & Noorderhaven（1997）。

　　信任是合作的一个必要条件，只考虑物质利益或者只靠制度的威慑、法规的强制是不够的，因为一方不可能完全控制另一方的行为，需要用信任来同时维系合作（Nooteboom，Berger & Noorderhaven，1997；Ring & Van de Ven，1994）。诺特博姆等（Nooteboom，Berger & Noorderhaven，1997）认为信任是一种对方不会利用自己弱点的主观预期，所有对机会主义行为的限制都可以被认为是一种信任。

　　从表 2.1 可以看到，在交易个体利己主义的情况下，需要依靠双方成本利益的计算来限制机会主义行为。在高利己主义范畴，合作来源于对法律的威慑，双方可以通过建立正式的合同、契约使得机会主义行为成本明显增加；在低利己主义范畴，合作来源于物质利益，违约行为可能会破坏长远利益，而且会损坏声誉。因此，在利己主义前提下，信任完全来自于成本利益的计算，一旦出现有利可图的机会主义行为，合作就会很容易破裂。

　　在个体利他主义的情况下，就可以通过道德规范、既有关系等来限制机会主义行为，从而建立更深层次的信任。在利他行为下的信任研究中又分为两类：一类是高利他行为下的基于制度或习俗的信任（institutionalization trust），例如：信任文化（trust literature），在"一般信任"较高的文化中，交易个体对他人甚至是不相识的人都有比较高的信任度，这种对外界环境整体都较高的信任，非常容易形成合作，并且是大范围的合作。另一类是利他主义较低情况下的基于习惯的信任（habitualization trust），这时的信任更多的是"特殊信任"，是靠既有关系来维系的，例如：血缘、亲缘、地缘等。这种信任限于某一群体，它带来的合作是限于某一特定群体或圈子，这种合作往往很牢靠但是范围却较小，产业集群是它的最佳体现，如乐清的低压电器、温州的服装、义乌的小商品等。

2.2　基于资源视角的供应链伙伴关系

20世纪70～80年代，普费弗和萨兰奇克（Preffer & Salancik，1978）发表《组织的外部控制：资源依赖观点》使资源依赖论得到理论界的重视；沃纳菲尔特（Wemerfelt，1984）提出了企业的资源基础论；普拉哈拉德和哈默尔（Prahalad & Hamel，1990）提出企业核心竞争力的概念，并对核心竞争力与企业持续竞争优势的关系进行了分析；巴尼（Barney，1991）提出了企业资源与企业持续竞争优势的关系。在战略管理领域对企业竞争优势根源的探讨中，主要存在两种观点：一是以产业组织理论为代表的竞争优势外因论；二是以企业资源基础理论（resource-based theory）为代表的竞争优势内因论（巫景飞，2005）。鲁梅尔特（Rumelt，1982）的经验研究表明"产业内长期利润率的分散程度要比产业间的分散程度更大，最重要的超额利润源泉是企业具有的特殊性，而非产业内的相互关系。"（转引自巫景飞，2005）。这也就表明，企业的竞争优势并非完全来自外部力量，企业自身的核心竞争力（core competence）才是企业持续竞争优势的源泉（Prahalad & Hamel，1990），而这也正是竞争优势内因论的主要观点。

资源基础论强调通过资源的合理利用来实现"价值最大化"，该理论有两个基本假设（Barney，1991；Peteraf，1993）：一是企业资源的异质性，即各个企业的资源是有较大的差异的；二是企业资源的不完全流动性，即各个企业中有价值的资源常常是稀缺的和难以模仿的，企业资源管理就是要识别、保护并有效地利用这些有价值的资源。

资源依赖论强调任何组织不可能拥有组织赖以生存和发展的所有资源，所有组织在某种程度上都要依赖于外部资源和环境（Preffer & Salancik，1978；费显政，2005；刁丽琳，2013）。该理论有四个假设：一是组织最关心生存；二是组织不能拥有为了生存和发展所需的全部资源；三是组织必须与外部环境互动；四是组织生存建立在一个组织控制自身与其他组织关系的能力之上（Preffer & Salancik，1978；转引自：马迎贤，2005；刁丽琳，2013）。因此，要想获得其他企业有价值的资源，就需要建立伙伴关系，而资源的整合也可以使双方企业的价值达到最大化。

供应链伙伴关系就是一种为了弥补自身资源的不足，从而使用或获取其他企业有价值资源的方式。在这一过程中企业间的竞争必然会从产品的竞争演化到资源的竞争，资源将会在很长时期内决定一个企业的竞争力。企业间共享的资源可以分为加强型（supplementary）、互补型（complementary）、剩余型（surplus）和浪费型（wasteful）四种（如表 2.2 所示），企业可以依此选择适合的合作伙伴（Das & Teng，2000）。同时，企业在合作中需要投入的资源会影响合作伙伴的选择，以及在合作关系中将要面临的风险。

表 2.2　　　　　　　　　　　　伙伴关系中资源的类型

资源相似性	资源利用	
	可利用资源	不可利用资源
相似的资源	加强型	剩余型
相异的资源	互补型	浪费型

资料来源：Das & Teng（2000）。

企业的资源则大致可以分为两类：基于产权的资源（property-based resources）和基于知识的资源（knowledge-based resources）（Das & Teng，2000）。当企业投入的是知识资源时，该投入的风险就会增大，因为知识很难量化，并且易被其他企业内化。在这种情况下，企业会阻止关键技术的流出，这就会使得供应链的效率下降。由此，投入不同的资源往往会采取不同的合作类型，如表 2.3 所示。

表 2.3   资源类型与 A 企业结构的优化

企业 A	合作企业 B	
	基于产权的资源	基于知识的资源
基于产权的资源	单边的基于契约的合作	公平合资
基于知识的资源	少数公平合作	双边的基于契约的合作

资料来源：Das & Teng（2000）。

通过以上分析可以得知，不同类型的合作中，企业间的信任应该也是不同的，信任会影响到供应链伙伴关系的建立、供应链的效率高低等。达斯和滕斌圣（Das & Teng，1998）对信任、控制水平与企业间合作类型的关系进行了研究，如图 2.2 所示。该研究认为，在信任水平和控制水平都很低的情况下，不信任使得他们可以承受的风险较低，也就只会建立一些非公平的简单合作，例如：特许经营等；只有在双方信任水平较高的时候，才会进入更深层次的联盟，例如：技术合作、营销合作等；当信任水平和控制水平均很高后，双方的行为就变得可预测，欺骗行为减少，承受风险能力增加，这时双方就会采取合资的方式合作，并可能在合作上投入大量的人力、物力、财力，这种合作方式的效率较高、风险也较大，一旦出现违约现象就会带来很大的损失。

图 2.2　不同合作类型中的信任水平

资料来源：Das & Teng（1998）。

达斯和滕斌圣（Das & Teng，2001）进一步研究了不同合作类型中的不同信任，将信任分为两类：善意信任（goodwill trust）和能力信任（competence trust)。这里能力信任主要指的是"对另一方技术能力的期望"(Barber, 1983;转引自 Das & Teng, 2001),涉及信任前因中的技能、能力(Butler, 1991;Kee & Knox, 1970;Lieberman, 1981;Mishra, 1996;Rosen & Jerdee, 1977);善意信任主要指的是"对社会关系中的另一方将他人的利益置于自己利益之上的义务和责任的一种期望"(Barber, 1983;转引自 Das & Teng, 2001),是一种利他的信任,是对他人利他行为的一种期盼,涉及信任前因中的善意(Larzelere & Huston, 1980;Ring & Van de Ven, 1992;Solomon, 1960)、正直(Ring & Van de Ven, 1992)、宽容(Butler, 1991)等。合作的成功是和这两种信任都分不开的,即合作伙伴不仅要有能力去履行合约中的职责(能力信任),还要有这个意愿去履行(善意信任)。对于不同水平信任与不同类型合作的匹配,详细分析如表 2.4 所示。

表 2.4 不同联盟类型中的信任

信任维度	联盟类型适用性		
	合资	少数公平联盟	非公平联盟
善意信任	双方企业均高	接受方高	中等的
能力信任	双方企业均高	投资方高	高的

资料来源:Das & Teng(2001)。

2.3 基于博弈论视角的供应链伙伴关系

博弈论(game theory),又名"对策论"或"游戏论",是一门研究博弈局中人(insider)各自所选策略的科学。经济学家纳什、海萨尼和泽尔腾因对非合作博弈的均衡分析理论的深入研究及在经济学领域的应用而获得 1994 年诺贝尔经济学奖,经济学家奥曼和谢林因为"他们通过对博弈论的分析加深了我们对冲突与合作的理解"而获得了 2005 年诺贝尔经济学奖。在企业之间、企业与消费者之间、人与人之间随处可见博弈活动,例如,在同行企业面对消费者时,会争得"你死我活",甚至由于恶性的价格战导致"鱼死网破",但同样的企业在面对新企业时,又会联合在一起阻止新企业的进入,因此，博弈条件的变化会带来不同的博弈结果。

博弈的基本要素包括：参与者（player）、附加值（added value）、游戏规则（rules）、战术（tactics）及游戏范围（scope）（张小兰，2003）。其中每个要素的改变都会对博弈矩阵产生影响，甚至改变博弈的结果。根据博弈各方总收益是否为零，博弈可分为零和博弈（zero-sum game）与非零和博弈（non zero-sum game）；根据博弈各方是否合作，博弈可以分为合作博弈（coalition game）与非合作博弈（non-coalition game）（张小兰，2003）。

参与者是参加博弈活动的行动者，参与者的数量对博弈的决策有很大影响。本研究中的参与人即为供应链企业，数量为两个，即对两个企业的合作进行研究。在合作中，双方均存在欺骗或机会主义行为的动机，目的是使企业的利益最大化（Hennart，1991；Parkhe，1993a），但这种动机又是不稳定的，是会随博弈条件的改变而改变的。

企业间的博弈和"囚徒困境①"有许多相似的地方（Hennart，1991；Kogut，1989；Parkhe，1993a，1993b）。"囚徒困境"是博弈中一种比较简单的形式，涉及两个参与人 A 和 B，可选择的策略为合作或不合作，通过不同的行为方式有不同的收益，具体的收益情况如表 2.5 所示。对任何一个企业来说，如果双方合作则企业的收益 MC（mutual cooperation）为 5；如果本企业采取合作而对方采取不合作策略，则企业的收益 UC（unilateral cooperation）为 1；如果本企业采取不合作而对方企业采取合作策略，则企业的收益 UD（unilateral defection）为 10；如果双方企业均采取不合作策略，则企业的收益 MD（mutual defection）为 3。在这一博弈中，虽然双方合作的收益要高于不合作的收益，但如果一方采取合作行为而另一方采取不合作行为，则合作方会损失巨大，而欺骗方收益明显增加。因此，在"囚徒困境"博弈中，只存在一个均衡，即双方均采取不合作策略。

---

① 在这一游戏中，两个参与人均被假设犯了重大的罪，两个人被分别关押，且不可以相互交流。如果双方采取合作行为，均不揭发对方，则双方的刑罚均很轻；如果一方合作，而另一方采取揭发行为，则揭发的一方无罪释放，被揭发一方刑罚最重；如果双方均采取揭发的策略，则双方的刑罚都较重，但好过自己不揭发而被对方揭发。

表 2.5 "囚徒困境"中的博弈条件

	合作	不合作
合作	(5，5)	(1，10)
不合作	(10，1)	(3，3)

从以上分析中可以看出，如果企业合作是基于"囚徒困境"中的博弈条件，那合作是必定会失败的（Gulati，Khanna & Nohria，1994）。因为对于 A 企业来说无论 B 企业选择什么样的策略，A 企业采取不合作策略都是最佳的，所以最终双方都将采取不合作策略，即在博弈中双方企业采取"针锋相对（tit for tat）"策略，不会有合作的出现。然而，现实中的博弈并非都像"囚徒困境"如此简单，而且"囚徒困境"中博弈是一次性的，而现实中多是重复出现的，博弈条件会随博弈次数发生变化。在多次博弈中会出现"声誉""信任"等因素，而这些因素又会影响之后博弈的条件及结果（Gulati，Khanna & Nohria，1994；Parkhe，1993a，1993b）。

在重复博弈中，企业的不合作行为会对未来的收益产生影响（the shadow of the future），因此在选择当前的策略时，也要考虑未来的收益（Heide & Miner，1992；Parkhe，1993a），未来收益、声誉、信任、合作的历史等因素均会影响收益矩阵（Gulati，Khanna & Nohria，1994；Parkhe，1993a）。博弈条件也会由"囚徒困境"模式（UD > MC > MD > UC）转变为"鹿的陷阱[①]"模式（MC > UD > MD > UC）（Parkhe，1993a），博弈收益矩阵见表 2.6。

表 2.6 "鹿的陷阱"中的博弈条件

	合作	不合作
合作	(10，10)	(1，5)
不合作	(5，1)	(3，3)

由以上分析可以发现，由于博弈条件的变化，矩阵中的均衡已不再是唯

---

① 这一游戏为：一群猎人围猎一只鹿，如果各方均采取合作行为，则围猎成功，每个人都能吃得很好；如果某人看到经过的兔子后采取欺骗行为去追赶兔子，则此人由于猎到兔子可以吃到食物，而其他的人由于没有猎到鹿没有任何食物；如果所有人均去追赶兔子的话，则每个人都可以吃到非常少的食物（Oye，1986；转引自 Parkhe，1993）。

一的，而是根据对方的不同行为会有不同的最优策略。当认为对方会采取不合作策略时，己方不合作依然是最优的；当通过对方合作历史、声誉等因素的判断，认为对方会采取合作策略时，己方也合作则是最优的，这时的均衡有双方合作（10，10）和双方不合作（3，3）两个。

另外，博弈中任何一方的单方承诺也会使博弈的收益矩阵发生变化（Gulati，Khanna & Nohria，1994）。例如，企业 A 首先表现出合作的意愿，投入一些专用性资产，加大不合作策略带来的损失，使企业 B 相信企业 A 会采取合作策略。企业 A 的单方面承诺也使收益矩阵发生改变，如表2.7 所示。

表 2.7　　　　　　　　　　　"单方承诺"中的博弈条件

	合作	不合作
合作	(10，10)	(1，5)
不合作	(5，1)	(1 − a，3)

由矩阵可以看出，由于企业 A 的承诺使得 MD 降到 1 − a，这时双方均采取不合作策略就不再是一个均衡，对于企业 A 来说由于前期的投入或承诺，无论企业 B 采取什么样的策略企业 A 都会采用合作策略。收益矩阵中只有一个均衡，即双方合作（10，10），这一博弈条件下，企业联盟成功的概率大大增加。

通过以上的分析可以发现合作取得成功的两个基本条件：MC > 0（正和博弈）；MC > UD（合作博弈）。而在由非合作博弈向合作博弈的转化过程中，信任对博弈矩阵的改变有很大影响，借鉴李长江、徐静和苏繁（2005）研究中感情对信任博弈的影响，将信任机制对合作的影响归纳如图2.3 所示。

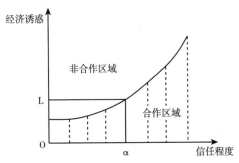

图 2.3　经济诱惑与信任程度的关系

从图中可以看到，信任可以改变博弈条件，提高合作的可能性，降低经济诱惑带来的机会主义行为。但是，"信任"关系对合作的支撑度是有限度的，当机会主义行为的经济诱惑非常大时，仅靠信任的支持也是不够的，这也说明信任是合作的一个必要但非充分条件。

2.4 基于社会学视角的供应链伙伴关系

无论是交易费用的观点，还是企业资源论的观点，对供应链伙伴关系的研究都是从企业个体的角度出发的，但是许多学者（e.g.，Gulati，1998；Powell，1990，1996）认为企业的供应链战略会受到社会网络的影响，企业间不仅是一种双向关系，不应该用双向观点（dyadic perspective），而应该用网络观点（network perspective）去看待供应链中的企业。从 20 世纪 90 年代开始，关于社会网络的研究成为一个热点领域，它的中心思想在于任何企业或个人都不是简单的独立个体，而是嵌入在某个甚至多个相互关联的社会关系网络中，企业或个人的行为都会受到关系网络的影响。

古拉蒂（Gulati）对社会网络与企业间合作的关系作了系列研究（Gulati，1995a，1995b，1998，1999a，1999b；Gulati，Khanna & Nohria，1994），并发现企业拥有的网络资源越多、企业在网络中的地位越重要，企业就越容易建立联盟，这也证明了网络资源是企业选择合作伙伴的一个重要因素（Gulati，1999b）。交易费用视角和资源视角更多是经济交换（economic exchange），而社会网络的研究弥补了交易费用和资源观中的一些不足，在经济交换同时还包括社会交换（social exchange）。在经济交换中更多的是基于有形商品、技术、服务等的交易和交换，双方可以在交易前就责任、义务等要素进行约定；而社会交换对于回报的内容更加灵活，无法完全约定，这些内容会更多的与信任、承诺等因素有关（Blau，1964；俞弘强，2004；李元旭、黄平，2010；刁丽琳，2013），交换可以包含爱（love）、地位（status）、消息（information）、金钱（money）、货物（goods）、服务（service）等内容（Foa & Foa，1976；转引自：陈之昭，2006；刁丽琳，2013）。古拉蒂（Gulati，1998）针对企业进入联盟开始到联盟发展、治理等各阶段，用双向观点和网络观点进行比较，双向的观点主要指交易费用视角和资源视角的观点，网络的观点主要指社会网络的观点。详见表2.8。

表2.8　　　　　双向观点和网络观点看战略联盟的不同阶段

研究焦点	研究问题	双向的观点	网络的观点
联盟的形成	哪个企业参加联盟？企业将选择谁做联盟的合作伙伴？	资金和技术需要是企业进入联盟的原因；资源的互补导致他们选定某一伙伴（e.g.，Pfeffer & Nowak，1976a；Mariti & Smiley，1983）	社会网络因素为企业发现联盟的前景创造机会或强制企业进入联盟，同时为企业选择特定的伙伴（e.g.，Kogut et al，1992；Gulati，1995b；Gulati & Westphal，1997）
联盟的治理	哪些因素影响联盟治理结构的选择？	交易费用、相互依赖性和能力的不对称（e.g.，Pisano et al，1988；Harrigan，1987）	社会网络可以减轻企业利己主义的动机和调和费用，此外社会网络还会影响治理结构的选择（e.g.，Zajac & Olsen，1993；Gulati，1995a；Gulati & Singh，1997）
联盟和网络的进化	哪些因素、进化过程影响到个体联盟和网络的发展？	联盟成员间的社会和行为因素（e.g.，Ring & Van De Ven，1994；Doz，1996）	超越联盟成员组织边界的社会、行为和竞争因素（Nohria & Garcia-Pont，1991；Gomes-Casseres，1994）；社会网络的出现和发展（e.g.，Gulati & Gargiulo，1997）
联盟的绩效	联盟的绩效如何衡量？哪些因素影响联盟的绩效？	对联盟终止的测量（e.g.，Kogut，1988b）；联盟伙伴的特点和发展的动力将会影响联盟的成功与否（e.g.，Harrigan，1986）	企业的能力可以增强联盟的成功（Doz，1996；Dyer & Singh，1997）联盟成员在社会网络中的资格、相互关系影响联盟的成功（e.g.，Levinthal & Fichman，1988；Kogut，1989；Zaheer et al，1997；Gulati & Lawrence，1997）
企业进入联盟的绩效优势	企业从联盟获得了哪些社会和经济利益？	股票市场对企业宣布联盟后的反应（e.g.，Anand & Khanna，1996）；进入联盟后企业的生存（e.g.，Baum & Oliver，1991，1992）	企业在社会网络中的成员资格以及在网络中的相对地位对绩效及企业生存的影响（e.g.，Dyer，1996；Gulati et al，1997）

资料来源：Gulati（1998）。

　　首先，对于联盟的形成阶段，资源论强调资源的互补是企业合作的动力（Das & Teng，2000；Gulati，1998；Richardson，1972），它是从企业自身的特点出发的。社会网络观认为企业进入联盟的倾向不仅和企业自身有关，同时也和企业的社会网络嵌入性有关（Gulati，1998；Kogut，Shan & Walker，1992）。企业在网络中的声誉、地位以及以往的合作经验，都对形成新的联盟有影响（Granovetter，1985）。在网络观中更多地强调了信息的重要性，信息的流通可以增进合作双方的互相了解；另一方面信息的交流有利于企业找到最合适的合作伙伴，若同一网络中并无最佳选择，同网络的其他企业可以利用各自的网络，找到并介绍给企业更好的选择（Gulati，1998），所以信息对企业联盟的形成非常重要。

其次，在联盟的发展阶段，交易费用只考虑企业的成本最小化，关注的是对机会主义行为的控制，同时降低行为的不确定性（Nooteboom，Berger & Noorderhaven，1997）。其不足之处在于，交易费用理论将所有交易看作是静态的、独立事件（Doz & Prahalad，1991；Gulati，1998），比较注重当前的利益，忽视了企业未来的发展（Zajac & Olsen，1993）。社会学理论将单个的交易结合起来，而不是当作独立事件处理，它认为社会嵌入性对联盟的发展很重要，嵌入性可以增加信任，且不同的嵌入性会产生不同的信任（Gulati，1998）。一种是在重复交易的过程中，企业间由于不间断的交流和沟通而产生的了解型信任（knowledge-based trust）（Gulati，1998；Shapiro，Sheppard & Cheraskin，1992）；另一种是以社会网络为基础的阻止型信任（deterrence-based trust）（Burt & Knez，1995；Gulati，1998；Raub & Weesie，1990；Shapiro，Sheppard & Cheraskin，1992），阻止型信任受企业所拥有的共同资源的影响，因为一次机会主义行为可能使网络内的所有成员都对其失去信心，机会主义行为带来的潜在损失就会超过短期收益，所以企业机会主义行为的动机会明显降低。

最后，基于社会网络的观点认为双向观点中欠缺对社会嵌入性的考虑，没有对企业所在网络的影响给予分析。同时，虽然企业网络视角下的研究表明，无论是何种嵌入方式，都对企业的绩效有影响（Grannovatter，1985；Uzzi，1996；MeEvily & Mareus，2005；刘雪锋，2007）。但是，何种网络嵌入性是最佳的，当前研究尚存分歧。麦克埃维利和马库斯（McEvily & Marcus，2005），莫伦（Moran，2005）研究发现网络合作的强度越强企业的绩效越好，而格兰诺维特（Granovetter，1985，2005）认为弱联结是有利于促进创新，乌泽（Uzzi，1997）提出"关系嵌入悖论"，即网络关系强度与企业绩效的关系呈现"倒U型"分布。雷泽和弗里德曼（Lazer & Fridman，2007）研究认为紧密网络合作可以保证信息通畅，合作的数量越多企业的绩效越好（Ahuja，2000），而查希尔和贝尔（Zaheer & Bell，2005）则认为企业结构洞更有利于企业的竞争。

要揭开网络关系的"悖论"之谜，必须考虑不同文化、制度、社会环境的影响（Nieto & Scantamaria，2007；Ahuja，2000；Hagedoorn & Duysters，2002），在网络环境中更有许多研究者将信任视为可替代的治理机制（Creed & Miles，1996；Sheppard & Tunchinsky，1996；Zaheer et al，1998；Heimer，2001），在关系的持续培养过程中信任是非常重要的（Vangen & Huxham，2003）。学者们对信任在网络中的作用亦达成基本共识，即在网络中组织之间存在的长短期、正式非正式关系中，信任均为不可避免的关键因素（Child，2001；孙颖，2009）。

2.5　各视角观点总结及模型引入

通过前面的综述发现，各理论的出发点和关注焦点是不同的，各理论对影响合作的因素、信任方式、合作方式的研究也是各不相同。交易费用视角认为双方的信任多是基于理性的行为，关注的是如何有效地控制机会主义行为，降低交易成本；资源观关注的是不同资源的有效结合，注重事前承诺和事后控制，在关注理性信任的同时，也会对合作方的行为意图进行关注；博弈的观点认为合作双方是更加理性的，合作与否完全取决于收益矩阵，但同时也认为信任会改变收益矩阵，使双方向"合作博弈"转变，博弈论中的信任是完全基于理性的信任；而社会学观点则对社会网络给予更多的关注，认为无论是交易费用观、资源观还是博弈论，均是从企业个体出发考虑的，而社会学观点则是从供应链的整体来考虑，社会学观点中更加注重信任的影响，尤其是感性的信任。在社会网络中双方建立起的长期关系，或是在网络中的声誉、地位，都会对信任及合作的建立产生影响。对于这些观点中的异同点，本书做了总结，如表2.9所示。

表 2.9   各理论观点总结

理论学派	基本目标	基本观点	出发角度	信任方式
交易费用视角	通过契约关系实现企业个体"成本最小化"	交易费用在企业的总成本中占有很大的比例，供应链伙伴关系的建立有利于企业在交易过程中减少交易费用	企业个体	意图信任
资源视角	通过资源的合理利用来实现"价值最大化"	供应链伙伴关系就是一种为了弥补自身资源的不足，从而使用和获取其他公司有价值资源的方式和战略（组织内部的资源及其利用）	企业个体	能力信任、意图信任
博弈视角	实现企业个体"利益最大化"	在供应链中任何一个企业都因自身企业的利益最大化而存在欺骗或机会主义行为的动机，且这种动机随博弈不同阶段中收益矩阵的变化而变化	企业个体	理性信任
社会学视角	整个联盟的"利益最大化"	任何一个企业都不是简单的独立个体，都是嵌入在某一种或多种社会关系网络中，而企业的行为会受到这种关系网络的影响	合作整体	了解型信任、阻止型信任

通过对不同视角下供应链伙伴关系研究的回顾，可以发现无论是哪种观点，信任对企业间合作的建立、发展以及合作的类型都有显著影响。根据交易成本理论，组织间信任有助于交易双方采取合作的态度，降低交易成本，降低机会主义行为的风险，提高创新效率（Artz & Brush，2000；Dyer & Chu，2003；李永锋、司春林，2007；卓翔芝等，2009）。根据资源理论，信任对于网络中的组织间的合作以及获取资源是十分重要的（Gulati，1999；Nahapiet，1998；Payan，2007；Tamara Kugler，2007），以信任为基础的网络是企业获得竞争优势的一个来源（Saxenian，1999）。根据博弈论，信任会改变博弈的收益函数，从而使企业间的"非合作博弈"转向"合作博弈"（Gulati，Khanna，& Nohria，1994；Parkhe，1993a）。根据社会交换理论，信任以"嵌入"的形式存在于社会网络当中，建立一定程度的相互信任是经济领域的交换行为发生的基础（Granovetter，1985；Rousseau et al，1998；王海萍，2006）。

通过以上的分析归纳，可以对合作的建立形成如图 2.4 所示思路。

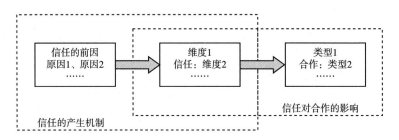

图2.4 本书的基本思路

本章的文献回顾中，对信任在企业合作的建立过程中发挥的作用进行了详细阐述，并对各理论视角下，不同信任类型对不同合作类型的影响也作了逐一的介绍。本研究将以合作建立的一个非充分但必要条件——信任，作为本书的切入点。

供应链上的企业包括供应商、制造商、分销商、零售商以及最终用户，其中供应商及用户都是相对的概念，制造商是分销商的供应商，而分销商又是零售商的供应商。在对供应链伙伴关系建立的研究中，有对企业与分销商的合作进行研究的，也有对企业与供应商的合作进行研究的，本书将针对供应链内制造商与供应商一段，站在制造商的角度，研究企业与供应商如何建立信任及合作。

在接下来的研究中，首先探讨企业间信任的产生机制，进而对信任与供应链企业间合作的关系进行深入研究。对于企业间信任的产生机制，将根据我国制造业企业的文化背景、特色进行完善。其一，中国社会是一个"人情"社会，在信任的产生机制中，需要要将人情、关系的影响考虑进去；其二，在以往的研究中对供应商产品的特征均无考虑，本书认为这是以往研究的一个不足之处。对于企业来说，产品重要性不同的供应商在交易中的地位会不同。尤其是在制造业，不同零部件的供应商对企业来说差异巨大。因此，本书在信任的产生机制中，将把供应商产品的重要性考虑进去。对供应链企业间信任产生机制的研究中，将根据我国企业的文化背景和制造业企业的特点进行完善，并引入适合中国企业的新变量，新变量的引入将是本书的一个创新点。

其次针对中介变量信任，对于信任的维度划分有许多种，但分类大多是基于西方文化的，东方文化背景下的研究却很少。而中国的文化背景恰恰与西方有着明显的不同，儒家文化对中国企业的影响非常大，亲缘、地缘、人缘等因素在人际间、企业间都是不可忽视的一个重要因素，这也使得在研究中国企业间的信任时，必须针对中国文化进行信任的维度划分，而不能直接将基于西方文化的信任维度套用到本研究中来。在本书中将以前人的研究为基础，结合实地访谈，根据中国企业的文化背景，进行适合中国企业的信任维度划分，对于信任维度的研究是本书的另一个创新点。

通过对研究思路的分析可以发现，信任是本研究的重要环节，在下一章中将对企业间信任的定义、相关概念等做详细回顾，并在这些基础上做出适合中国企业的信任维度划分。同时，对企业间信任的相关理论、前因性研究以及机制性研究做详细总结，发现供应链企业间信任的产生机制，并在此基础上根据中国企业的特有环境、文化背景进行更深入的分析和探讨。

第3章　企业间信任的相关文献综述

信任像空气和水一样，是人类社会生活必不可少的、不可或缺的要素
（李伟民，梁玉成，2002）。近些年来，信任成为社会学界、社会心理学界、
经济学界、管理学界关注的热点。20 世纪 90 年代以来，组织间信任关系的
研究备受关注，尤其是在全球经济一体化的背景下，信任是战略联盟、供应
链关系、网络关系中一个共同且重要的因素（Vangen & Huxham，2003；康
世瀛，2005；李东红、李蕾，2009）。本章首先从不同学科对信任的定义进行
回顾、总结，并根据供应链企业间信任的特点给出本书的定义，同时将信任
与几个相关概念进行比较，指出本书中将要研究的信任的范围；其次，对于
信任的维度划分进行总结，并结合中国企业的文化背景提出本书的维度划分；
最后，对于企业间信任产生的理论、影响因素以及产生机制分别阐述，探索
出供应链企业间信任的产生机制。

3.1 企业间信任的定义及相关概念

3.1.1 信任的定义

社会学、心理学、经济学和社会心理学等学科都对信任有深入的研究，
但对于信任的定义并没有达成共识（Barber，1983；Butler，1991；Hosmer，
1995；Rousseau，Sitkin，Burt，et al，1998；Zucker，1986）。由于不同学科
考虑的侧重点各不相同，包括制度因素、情感因素、情景因素和文化因素等
（Barber，1983；Telser，1980），因此，笔者将对不同学科中的定义进行归纳
和总结。

（1）基于社会心理学视角的信任。

在社会心理学领域，多伊奇（Deutsch，1958）最早对"信任"进行研究
（转引自：杨中芳、彭泗清，199），并定义为：

> 所谓对某件事发生的"信任"是指：预期某件事会发生，并且
> 根据这一预期做出相应行动，虽然也许此事并未如预期般地出现，
> 且行动可能带来的坏处比如果此事如期出现可能带来的好处要大。

这种预期可以包括两个层面，第一种是心理预期，是对另一方本性或品质的信心，霍斯默（Hosmer，1995）和詹姆斯（James，2002）从对伙伴的信心角度，将信任定义为"个体或组织对于另一方会尊重和保护所有参与方利益的一种信心"；信任的出发点源自彼此真诚的本性（Doney & CaIinon，1997）；信任是行动者双方在交易中对对方不会利用自己弱点的信心和心理预期（Korczynski，2000；Chopra & Meindl，2001；Krishnan & Martin，2006；马华维、杨柳和姚琦，2011）。

第二种预期是行为预期，得到更多学者的认同。鲁索等（Rousseau et al，1998）提出，组织间信任是指一方对于另一方的意愿或行为的积极期待和接受意愿。更有学者将这种期望的行为界定为对承诺的履行，将其描述为彼此相信合作关系中的双方会有效地履行其承诺（Mikhailov，2002；Ring，1992；Johnson & Culle，1996）。除了预期行为发生，也有学者从预期行为不会发生的可能来界定信任，认为信任是合作中的信任方对被信任方不会做出违背信任方意愿的行动的期待（Barney & Hansen，1994）。

在社会心理学领域的定义中，信任并不仅是一种期待，在期待中同时存在一系列的风险，风险是定义中的核心要素（Deutsch，1958；Hosmer，1995；Kahneman，Knetsch，& Thaler，1986；Lewis & Weigert，1985）。总地来说，信任包括以下三点：首先，信任是一种预期，预期的正确与否是存在风险的，预期要通过最终行为的选择来反映；其次，信任产生的必要条件是风险的存在和合作双方的相互依赖；最后，信任是一种非理性的行为，不会因为一时的获利去攻击对方的弱点，同时愿意将自己的弱点暴露在另一方的面前。

（2）基于社会学视角的信任。

信任是一种重要的社会现象，也是社会学者关心的问题（Barber，1983；Lewis & Weigert，1985；Luhmann，1979）。社会学视角对信任的研究始于卢曼（Luhmann），他认为"信任"是一种简化机制（Luhmann，1979）。社会学者对信任的看法与社会心理学者有很多不同的地方，心理学者倾向于将信任作为个体间的一种关系，而社会学者认为信任是不可以从社会环境中分离的，"信任"是一个不可分割的、多重维度的社会现实（Barber，1983；Lewis & Weigert，1985；Luhmann，1979；杨中芳，彭泗清，1999）。

卢曼认为，"信任"和"不信任"是互补的，两者均具有减少社会复杂性的功能。信任是通过将一些不合需要的行为从需要考虑的行为中排除，来简化社会复杂性和不确定性的；不信任是通过将一些不期望的行为认为是可能的，甚至是必然发生的，来减少不确定性的（Luhmann，1979；转引自Lewicki & McAllister，1998）。卢曼（Luhmann，1979）对信任的定义为：

> 信任是广义上的期望，即期望他人会保持他的人格，或者说保持他已显露出的、为社会看到的人格，因而控制他的自由、控制他欲图非分之举的内心（转引自：Alpern，1997）。

巴伯（Barber）是继卢曼之后又一位系统研究信任问题的社会学者，他吸收了卢曼（Luhmann）、海默（Heimer）、博克（Bok）等人的研究思想，提出信任在不同层面有不同的理解（张缨，2004）。

巴伯（Barber，1983）将信任的概念分为三个层面：其一，是"简单信任"，相信自然秩序、合乎道德的社会秩序会得到实现，例如，"我相信太阳明天会从东方升起"；其二，可以称作"系统信任"，相信与我们共处于社会关系和社会体制中的人，有能力胜任其角色行为，例如，"我相信法官是公正的"；其三，是针对特定交易或对方的"具体信任"，相信在社会交往中相互作用的另一方，会履行其信用义务和责任，例如，"我相信合作伙伴，不会利用我的弱点去获利"、"我相信我的朋友，不会在我需要帮助时背叛我"（转引自：杨中芳、彭泗清，1999；张缨，2004）。

（3）基于经济学视角的信任。

经济学者总是倾向于认为信任是计算的（Williamson，1993）或制度的（North，1990b），把信任视为是一种制度现象，信任可以被概念化为一种制度内或制度间的现象，也可以说是个人寄予制度内的信任（Lewicki & Bunker，1994）。从经济学角度，信任是风险状况的子集，基于此，甘贝塔（Gambetta，1998）将信任定义为：

> 是一个特定的主观概率水平，一个人以此概率水平判断另一行为人或行为人群体将采取某个特定行动。

科尔曼基于委托—代理角度分析信任，并建立了是否给予信任的模型（Coleman，1990）：

如果　　　$\dfrac{P}{1-P} > \dfrac{L}{G}$　　　决定 = 肯定

如果　　$\dfrac{P}{1-P} < \dfrac{L}{G}$　　决定 = 否定

如果　　$\dfrac{P}{1-P} = \dfrac{L}{G}$　　决定 = 选择肯定或否定

P = 获得成功的概率；L = 可能的损失；G = 可能的获利

从模型可以看到，信任的条件是：$PG-(1-P)L>0$，即信任行为的可能获利要大于可能损失，信任是一种基于计算的理性行为。这一点和社会学家、社会心理学家的观点有很大的差异，社会心理学家认为信任是一种非理性的行为，信任的前提是 $L>G$；社会学家则更多地考虑社会性，认为任何一种活动都是嵌入在社会中、文化中的。

（4）基于管理学视角的信任。

从管理学视角看，管理学的研究对象是组织，因而信任在管理学领域的研究是与组织有关的，即认为信任可以是一种替代管理和监控的手段。迈耶等（Mayer，Davis & Schoorman，1995）认为，信任是尽管一方有能力监控和控制另一方，但却愿意放弃这种能力而相信对方会自觉地做出对对方有利的事情。

对各视角下信任的定义进行总结，如表 3.1 所示。

表 3.1　　　　　　　　　　不同视角下信任的定义

视角	定　义	作　者
社会心理学	信任是预期某件事会发生，并且根据这一预期做出相应行动，虽然也许此事并未如预期般地出现，且行动所可能带来的坏处比如果此事如期出现所可能带来的好处要大	Deutsch，1958；杨中芳、彭泗清，1999
	信任是个体或组织对于另一方会尊重和保护所有参与方或经济交易的其他各方的利益的一种信心	Hosmer，1995
	信任是行动者双方在交易中对对方不会利用自己弱点的信心	Korczynski，2000；Chopra & Meindl，2001
	一方对另一方即便有机会也不会利用其脆弱性做出损害行为的心理预期	Krishnan & Martin，2006；马华维、杨柳和姚琦，2011
社会学	信任是广义上的期望，即期望他人会保持他的人格，或者说保持他已显露出的、为社会看到的人格，因而控制他的自由、控制他欲图非分之举的内心	Luhmann，1979

续表

视角	定　义	作　者
经济学	信任可以被概念化为一种制度内或制度间的现象，也可以说是个人寄予制度内的信任	Williamson, 1993; Lewicki & Bunker, 1994; North, 1990
	是一个特定的主观概率水平，一个人以此概率水平判断另一行为人或行为人群体将采取某个特定行动	Gambetta, 1998
管理学	信任是尽管一方有能力监控和控制另一方，但却愿意放弃这种能力而相信对方会自觉地做出对对方有利的事情	Mayer, Davis & Schoorman, 1995

资料来源：根据相关文献整理。

（5）本书中信任的定义。

通过对各个学科中的定义进行归纳总结，可以看出经济学家更看重信任中的理性行为，预期利益大于预期损失是信任产生的前提；而社会学家和社会心理学家将信任看做是一种非理性行为，如果预期没有发生，那么损失会大于利益是信任的前提。

而在研究供应链企业间的信任时，要同时考虑情境特点，安德鲁和史蒂文（Andrew & Steven, 1998）强调信任风险状态下对合作伙伴的依赖性；雷德尔斯等（Riddles et al, 2002）阐述供应链信任是在交易关系中，信任是一种相信交易双方自愿地承担责任并且不会利用对方的弱点的信心；刘永胜（2004）和王虎、程晖（2005）强调的是供应链合作企业之间的信赖，尤其是当面对不确定性风险时的依赖。近年来针对供应链企业研究的内容日益增多，笔者将学者们对供应链信任的定义进行总结，如表3.2所示。

表 3.2　　　　　　　　　　供应链企业间信任的定义

定　义	作　者
合作一方相信另一方愿意并且有能力履行其义务和承诺，以及会采取对整个供应链和合作伙伴有利的行为	Johnson et al, 1996; 叶飞, 2009
相信合作伙伴会考虑合作关系，并以核心企业的利益行事	Sako, 1992; Humphre, 1998
供应链上各节点企业在决策和采取行动之前都会考虑其合作伙伴的利益和福利程度，在还没有考虑清楚他们的行为会给其合作伙伴带来的影响之前不会采取任何行动	Chopra & Meindl, 2001
在供应链成员企业对其合作伙伴的技术能力以及职责和义务抱有期望的基础上，所形成的一种坚定的信心和肯定的预期	刘南、李燕, 2004

续表

定　义	作　者
在不完全监督的条件下，供应链成员认为供应链中的他方能够完成其期望交易的主观信心	殷茗、赵篙正，2006
组织成员对合作企业集体所持有的信任倾向	Jong & Woolthuis，2008
供应链各成员企业中的一方相信另一方是正直和可靠的，并且相信其合作伙伴有意愿并有能力履行义务和承诺	王虎、程晖，2005；张旭梅、陈伟，2011

资料来源：王雪平（2014），并在此基础上根据相关文献进行完善和补充。

通过对信任、供应链信任的总结，笔者认为在信任行为中，即会出现基于计算的理性信任，也会有社会学中的非理性信任。企业间在交往初期，会对信任的结果进行成本利益的计算，关注的是合作方的能力以及控制机制，也即是经济学家所说的理性信任；另一方面随着交往次数的增加，双方相互了解加深，行为的可预测性提高，对行为的良好预期会让企业产生非理性的信任，也就是社会学家和社会心理学家眼中的信任。

因此，本书认为供应链企业间信任应同时对理性（合作方的能力）及非理性（合作方的善意）进行考虑，此外无论哪个学科的研究都认为信任是存在风险的，且信任的双方是存在依赖的，没有一方可以完全控制另一方的行为。根据以上总结得到本书中关于供应链企业间信任的定义：

> 信任就是在基于风险和相互依赖的前提下，合作双方相信另一方有能力并且有意愿去履行承诺，同时任何一方都不会利用对方的弱点去获取私利。

3.1.2　几个相关概念

（1）信任与承诺。

信任是对信誉和良好意愿的期待；承诺是指对于良好的理性行为的期望；信任基于对合作者特质和意图的推断，而承诺则是基于对关系周围刺激结构的了解（山岸俊男、山岸绿，2003）。

山岸俊男、山岸绿（2003）的实证研究表明，日本社会的信任更多的是一种承诺关系，日本的高信任度也是来自于承诺。由于对关系的制约机制以

及关系稳定性的信任而使得信任度提高，这更像是一种承诺。在中国的企业
中也存在许多这种承诺，如中国社会中的"特殊信任"，企业由于存在亲缘、
地缘、血缘等既有关系，或者由于长期的交往而建立的亲密关系，使得双方
相互信任，这种信任来自于对关系周围机制的信任，也是山岸俊男、山岸绿
（2003）的研究中所讲到的"承诺"。

福山（1995），山岸俊男和山岸绿（2003）的研究都表明美国是一个信
任度高的国家。美国的高信任度指的是对陌生人或组织的"一般信任"，这
种信任需要社会不确定性、需要冒风险，它是对另一方善意及良好意图的信
任（山岸俊男、山岸绿，2003）。而日本"一般信任"是非常低的，在中国
企业也比较类似，虽然"特殊信任"的水平很高，但"一般信任"的水平却
很低，在陌生人之间很难建立信任。

Li（2002）在其博士论文中也将合作伙伴关系中的信任和承诺进行定义，
并对以往的研究进行了总结、归纳，见表3.3。

表3.3　　　　　　　　　　　　组织间的信任与承诺

	定　　义	文　　献
组织间信任	一方对合作伙伴的依赖是出于对对方的信心	Ganesan, 1994；Monczka et al, 1998；Wilson & Vlosky, 1998；Spekman et al, 1998a；Ballou et al, 2000；Young et al, 1990；Mariotti, 1999；Vokurka & Lummus, 2000
组织间承诺	任何一方都愿意为了双方的利益而努力	Monczka et al, 1998；Spekman et al, 1998a；Mentzer et al, 2000；Wilson & Vlosky, 1998；Hicks, 1997b；Grittner, 1996

资料来源：Li（2002）。

本研究将这种"承诺"关系也纳入"信任"范畴中，作为信任的一部
分。如果承诺关系是出于周围的机制，如规章制度，则会建立起一种基于制
度的信任；如果承诺关系是出于双方本身的既有关系，则会建立起一种基于
关系的信任。

（2）信任与相信。

对于相信（confidence）和信任（trust）的差异，卢曼（Luhmann,
1998）认为信任和相信是两种不同的声明自己期望的途径，在人们获得自我
证实的感觉或者面临不确定性时，所采取的行动是不同的。

在相信与信任的区别中，有一点是非常重要的，就是"风险"。信任是包含风险的，也就是说，信任是可以有多种选择的，可以选择信任也可以选择不信任，一旦选择信任就需要承担如果预期的行动没有发生所带来的比预期收益更大的损失的风险。

麦耶森等（Meyerson，Weick & Krammer，1994）认为相信和信任之间的区别在于概念和归因。如果你不考虑选择余地，例如，当你看到天气预报有雨时，你出门时会带上雨伞，这时你处于一种相信的情景之中；如果你选择一种行动而不是其他行动，而这种行动有可能会给你带来损失，这时你处于一种信任的情景之中。在相信的场合中，你会通过外部归因和转移的办法来解释失望；在信任的场合中，你将不得不考虑自身原因，并且会后悔自己所做出的信任选择（Meyerson，Weick & Krammer，1994）。相信和信任也是可以相互转化的，如果它可以避免（影响）相互关系的话，相信的场合也可以转化成信任的场合；如果人们没有能力去影响这种相互关系的话，信任也可以转化为相信（Meyerson，Weick & Krammer，1994）。

布朗和布兰克（Browne & Blank，1997）将信任分为"信任*"和"信任^"。信任*指的是一种社会善（Bok，1978），在社会关系中，是一种增进关系的文化资源；在商业关系中，要求不仅考虑自身利益，同时要兼顾消费者的利益（Noddings，1986）；而信任^指的是一种信赖，更多的成分是相信，这种"信任^"也可以理解为卢曼（Luhmann，1998）所区分的"相信"。例如，在商业来往的谈判中，不会在谈判场所由于房屋倒塌而受到伤害的信任，就是信任^，实质是一种相信，正如卢曼（Luhmann，1998）的外部归因，如果真的受到伤害，也会归因于房屋建筑商的问题，而不是选择这一谈判场所的对方；在谈判中不会由于合作条款受到欺骗，就是信任*，也是本书所要研究的信任，正如卢曼（Luhmann，1998）的归因，如果合作中受到欺骗会归因于自己的错误选择。

（3）信任与不信任。

在较早的研究中，信任或不信任是对他人的意图和动机的信心（Deutsch，1958，1960；Mellinger，1956；Read，1962）；但在近期的研究中，人们更多的是强调对他人行为的信心（Hosmer，1995；Mayer，Davis & Schoorman，1995）。虽然信任与不信任是一组相关的项目，但低度的不信任并不意味着高度的信任；

同时高度的不信任也并不意味着低度的信任，引起低度信任、高度不信任的条件并非完全相同（Lewicki & McAllister，1998）。

卢曼（Luhmann，1979）认为"信任"和"不信任"在功能上是等价的，都具有"管理"和"简化"不确定性的功能。信任是通过将不合需要的行为，从需要考虑的行为中排除，来简化社会复杂性和不确定性的；不信任是通过将不期望的行为认为是可能的，甚至是必然发生的，来减少不确定性（Luhmann，1979；转引自 Lewicki & McAllister，1998）。所以说，"信任"和"不信任"都具有简化的功能，只是方式不同而已。

列维奇和麦卡利斯特（Lewicki & McAllister，1998）沿着卢曼的这一思想进行深化，将"信任"和"不信任"分为两个维度，即高度信任并不能代表低度不信任，"期望和信心"的对立面也不是"怀疑和恐惧"而是"没有期望和没有信心"，由此分为"高信任、高不信任"、"高信任、低不信任"、"低信任、高不信任"和"低信任、低不信任"四个象限，见图3.1。

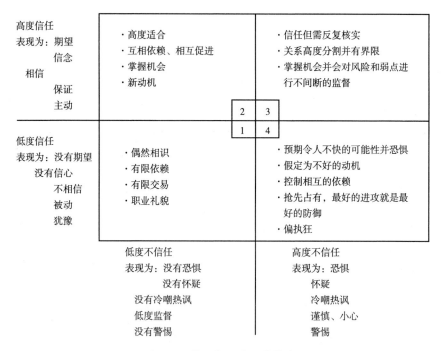

图3.1　信任与不信任的整合

资料来源：Lewicki & Mcallister（1998）。

3.2 企业间信任的维度

信任的维度划分也是多种多样的，许多学者根据不同的标准对信任的维度进行划分（Barney & Hansen, 1994; Lewicki & Bunker, 1995; McAllister, 1995; Rousseau et al, 1998; Sako, 1992; Zucker, 1986），以下通过信任的程度、信任的对象、信任的发展阶段以及信任的前因等几个不同的角度，将前人的研究进行归纳总结。

（1）根据信任程度的划分。

巴尼和汉森（Barney & Hansen, 1994）认为，信任是在交换过程中，对另一方不会利用己方弱点的信心，在不同的交换过程中会有不同类型的信任，可分为三个维度：弱信任（weak form trust）、半强信任（semi-strong form trust）和强信任（strong form trust）。

巴尼和汉森（Barney & Hansen, 1994）认为弱信任的前提是机会主义的有限性，对于另一方不会利用己方弱点的信心，来源于在这一交换过程中，己方并没有太大的弱点；弱信任也有它产生的特定环境，在产品价值易估计且交易双方没有专用投资的情形下，就会产生弱信任。威廉姆森认为，这种弱信任易产生于高度竞争的产品市场（Barney & Hansen, 1994; Williamson, 1979）。半强信任是一种"治理信任（trust through governance）"，当联盟双方在交易中均存在显著的弱点时，双方通过治理机制限制机会主义行为而产生的信任；半强信任是通过各种治理机制得以实现的，这些治理机制一方面是基于市场的，企业在市场上的声誉就是一种基于市场的治理机制（Barney & Hansen, 1994; Klein, Crawford & Alchian, 1978），另一方面是基于社会的治理机制（Granovetter, 1985）。强信任是指合作双方在交易中均存在巨大的弱点，且无论有没有完善的治理机制，双方依然可以相互信任；强信任来源于对行为准则、企业文化和价值观等的相互认同，这种信任主要可以分为两方面，一方面是对合作方企业文化及行为方式的认同；另一方面是对合作方的具体人员的信任和认同（Barney & Hansen, 1994; Zucker, 1987）。

（2）根据信任对象的划分。

有许多学者从信任对象的不同对信任进行划分，祖尔克（Zucker，1986）将信任划分为基于个人的信任（inter-personal trust）和基于制度的信任（institution based trust）。与此类似，卢曼（Luhmann，1979）将信任划分为人际信任与制度信任。

基于个人的信任是指个人与个人之间的信任；基于制度的信任依赖外部的控制，例如，通过合同、契约等方式来建立关系，关系双方可能彼此并不了解，更多的是对法律制度的信任，所以说也称之为基于制度的信任（Zucker，1986）。在这种商业关系中，信任的对象是制度而不是对方，所以也认为是被"弱化了的信任"（Koehn，1997）。

（3）根据信任的发展阶段划分。

列维奇和邦克（Lewicki & Bunker，1995）认为，不同类型的信任在连续的重复过程中是相连的，一个层面上信任的达成，可以促进下一个层面信任的产生，并根据信任的不同层面将信任划分为谋算型信任（calculus-based trust）、了解型信任（knowledge-based trust）和认同型信任（identification-based trust）。

首先是谋算型信任，其为通过外界环境提供的可信性证据来预测对方的行为方式，例如，通过合同、契约等方式来建立关系，关系双方可能彼此并不了解，更多的是对法律制度的信任（Sako，1992），在这种关系中，双方关心的是合同的完善性、契约的可执行性，对控制力度的关心要高于信任，所以说在谋算型信任中要把握好信任与控制的相互关系。其次是基于了解的信任，也是一种情感信任，产生于双方相互了解、信息对称、行为可预测的基础上（Lewicki & Bunker，1994）。谋算型信任更多的是一种功利关系，基于了解的信任关系更多的是一种友谊关系（Koehn，1997），更多地依赖于双方的人格而不是合同，关系双方不仅会考虑自己利益的最大化，同时也会考虑到对方的利益，带来的是关系的持久化。最后，信任的最高形式是基于认同的信任，列维奇和史蒂文森（Lewicki & Stewenson，1997）认为只有关系双方拥有类似的目标、相同的价值观和文化，才可能产生。这种形式的信任需要长期的积累，经过长期的交往、信息的交流、人员的相互培训，双方的企业文化已相互渗透，这时才可能产生基于认同的信任。

在商业关系中，不是所有的信任都可以发展到认同型信任。因此，鲁索等（Rousseau et al，1998）根据信任发展阶段划分为计算型信任与了解型信任。与此类似麦卡利斯特（McAllister，1995）根据信任的理性与感性层次，将信任分为认知型信任（cognition-based trust）和情感型信任（affect-based trust）。认知型信任依赖于对对方的充分了解和值得信赖证据的掌握，而情感型信任则建立在感情纽带之中。认知和情感的两维度信任划分亦得到了许多学者的认可和采用（Chua，Ingram & Morris，2008；Hon & Lu 2010；Wang & Tomlinson，2010；Zur，Leckie & Webster，2012）。

对于一次性的交易，可能第一阶段的谋算型信任就足够了；对于长期的合作伙伴，出于对长远利益的考虑，会与对方建立了解型的信任甚至是认同型的信任。但无论是哪种类型的信任，都是建立在前一阶段的信任充分发展的前提下，对于信任的发展过程如图 3.2 所示。

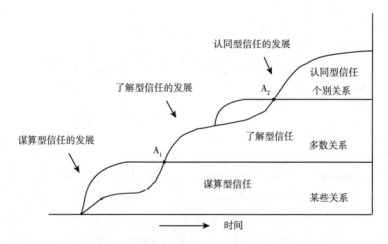

图 3.2 信任的发展阶段

说明：在 A_1 点处，一部分谋算型信任关系转化为了解型信任关系；在 A_2 点处，为数不多的了解型信任关系转化为认同型信任关系。

资料来源：Lewicki & Bunker（1994）。

（4）根据信任前因的划分。

有一些学者将信任的前因作为信任划分的一种标准，Sako（1992）将信任分为契约型信任（contractual trust）、能力型信任（competence trust）和善意型信任（goodwill trust），加尼森（Ganesan，1994）将信任划分为可信度信任与善意信任。迈耶等（Mayer，Davis & Schoorman，1995）将信任划分为能力（ability）、仁善（benevolence）和诚实（integrity）三个维度，也获得了许多学者的认同和采纳（e.g., Hwang & Lee, 2012; Park, Gunn & Han, 2012）。迈耶等（Mayer, Davis & Schoorman, 1995）对以往研究中影响信任的因素进行总结并发现，能力、善意是出现频率最高的因素，因此，很多学者将能力、善意作为划分维度，将信任分为能力型信任和善意型信任（Das & Teng, 2001; Farrell, Flood & Curtain, 2005; Jones et al, 2010）。

表3.4 对不同的信任维度的划分方式进行总结，如下所示：

表3.4　　　　　　　　　　不同标准下信任维度的划分

标准	维度划分	作　　者
信任程度	弱信任、半强信任、强信任	Barney & Hansen, 1994
	弱信任、强信任	翟学伟, 2003
信任对象	基于个人的信任、基于制度的信任	Zucker, 1986
	人际信任、制度信任	Luhmann, 1979
	对公司的信任、对销售人员的信任	Doney & Cannon, 1997
	个人信任、系统信任	Nyhan & Marlowe, 1997
信任发展阶段	认知型信任、情感型信任	McAllister, 1995; Johnson & Grayson, 2005; Chua, Ingram & Morris, 2008; Hon & Lu 2010; Wang & Tomlinson, 2010; Zur, Leckie & Webster, 2012
	谋算型信任、了解型信任、认同型信任	Lewicki & Bunker, 1994
	计算型信任、了解型信任	Rousseau et al, 1998
	威慑型信任、了解型信任、认同型信任	Shapiro, Sheppard & Cheraskin, 1992
	动机型信任、非自利性信任	Nooteboom, 1996
信任的前因	契约型信任、能力型信任、善意型信任	Sako, 1992
	能力、仁善、诚实	Mayer, Davis & Schoorman, 1995; Hwang & Lee, 2012; Park, Gunn & Han, 2012
	基于过程的信任、基于特征的信任、基于制度的信任	Parkhe, 1998
	可信度信任、善意信任	Ganesan, 1994
	能力信任、善意信任	Das & Teng, 2001; Farrell, Flood & Curtain, 2005; Jones et al, 2010

资料来源：根据相关文献整理。

（5）本书中信任维度的划分。

本研究中对信任维度的划分将借鉴前人的研究，但考虑到以往的研究都是以西方文化为背景的，经验研究也都以西方企业作为数据样本，而中国文化是以儒家文化为主的东方文化，与西方文化有很大的不同，所以本书的维度划分将借鉴前人的研究，并在访谈的基础上进行修改，试图寻找更适合中国企业的信任维度划分。

费孝通（1998）提出的"差序格局"深刻揭示了中国人的信任结构，童志峰（2006）将其总结为两点：其一，信任的差序格局以关系为划分依据，关系则建立在血缘、地缘、趣缘和业缘等多种因素的基础上；其二，每个人以自己为中心，按关系强弱程度将周围的人归入一个个圈子，对内圈的人比对外圈的人更加信任（转引自：刁丽琳，2013）。"差序格局"在一定程度上反映了中国社会信任的理性和感性成分：企业对处于关系外圈的合作伙伴一般体现为对其履约动机和能力的理性预期，而对处于关系内圈的合作伙伴则更多地体现为对其利他动机的感性信任。

本书中的信任维度也从理性和感性两方面展开，首先，信任对方主要包括两方面：一是信任对方的动机，二是信任对方完成合作目标的能力。而在实践中，往往是先考察对方的能力，然后才考察其动机（张延锋，2003）。因此，参照列维奇和邦克（Lewicki & Bunker, 1994）研究中信任的发展阶段，将本书中企业间信任的第一个层次定为"计算型信任"，也就是信任的理性部分。在计算型信任中更多的是考虑企业间的功利关系，由于中国目前的整体信任水平较低，大多企业在信任对方时首先考虑的是对方的能力，而非善意、动机。在陌生企业间更是以正式的契约、合同为主，企业间的信任来自于契约的限制或是双方的相互依赖性，违约成本使得机会主义行为的利益不足以弥补损失。因此，企业间的信任完全来自于成本和利益的计算，一旦机会主义的利益高于成本时，违约行为依然可能发生。

其次，对于企业间信任发展的第二个阶段，参照列维奇和邦克（Lewicki & Bunker, 1994）的基于了解的信任和基于认同的信任，以及麦卡利斯特（McAllister, 1995）的认知型信任和情感型信任，将其整合并作为本书中企业间信任的第二个层次"关系型信任"，也是信任的感性部分。受儒家文化影响，中国人在商业关系和社会生活中带有明显的个人关系特征，中国式信任也表现为一种特殊信任（胡宝荣，2010）。高承恕，陈介玄（1991）在探讨了港台及海外华人企业间的信任关系，并与西方比较后发现，华人企业间的信任关系是人情连带和理性计算的结合，关系网运作是华人企业的基本运行逻辑（Hamilton & Gao Cheng-shu, 1990；转引自孙宝文，2004）。

同时，笔者在实地访谈中发现，对于列维奇和邦克（Lewicki & Bunker, 1994）提出的信任发展的最高阶段——基于认同的信任，目前在我国企业间很难建立，即便有，也非常少。而企业间深层次的信任更像是麦卡利斯特（McAllister, 1995）提到的认知型信任和情感型信任，只是企业对这两种信任的区分并不明显。中国社会整体信任度偏低的现状，使得基于了解或既有关系的情感型信任偏多，而以认同为基础的情感型信任却较少，所以在认知型信任与情感型信任之间并未出现明显区分。基于以上的分析，在本研究中将认知与情感作为同一维度来衡量。另外，考虑到中国文化是以儒家文化为主导的东方文化，是一个"人情"社会，"人情、关系"在企业间的联系与合作中具有很重要的作用，家庭亲情和地域亲情为特征的人文关系特点，使基于感性信任的作用得到充分重视（张延锋，2003）。

再次，企业间的"关系"来自于两方面：一方面是企业之间已存在的既有关系，例如：亲缘、地缘、血缘等。温州的服装、乐清的电器、义乌的小商品等产业集群的企业就存在地缘关系，因此在选择合作伙伴时也会首选集群内部的企业，这种既有关系的存在，会使企业间产生一定程度的情感信任。另一方面，企业也可以通过长期交往建立起一种稳固的关系，这种关系的建立来源于以往成功的合作经验。彭泗清（1999）对信任建立过程中的关系运作进行了调查，结果表明不同的关系运作方法有不同的使用范围：在长期合作关系中加深双方感情的关系运作较受重视；而在一次性交往中，利用关系网和利益给予的关系运作较受重视。由此，笔者将基于了解的信任和认知信任在中国实际情况的前提下进行修改，改变为信任的第二层次：关系型信任。

最后，通过以上分析，基于中国企业的实际情况，在本书中将信任分为两个维度：计算型信任和关系型信任。计算型信任是基于功利关系的，来自于契约的限制或利益的计算，产生的条件是信任行为的可能获利要大于可能损失。关系型信任是基于了解的，是由双方行为的可预测性而产生的，同时包括由于既有关系的存在而带来的基于情感的信任。在接下来对企业的调查中，将对这一维度划分方式进行验证，以求能探索出适合中国企业信任维度的划分方式。

3.3 企业间信任产生的相关研究

对于信任建立过程的研究，既有关于信任产生的相关理论研究，也有关于信任产生的前因性研究以及机制研究。本节首先对信任产生的相关理论进行简要介绍；然后分别阐述信任产生的前因性研究及机制性研究，分析其中的异同点；最后探索出适合本研究的供应链企业间信任的产生机制。

3.3.1 信任产生的相关理论

关于信任产生的相关理论有许多种，各种理论的侧重点各不相同。信任的文化产生论中，主要强调不同的社会文化对信任的影响；经验论则侧重于交往经验；博弈论中更多的强调利益条件的变化；制度论强调法律制度的完善性；道德论则强调个人的价值观。以下对信任产生的几种主要理论分别进行阐述。

（1）信任文化。

不同国家生活态度、信任程度都有很大的差异，不同的社会会产生不同的政治文化（Almont & Verba, 1963）。英格哈特（Inglehart, 1977, 1990, 1997）用数据说明了这一切，他认为不同的政治文化有不同的信任特征（转引自：王绍光、刘欣，2002）。福山（Fukuyama, 1995）在《信任：社会美德与创造经济繁荣》一书中，更是将所有国家分为低信任的和高信任的两类，引起了很大的反响和争论。

福山（1995）将国家经济的发展完全归结于文化、信任度的差异，他认为中国的经济发展是和中国的信任度低有直接关系的，中国企业规模普遍偏小也是由于中国的家族式文化引起的，但他的理论缺乏实证的基础。因此中国的许多学者（例如，王飞雪，1998；彭泗清，1999；郑伯壎，1995），通过实证研究，对福山关于中国信任的理论给予了回应。

但不可否认的是，信任是社会文化的一部分，文化差异是引起社会信任度不同的原因之一，虽然不同社会信任度的高低，不能仅仅用文化差异来解释，但文化差异确实带来了社会信任程度的不同。同时英格哈特（Inglehart，1999）认为各国的社会信任度也和经济发展水平和政治制度有关。

（2）经验论。

经验论认为信任度的高低来自于历史的交往经验，对他人信任值（trust-worthiness）的判断很大程度上依赖于历史经验（Deutsch，1958；Erikson，1968；Lindskold，1978；Pilisuk & Skolnickm，1968；Rotter，1980；转引自Kramer，1994）。

信任是在交往中对他人行为的一种预期，如果在交往历史中，对他人行为的预期均被实现，则对他人的信任度就会提高；相反，若对他人行为的预期均未达到，甚至是被背叛，则对他人的信任度就会降低。波意耳和波纳西茨（Boyle & Bonacich，1970）认为个人对信任行为的预期，会随着经验的积累而改变，改变的程度和经验与经验预期之间的差别程度成比例（转引自Kramer，1994）。

在这一理论中，个体早期形成的社会心理会影响之后的信任倾向，个体早期尤其是幼年家庭环境、经济环境的优劣，都会影响个体对外部世界的信任度，且这种感觉还会深植于个体的个性之中，美好的经验会带来高度的信任；反之，若幼年时期生活环境恶劣，经常被欺负，则将来很难信任别人。

（3）博弈论。

博弈论认为信任是一种理性的选择，其中最著名的就是多伊奇（Deutsch，1958）的"囚徒困境"实验。在实验中，两个人之间的信任程度，会随着实验条件的改变而改变。如果只交易一次或双方均知道交易的终点，那双方不会有信任行为的发生，欺骗往往是最佳策略。因此，信任行为的产生必须要具备以下两个条件之一：①无限次的重复博弈；②不完全信息下的有限次博弈。

博弈论中的信任是完全理性的，是一种基于计算的信任，是受外界环境影响的。在博弈论中信息是一个非常关键的变量，因为个人决策不仅依赖自己的选择，同时也依赖于他人的选择，而且是在具体的关系情境中进行选择。也就是说，甲对乙的信任仅限于特定环境下的特定事情，且在这件事情上的信任不能带来其他事情上的信任。

博弈论可以很好地解释，为什么存在既有关系的群体，信任度会明显高于陌生人，尤其在中国社会这一差距更加明显。福山（Fukuyama，1995）曾在《信任》一书中将中国归为低信任度国家，而许多中国学者经验研究结果表明，中国社会中对陌生人的信任度确实很低，即一般信任较低，但是在既有关系中，例如，亲缘、地缘、人缘，信任却是非常高的（王飞雪，1998；杨中芳、彭泗清，1999；杨宜音，1999；彭泗清，1999）。陌生人之间难以信任在于双方很可能只是一次性交易，之后无往来，所以容易导致欺骗；而在亲戚、朋友之间交易是经常性的，且对一人的欺骗会导致在整个社会网络中的声誉尽失，所以合作的可能性较大，双方的信任度也会较高，并且随着交往的密切和频繁，信任度就会越来越高。

（4）制度论。

信任可以被看作是一种制度现象，是个人寄于这些制度内的信任（Lewicki & Bunker，1994）。这种信任是一种基于制度的信任，是建立在社会规范和制度的基础上的（Zucker，1986），也有学者称之为系统信任（Luhmann，1979）。

制度论认为人们讲信任是因为受到社会规范和法律制度的制约，违背信任的行为会受到惩罚，对他人的信任也来源于对制度的威慑。根据这一理论，一个有效的政府、一套健全的法规制度、一个有力的执行机制是至关重要的。

中国当前在转型时期就存在制度不健全的问题，严重地影响信任的产生和发展。由于执行力度不够，企业间违约、毁约事件屡见不鲜，虽然企业间的交易均有合同，但对于违约的惩罚力度不够、执行困难较大，使得合同的有效性明显降低，这也是我国社会信任度提高所要解决的首要问题。

（5）道德基础论。

道德基础论超越了对信任的工具性解释（王绍光、刘欣，2002）。该理论可以很好地解释陌生人之间的信任，亲戚、朋友之间的信任靠的是了解，而在陌生人之间只能是这种道德化的信任。道德化信任的概念是由罗特（Rotter，1980）最先提出来的，他认为"无论群体中的其他人做什么或不做什么，我都会以令人信任和值得信任的方式行动"（转引自 Krammer，Berwer & Hanna，1994）。

　　道德化信任更多地依赖于个体的社会价值观，而不是交往经验。道德基础论认为，收入多寡、个人经历不太重要，重要的是宏观环境，例如：收入和财产分配的不平等都会降低道德化信任（王绍光、刘欣，2002）。由此可以认为社会不平等对信任有很大的负面影响，在中国经济转型期慢慢衰落的单位制就曾对社会的道德化信任有很大的负面影响，由于单位制中所有物品都要求统一分配，在分配过程中难免会出现不均现象，导致单位成员的不满和信任度的降低，同时还导致了中国社会中"杀熟"现象的萌芽和形成（郑也夫，2003）。

3.3.2　信任产生的前因性研究

　　对于组织间或个人间信任建立的研究，主要包括"前因性"研究和"机制性"研究两种方法（Ali & Birley，1998；金玉芳、董大海，2004）。前因性研究主要是在不同的背景下，探察并实证影响信任的具体因素（金玉芳、董大海，2004）。例如：麦克奈特等（McKnight，Cummings & Chervany，1998）研究了两个从未交往过的个人或者组织，是如何建立信任的；维特纳等（Whitener et al，1998）研究了在已经有联系的个人之间如何建立信任。

　　对于信任产生的前因，由最初斯特里克兰（Strickland，1958）定义的"宽容"，到李柏曼（Lieberman，1981）提出的"能力、诚实"，之后巴特勒（Butler，1991）提出了 11 个影响信任产生的因素，包括"有效性、能力、一致性、谨慎、公平、诚实、忠诚、开放、全面信任、履行承诺、包容"。信任产生的前因性研究逐渐被细化和多样化，迈耶等（Mayer，Davis & Schoorman，1995）对信任前因研究的文献进行总结，如表 3.5 所示。

表 3.5　　　　　　　　　　　　影响信任产生的前因

作　者	自变量
Boyle & Bonacich（1970）	过去交往经验，"囚徒困境"的警惕
Butler（1991）	有效性、能力、一致性、谨慎、公平、诚实、忠诚、开放、全面信任、履行承诺、包容
Booth（1998）[a]	诚实、可靠、能力、名誉
Cook & Wall（1980）	行为可信赖性、能力

续表

作　　者	自变量
Dasgupta（1988）	面对惩罚的可信赖性、遵守承诺
Deutsch（1960）	能力、生产意图
Dyer & Chu（2003）[a]	可靠、公正、善意
Farris，Senner & Butterfield（1973）	开放、情绪、新行为组织规范的实验
Frost，Stimpson & Maughan（1978）	对供方的信赖性、利他主义
Gabarro（1978）	开放、先前成果
Giffin（1967）	专家、信息来源可靠性、意图、动力、个人吸引力、名誉
Good（1988）	能力、意图、供方行为说明
Hart，Capps & Cangemi et al（1986）	开放/一致性、价值共享、独立/反馈
Hovland，Janis & Kelley（1953）	专门技术、欺骗的动机
Johnson - George & Swap（1982）	可靠性
Jones，James & Bruni（1975）	能力、个人期望相关的行为
Kee & Knox（1970）	能力、动机
Larzelere & Huston（1980）	善意、诚实
Lieberman（1981）	能力、诚实
Mishra（1996）[a]	能力、开放、同情心、可靠性
Ring & Van de Ven（1992）	正直、善意
Rosen & Jerdee（1977）	能力、组织目标
Sitkin & Roth（1993）	能力、共同价值观
Solomon（1960）	善意
Strickland（1958）	善意
Hwang & Lee（2012）[a] Park，Gunn & Han（2012）[a]	能力、仁善、诚实

资料来源：Mayer，Davis & Schoorman（1995）；a：1995 年之后的为笔者增加。

　　对表 3.5 中各研究的因素进行分析发现，这些因素大致可归结为两个方面。一方面是受信方的特征，包括其能力、善意与诚实，以及具体的行为等特征（金玉芳，董大海，2004）；另一方面是双方的关系特征，包括过去的交往经验、共同的目标和价值观等特征。

3.3.3 信任产生的机制性研究

机制性研究主要是从理论的角度，探察建立信任的过程或基础是什么（金玉芳，董大海，2004），社会科学一般认为信任是从各种各样的机制中诞生的（Creed & Miles，1995）。

祖尔克（Zucker，1986）将信任的产生机制分为三类：①来源于过程的信任；②来源于特征的信任；③来源于制度的信任。克里德和米尔斯（Creed & Miles，1995）按照这三种模式，对信任的产生过程进行分析。来源于过程的信任，即信任来源于个人屡次参与交换的经历；来源于特征的信任，即信任建立在义务规范和社会相似性培植出的合作基础之上；来源于制度的信任，即信任与正式的社会结构紧密相联，与个人或公司的具体属性息息相关（Creed & Miles，1995）。

克里德和米尔斯（Creed & Miles，1995）认为，来源于过程的信任和来源于特征的信任嵌入在广阔的社会关系脉络中，信任在种类数量上的变化，是特殊的相似点和正面相关经验综合影响的结果，并将信任简化为如下函数：

$$信任 = f\{偏向信任的体制(即本性)，特殊的相似点，互惠的经历\}$$

金玉芳，董大海（2004）按照过程机制，对消费者与企业之间信任的产生进行研究，将信任产生的过程机制分为四类：①施信方自身的心理过程机制；②施信方对受信方的判断过程机制；③交往过程机制；④其他外部机制，具体内容如表3.6所示。

表3.6　　　　　　　　　　　　机制性研究

机制/基础		涵　　义	领域	作　　者
类别	具体			
施信方自身的心理过程	计算 预测 个体特征	施信方计算其得失 施信方对受信方未来的行为有信心 施信方对未来关系的期望 信任他人的心理是在儿童时期形成的	商业关系 企业间 战略联盟 企业内部	Doney & Cannon，1997； Doney & Cannon，1997； McKnight，1998

续表

机制/基础		涵　义	领域	作　者
类别	具体			
施信方对受信方的判断过程	能力	施信方认为受信方能够实践其承诺的能力/技能/资源	商业关系战略联盟	Doney & Cannon, 1997; 曹玉玲、李随成, 2011; Popp, Zhou & Ryu, 2008; Cullen, 2000; Shapiro, 1992; Silva, Bradley & Sousa, 2012
	善意动机	施信方认为受信方具有移情心/愿意/好意 施信方对受信方的动机的判断	战略联盟商业关系	
双方交往过程	交往经历关系信息	信任是随着双方的交往建立起来 双方在交往过程中对关系的投入 双方在交往过程中信息共享的意愿	企业间	McKnight, 1998; Rousseau et al, 1998; Nguyen & Rose, 2009; Chen et al, 2011
其他	法律制度其他证据	法律制度 其他的安全保障	企业间企业内部	Ali & Birley, 1998; McKnight, 1998

资料来源：金玉芳，董大海（2004），笔者以此为基础进行补充和完善。

3.4　供应链企业间信任的产生机制

在迈耶等（Mayer, Davis & Schoorman, 1995）总结的信任产生前因中，大部分是针对人际间信任而言的，与企业间信任有许多不同之处。祖尔克（Zucker, 1986）和金玉芳，董大海（2004）关于信任产生的机制性研究，则比较符合企业间信任的形成。

本书将信任的前因性研究与机制性研究相结合，按照特征机制对供应链企业间信任的产生进行研究。首先，对于企业与供应商的交往过程，作为双方的关系特征、交互特征的一部分，在双方交往经验的基础上，加入双方的沟通以及相互依赖性，使得对双方关系的分析更加完善。其次，对于来源于特征的信任，将其细分为施信方特征和受信方特征。对于受信方的特征，借鉴 Zucker（1986）和金玉芳，董大海（2004）的研究，考虑受信方的能力、声誉等特征；对于施信方的特征，考虑会影响施信方信任倾向的一些因素，例如，施信方企业的规模、性质和所在地区等。另外，需要指出的是，本研究中不考虑外界法律、制度环境对企业间信任产生的影响，由制度产生的信任不作为本书的研究范畴。

针对供应链企业间的信任，本书中的特征机制主要分为三类：①供应商（受信方）特征；②企业与供应商（施信方与受信方）的关系特征；③企业自身（施信方）特征。

3.4.1　由供应商（受信方）的特征产生信任

受信方的特征机制，即是信任来源于受信方的能力、善意等特性。在企业间信任建立的研究中，卖方的能力、声誉是经常被提到的因素（Anderson & Weitz, 1989, 1992；Chu & Fang, 2006；Doney & Cannon, 1997；Ganesan, 1994；Kwon & Suh, 2004；McKnight, Cummings & Chervany, 1998；Selnes, 1998；曹玉铃、李随成，2011；Popp, Zhou & Ryu, 2008）。另外，卖方人员，尤其是卖方销售人员的能力也会对企业间的沟通，甚至是信任有很大影响（Doney & Cannon, 1997）。拥有更好素质的卖方人员，会使买方企业产生对人员的信任，进而转化为企业间的信任（Doney & Cannon, 1997；Zaheer, McEvily & Perrone, 1998）。因此，本研究也将对卖方人员的信任作为受信方特征之一。除此之外，在以往的研究中，并未见到对卖方产品的特征进行分析的，本书认为这是以往研究的一个不足之处。卖方产品对买方来说，如果重要性不同，则买方的态度、投资以及所需要的信任也会不同。尤其是在制造业企业，产品的差异性更大，不可替代的与通用的卖方产品，将会显著不同的影响卖方企业在交易中的地位。

综上分析，本书中将受信方的特征确定为供应商的能力、声誉、产品重要性以及对供应商人员的信任，以下将逐一进行详细阐述。

（1）供应商的能力。

能力是指受信在特定领域的技能或影响力，可能受信方在某一技术领域有很强的竞争力，而在其他某领域碌碌无为（Mayer, Davis & Schoorman, 1995）。无论是人际间信任还是组织间信任，能力都是一个经常被提及的因素（Booth, 1998；Butler, 1991；Cook & Wall, 1980；Deutsch, 1960；Good, 1988；Jones, James & Bruni, 1975；Kee & Knox, 1970；Lieberman, 1981；Mishra, 1996；Rosen & Jerdee, 1977；Sitkin & Roth, 1993；Popp, Zhou &

Ryu，2008；曹玉铃、李随成，2011）。迈耶等（Mayer，Davis & Schoorman，1995）对以往影响信任产生的因素进行总结并发现，能力是出现频率最高的因素之一。

信任对方首先是信任对方的动机，其次是信任对方完成合作目标的能力，而在实践中往往是先考察对方的能力，然后才考察其动机（张延锋，2003）。因此买方企业在选择供应商时，会首先考虑其能力，尤其是陌生或初次交往的企业，买方企业会更加关注供应商是否有能力履行承诺。所以说，供应商的能力会给买方企业带来信心，可以"赢得"信任，虽然弗洛雷斯和所罗门（Flores & Solomon，1997）指出"信任是（给予的）东西"而不是"（赢得的）东西"，但是只有先拥有一定的能力，才能让对方"给予"信任。

（2）供应商的声誉。

声誉是以往交易的一种记录，信任往往与过去的行为或信任的事件有关。企业可以通过关心合作伙伴的利益，或愿意为之承担一定的损失，从而建立起良好的声誉（Anderson & Weitz，1992；Ganesan，1994）。"声誉是一笔资本财富（capital asset）"（Dasgupta，1988；转引自：Sztompak，1999），"赢得声誉是一个艰苦而漫长的过程，一旦赢得，就拥有了一件过于精致的易碎日用品"（Chong，1992；转引自：Sztompak，1999）。

卖方的良好声誉会增进买方的信任是得到普遍认可的（Anderson & Weitz，1992；Chu & Fang，2006；Doney & Cannon，1997；Ganesan，1994；Kwon & Suh，2004；曹玉铃、李随成，2011）。由于声誉的"易碎性"，企业不会为了眼前的利益去破坏已经获得的声誉。"尽管将会导致短期的花费，但通过发展和保护声誉，企业的长期利益仍将得到更好的满足"（Chong，1992；转引自：Sztompak，1999）。声誉对机会主义行为有很大的影响，拥有良好声誉的供应商有在市场上履行诚实和一致行为的动机，因为机会主义行为的潜在成本非常高（Fombrun & Shanley，1990；Houston & Johnson，2000），投机行为会在供应商所在的社会网络中快速传播，使供应商失去很多和其他企业合作的机会（Hennart，1991；Houston & Johnson，2000）。因此，拥有良好声誉的供应商会赢得买方企业更多的信任（Anderson & Weitz，1992；Chu & Fang，2006；Doney & Cannon，1997；Ganesan，1994；Kwon &

Suh，2004；曹玉铃、李随成，2011)，声誉是企业间信任建立的一个必要但非充分条件（Ring & Van de Ven，1992)。

同时在认同声誉会促进信任的基础上，加尼森（Ganesan，1994）认为，卖方良好的声誉是建立在过去行为的可靠性和一致性基础上的，通过声誉，买方会增加对卖方行为可靠性的认可和信任，但是对于卖方的宽容，只有通过实际的交易才能感知到，并不能通过口碑来传播。因此，对于不同维度的信任，声誉对其的影响可能是各不相同的。

（3）供应商产品的重要性。

在以往的研究中，对于受信方企业的特征，主要针对供应商的能力、声誉以及善意等，而对于供应商的产品却未做考虑。因此，供应商产品的重要性便成为本研究中引入的新变量。

本研究对供应商产品重要性的分析，主要包括三个方面：一是供应商的产品在企业产品中的地位，主要衡量供应商产品的价值；二是供应商产品的可替代性，包括技术的可替代性和厂家的可替代性；三是供应商产品对提高企业产品竞争力的影响。将供应商产品的这三方面特征进行综合，即供应商产品在企业产品价值中占有的比例越大，产品越难替代，对提高企业产品竞争力越有利，则供应商的产品也就越重要。

供应商产品由于对买方企业的重要性不同，则企业对该供应商的重视程度也会不同，则事前投入、事后控制均会有很大的差异。供应商的产品对买方企业是否重要，或该产品是否供应商的专用技术等，都会对双方的关系有影响。例如，若供应商拥有独一无二的技术，则该供应商会变得不可替代，由于产品的依赖性，就会使企业对供应商产生一种不得不的计算型信任。在供应商产品的重要性中除了技术的重要性，还包括产品的可替代性、产品价值等方面。对买方企业来说，供应商产品越重要，也就能够赢得越多信任。

（4）对供应商人员的信任。

人际间的信任有时可以被认为是正式管理机制的替代（Arino，Torre & Ring，2005；Barney & Hansen，1994；Ring & Van de Ven，1992)，当人际间信任的程度很高时，对伙伴的监控行为就显得不必要了（Arino，Torre & Ring，2005)。

　　许多商业交往都是从人际间的交往开始的，企业间的信任也经常是以人际信任为开端。查希尔等（Zaheer，McEvily & Perrone，1998）认为，人际间的信任会转化到企业间的信任，如图 3.3 所示，即 a_1 与 b_1 的人际间信任会转化 a_1 所在企业与 b_1 所在企业间的信任。同时，查希尔等（Zaheer，McEvily & Perrone，1998）对企业与供应商之间的信任关系进行经验研究，结果表明，人际间信任与企业间信任存在显著的正相关关系（$r = 0.546$；$P < 0.01$），即人际间信任会在很高的程度上转化为企业间信任。另外，笔者认为在信任的转化中，也会经历 b_1 所在企业对 a_1 的信任，即组织对人员的信任（如图 3.3 中虚线所示）。

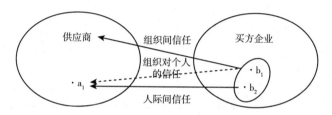

图 3.3　人际间信任与组织间信任的关系

资料来源：Zaheer，McEvily & Perrone（1998），笔者有修改，图中虚线为笔者所加。

　　虽然人际间信任对企业间信任有很大的促进作用（Doney & Cannon，1997；Ring & Van de Ven，1992；Zaheer，McEvily & Perrone，1998），但是在供应链企业间信任的研究中，很少将对供应商人员的信任作为企业间信任的影响因素。在道尼和贾伦（Doney & Cannon，1997）针对买卖双方关系的研究中，曾将买方企业对卖方销售人员的信任放入框架，并在经验研究中发现，对卖方销售人员的信任显著影响对卖方企业的信任，且影响系数很高（$r = 0.77$；$P < 0.01$）。

　　在本研究中，并不仅针对供应商的销售人员，而是选择在供应商中最熟悉的人员进行评价，这也是考虑到中国"人情社会"的文化背景，既有关系对于人际间、企业间信任的影响很大，尤其是企业高层领导间的人情关系，对企业间信任及合作的影响更是不可忽视。

　　通过以上分析，将供应商的特征，即供应商的能力、声誉、产品重要性和对供应商人员信任的含义以及已有的文献研究进行总结，如表 3.7 所示。

表 3.7 供应商的特征及含义

机制/基础		含　义	领域	作　者
类别	具体			
供应商的特征	能力	信任来自于供应商在特定领域所拥有的技能/资源	企业间	Anderson & Weitz, 1989；Ganesan, 1994；Smith & Barclay, 1997；Doney & Cannon, 1997；Selnes, 1998；McKnight, Cummings & Chervany, 1998；Popp, Zhou & Ryu, 2008；曹玉铃、李随成, 2011
	声誉	信任来自于供应商关心合作伙伴利益的意愿/好意	企业间；供应链伙伴	Anderson & Weitz, 1992；Ganesan, 1994；Doney & Cannon, 1997；Smith & Barclay, 1997；Kwon & Suh, 2004；Chu and Fang, 2006；曹玉铃、李随成, 2011
	产品	信任来自于供应商产品的不可替代程度		
	人员	企业间的信任经常以人际信任作为开端	企业间	Doney & Cannon（1997）；Zaheer, McEvily & Perrone, 1998

3.4.2 由企业与供应商（施信方与受信方）的关系特征产生信任

施信方与受信方的关系特征机制，即是信任来源于双方之间的关系，这种关系包括两方面：一是关系来自于长期的交易、合作经历，鲁索（Rousseau，1998）认为信任不是静态的，信任会随着双方的交往而建立、发展甚至是瓦解，米尔斯和克里德（Miles & Creed，1995）也认同这一点。二是关系来自于双方的相互依赖性，依赖性来自于人力、物力等专用资产的投入，这种投入使得双方机会主义行为的成本大大增加，由于机会主义行为的成本大于收益，使得双方可以相互信任。帕克赫（Parkhe，1993）认为专用资产的投入会改变博弈的收益矩阵，促进双方信任和合作行为的产生。

另外，信任关系中有一个特性为"时间差"（郑也夫，2003），即双方往往是承诺在先，实施在后。这种时间差会带来风险，也即信任存在的前提。同时，这种时间差带来的风险，可以通过双方及时的信息与知识的沟通来减少，因为这种时间差上的风险主要来自于信息的不对称，而沟通可以一定程度上弥补信息的不对称（Anderson & Narus，1990；Morgan & Hunt，1994）。另外沟通还可以减少双方不必要的冲突，进而增加双方的信任（Kwon & Suh，2005；Moorman，Zaltman & Deshpande，1992；Morgan & Hunt，1994；Silva，Bradley & Sousa，2012）；信息共享亦对组织间信任具有显著的积极影响（Nguyen & Rose，2009；Chen et al，2011）。

综上分析，本书中将施信方与受信方的关系特征确定为企业与供应商的交往经验、相互依赖性以及沟通三方面，以下将逐一进行阐述。

（1）与供应商的交往经验。

商业往来中，信任很少是自然而然产生的，往往是在双方长期交往中积累起来的（Anderson & Weitz，1989；Batt，2003；Dwyer，Schurr & Oh，1987；Lane & Bachmann，1998）。随着交往时间的增加，交易双方的相互了解会不断增加（Batt，2003）。当外界环境的不确定性因素很多时，企业为了降低风险，会将订单同时分给几个供应商，或是选择曾经交往过且合作满意的供应商（Cunningham & White，1973；转引自 Batt，2003）。

同时，在持续的交往中，双方的关系投资会不断增加，进而会增加关系中止的转换成本（Anderson & Weitz，1992；Batt，2003；Heide & John，1990）。因此，企业会给予供应商更多的信任，因为转换成本的提高会降低机会主义行为，同时也降低了交易的风险（Anderson & Narus，1990；Batt，2003；Dwyer，Schurr & Oh，1987）。

另一方面，交往经验并非仅指交往的时间，还包括交往中企业对供应商目标、价值观等的认同度。通过不断的交易，企业就会对供应商的动机更加了解（Batt，2003），行为方式一致、目标相同、价值观相近的企业间会更加容易产生信任（Anderson & Weitz，1989；Anderson & Narus，1990；Batt，2003；Dwyer，Schurr & Oh，1987），同时双方的合作会更成功，并从中获得更多的收益（Batt，2003；McQuiston，2001；Morgan & Hunt，1994）。

（2）与供应商的相互依赖性。

相互依赖性可以通过两方面来体现，一方面，交易双方由于大量的特定资产投入而产生的对另一方的依赖（Anderson & Weitz，1992；Batt，2003；

Ganesan，1994；Heide & John，1988；Kwon & Suh，2004）。特定资产是指针对某一交易或关系而进行的投资，这一投资转换成本很高，转为其他用途的价值很低，甚至为零（Batt，2003）。由于特定资产的高转换成本，资产投入方进行机会主义行为的可能性大大减少，同时也会更想维持双方的关系（Anderson & Weitz，1992；Batt，2003；Williamson，1985；曹玉铃、李随成，2011）。特定资产投入相当于一方的事前承诺，会使另一方对关系的维持产生更多的信心，也会使双方更容易建立起信任（Anderson & Weitz，1992；Batt，2003；Ganesan，1994）。

另一方面，由于在市场上没有其他更好的或者是相当的选择，交易对方的不可替代性就产生了依赖（Emerson，1962；Gao，Sirgy & Bird，2005；Heide & John，1988）。如果企业是供应商非常重要的客户，则供应商会尽量满足企业的产品需求，并会围绕企业开展某些针对性工作，则企业对这家供应商的信任也会随之增加（Gao，Sirgy & Bird，2005）。

若交易双方的依赖性很低，则双方均不会花太多的时间和精力增进关系（Anderson & Weitz，1992；Gao，Sirgy & Bird，2005），也就会阻碍相互信任的建立（Gao，Sirgy & Bird，2005）；相反，在高度的相互依赖关系中，双方的往来、信息交换以及资源整合等都会增多，也会增加信任的建立及发展的可能性（Gao，Sirgy & Bird，2005）。

另外，在相互依赖性中，需考虑依赖性的对称问题。若这种依赖性是单方面的或不对称的，则会减少企业间的信任（Anderson & Weitz，1989；Gao，Sirgy & Bird，2005）。因为，依赖性高的一方在交易中会处于劣势的地位，并会因为另一方的机会主义行为而产生巨大损失（Anderson & Weitz，1989；Gao，Sirgy & Bird，2005）。因此，在依赖不对称、能力不对称的企业间更容易产生冲突，很难建立合作（Anderson & Weitz，1989；Dwyer，Schurr & Oh，1987）。

综上所述，企业的依赖性和供应商的依赖性虽然都会对信任产生影响，但是影响的方式会明显不同。当供应商的依赖程度很高时，由于关系中止会给供应商带来更大的损失，因此会增进企业对供应商的信任。但是如果企业对供应商的依赖更高时，企业对供应商的警惕会变强，反而会阻碍信任的建立。

（3）与供应商的沟通。

沟通是企业间有效、及时信息的正式或非正式的共享（Anderson & Na-rus，1990；Morgan & Hunt，1994）。对于沟通与信任之间的相关性是被普遍认可的（Anderson & Weitz，1989；Anderson & Narus，1990；Chu & Fang，2006；Doney & Cannon，1997；Dwyer，Schurr & Oh，1987；Kwon & Suh，2004，2005；Morgan & Hunt，1994；Silva，Bradley & Sousa，2012），但是对于两者关系的方向性，学者各有不同的意见。

德怀尔等（Dwyer，Schurr& Oh，1987）认为信任会促进沟通，而更多的学者则认为是沟通促进了信任的产生（e.g.，Anderson & Weitz，1989；Kwon & Suh，2004，2005）。安德森和纳罗斯（Anderson & Narus，1990）认为企业间有效的沟通是信任建立的必要条件，而在接下来的阶段中，信任的积累反过来又会促进更有效和及时的沟通。若是在一个时间点上，则过去的有效沟通会促进现在的信任（Anderson & Narus，1990）。笔者认同安德森和纳罗斯（Anderson & Narus，1990）的观点，研究中的模型也是指某一时间点的静态模型，并非研究在某一时间段的动态变化过程，因此模型分析中，主要针对过去与供应商的沟通对现在信任的促进作用。

信息共享是供应链伙伴关系成功建立与发展的重要因素之一（Hand-field & Bechtel，2002；Kwon & Suh，2005；Nguyen & Rose，2009；Chen et al，2011）。供应链企业间的信息共享，不仅是指简单的产品成本、生产工艺这些信息，还应包括企业战略、市场预测、产品设计以及企业目标等一些关键信息的交流与分享（Henderson，2002；转引自 Kwon & Suh，2005）。由于沟通不及时以及信息的不对称，经常使供应链企业间供需要求出现问题，影响供应链的效率（Kwon & Suh，2005；Lee，Padmanabhan & Whang，1997）。

及时的、有效的、可靠的沟通可以减少企业间的冲突，降低企业行为的不确定性，同时有利于培养企业间的信任（Kwon & Suh，2005；Moorman，Zaltman & Deshpande，1992；Morgan & Hunt，1994）。

针对以上分析，将企业与供应商之间关系特征，即交往经验、相互依赖性、相互沟通的含义以及已有的文献研究进行总结，如表3.8所示。

表 3.8   企业与供应商的关系特征及含义

机制/基础		含 义	领域	作 者
类别	具体			
企业与供应商的关系特征	交往经验	信任是随着长期的交往建立起来的	企业间	Anderson & Weitz, 1989; Doney & Cannon, 1997; Ganesan, 1994; Batt, 2003; Morgan & Hunt, 1994
	相互依赖性	信任来自于双方对关系的投入	企业间;供应链伙伴	Anderson & Weitz, 1992; Ganesan, 1994; Smith & Barclay, 1997; Handfield & Bechtel, 2002; Johnston, McCutcheon & Stuart et al, 2004; Kwon & Suh, 2004; Gao, Sirgy & Bird, 2005
	相互沟通	信任来自于比较完全与对称的信息	企业间;供应链伙伴	Anderson & Narus, 1990; Anderson & Weitz, 1989, 1992; Morgan & Hunt, 1994; Doney & Cannon, 1997; Smith & Barclay, 1997; Selnes, 1998; Kwon & Suh, 2004, 2005; Chu & Fang, 2006; Silva, Bradley & Sousa, 2012

3.4.3 由企业自身（施信方）的特征产生信任

施信方的特征机制，即是信任来源于施信方的性格特质和信任倾向。尤其在与陌生人接触时信任的产生与施信方的信任倾向有很大关系，麦尔奈特等（McKnight, Cummings & Chervany, 1998）对陌生人的信任建立进行了详细研究。施信方的信任倾向往往来源于施信方的生长背景、社会地位、经济地位等（Creed & Miles, 1995; Rotter, 1967; 张缨, 2004; 张强, 2002）。另外，双方性格特质的相似性也会促进信任的产生（Good, 1988）。

在人际间信任的研究中对施信方特征的考虑较多，而在企业间信任的研究中，将施信方自身的特征作为影响因素的还鲜有见到。笔者在本书中将对施信方企业对于企业间信任的影响进行分析，试图能有新的发现，同时也使企业间信任的产生机制研究更加完善。

在企业间的信任中施信方是一个企业，这时要考虑的是整个企业的特性，例如企业的性质、规模以及行业背景等。笔者认为，在对企业间信任的研究中将施信方企业的特征作为控制变量更适合信任的研究，迈耶等（Mayer,

Davis & Schoorman，1995）在分析人际间信任时也将施信方的信任倾向作为
影响信任产生的调节变量，而不是自变量。

　　针对本书施信方的特征即是企业自身的特征，笔者认为企业的规模、性
质、所属行业以及所在地区，均会对信任的产生有不同的影响。例如，在不
同的地区，社会的整体信任度有所不同（中国企业家调查系统，2002），则
企业所在地区对企业间信任的建立就会有不同的影响；对于企业的性质也是
同样的，在国有企业、民营企业以及中外合资企业之间存在明显的文化差异，
这些不同的企业文化氛围，对于信任产生的影响就会各不相同。对于企业所
属行业，在调研中已经将样本限定在制造业，因此不再将企业所属行业作为
变量；另一方面转型期股份制改造会对企业的观念有一定影响，因此将企业
的股份制改造情况作为变量之一。笔者认为这些因素会对企业间的信任产生
影响，但仅可以作为影响因素，而不是导致信任产生的直接因素，因此在模
型中将其作为控制变量，以便更好的分析信任的产生机制，详细分析见
表 3.9。

表 3.9　　　　　　　　　　　　　　企业自身的特征及含义

机制/基础		涵　　义
类别	具体	
企业自身特征	规模	规模会改变企业承受风险的能力
	性质	不同的企业文化孕育不同的信任
	股份制改造	通过股份制改造会对企业的观念、文化产生影响
	所在地区	地区的整体信任度会影响企业的信任

3.5　文献小结及模型引入

　　本书将受信方（供应商）特征，以及施信方与受信方（企业与供应
商）的关系特征作为信任产生的原因和来源，即作为自变量进行研究，同
时认为施信方（企业自身）特征会影响信任的产生，但不是信任产生的直
接因素，将其作为控制变量进行研究，根据这一信任产生的机制，简化为

如下函数：

信任 = f{供应商特征(能力、声誉、产品、人员)，关系特征(交往、依赖、沟通),企业特征}

这个函数显示如果供应商（受信方）的特征越让施信方满意，就越可以促进双方信任的建立。例如，供应商的能力强、声誉好、产品好或者人员是值得信任的，这些都会促进信任的产生。另一方面交易双方的关系越密切，则双方的信任度也会越高，例如：双方对合作历史的满意度高、相互依赖性强或沟通及时，等等。同时，企业间信任的建立又会受到企业自身（施信方）一些特征的影响，例如，不同规模、不同行业、不同地区以及不同的股份制改造情况的企业，信任的建立过程会有不同，对供应商的要求及对双方关系的要求也会有所不同。

通过以上的分析，按照特征机制，将供应链企业间信任的产生机制进行总结，归纳如表 3.10 所示。

表 3.10   信任的产生机制

变量类型	机制/基础		含　　义
	类别	具体	
自变量	供应商的特征	能力	信任来自于供应商在特定领域所拥有的技能/资源
		声誉	信任来自于供应商关心合作伙伴利益的意愿/好意
		产品	信任来自于供应商产品的不可替代程度
		人员	企业间的信任经常以人际信任作为开端
自变量	企业与供应商的关系特征	交往经验	信任是随着长期的交往建立起来的
		相互依赖性	信任来自于双方对关系的投入
		相互沟通	信任来自于比较完全与对称的信息
控制变量	企业自身特征	规模	规模会改变企业承受风险的能力
		性质	不同的企业文化孕育不同的信任
		股份制改造	通过股份制改造会对企业的观念、文化产生影响
		所在地区	地区的整体信任度会影响企业的信任

通过文献总结，以及本书对已有理论的进一步拓展，使得研究思路更加清晰，并得到进一步的深入，将上一章的研究思路，根据本章中理论分析的结果进行细化，得到研究模型的雏形，如图 3.4 所示。

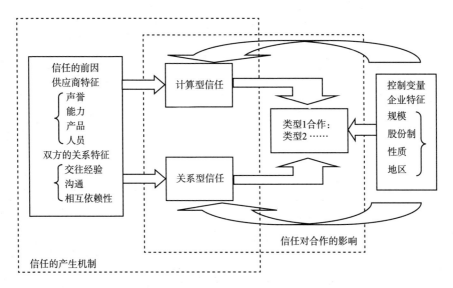

图 3.4　研究模型雏形

在下一章中将根据图 3.4 的研究思路，提出本书的假设，并进一步将思路清晰化，进而建立本书的理论模型。

第4章　供应链企业间信任模型构建

本章在对前人文献进行研究的基础上，对变量之间的关系进行阐述并提出假设；并在假设总结的基础上提出本书的研究框架。

4.1 供应商特征与企业间信任的关系

针对信任的产生机制，本书从供应商特征以及企业与供应商的关系特征两方面进行分析。供应商特征包括供应商的能力、声誉、产品的重要性以及对供应商人员的信任，以下将对各变量与信任的关系逐一进行分析。

4.1.1 供应商能力与企业对供应商的信任

迈耶等（Mayer，Davis & Schoorman，1995）对信任前因的研究发现，能力作为信任的前因是出现频率最高的因素之一（Booth，1998；Butler，1991；Cook & Wall，1980；Deutsch，1960；Good，1988；Jones，James & Bruni，1975；Kee & Knox，1970；Lieberman，1981；Mishra，1996；Rosen & Jerdee，1977；Sitkin & Roth，1993；Popp，Zhou & Ryu，2008；曹玉铃、李随成，2011）。能力是在选择信任对方时首要考虑的因素（张延锋，2003），伙伴能力是企业联盟信任产生的要素之一（金高波、李新春，2001；陆杉，2012），因此，企业在选择供应商时也会考虑其能力。

供应商的能力不仅包括供应商在相关产品、技术方面的能力，还包括供应商的市场开拓、客户关系、知识管理等各方面的能力（Cravens et al，1992；Selnes，1998）。安德森和韦兹（Anderson & Weitz，1989）分析企业间联系人员的能力时，认为人员的能力应包括销售管理、技术支持、人员分配、产品了解等。根据此定义，萨尔奈斯（Selnes，1998）认为供应商的能力应以技术和商业能力为主，并详细分为四个方面：①对于客户产品市场了解的能力；②在合作中给予好建议的能力；③帮助客户制订计划的能力；④提供有效销售意见的能力。

首先，供应商的能力会降低风险（Anderson & weizt，1989；陆杉，2012），这主要表现为：供应商技术、生产方面的能力可以减少履约风险；

沟通能力可能减少信息不对称的风险；帮助客户制订计划等能力可以增加双方的依赖，提高违约成本，以降低机会主义行为的风险。而风险的降低会减少信任的成本，有利于企业间信任关系的建立。其次，供应商的能力是其能实现合作承诺的保证，能增强施信方的信心，是信任产生的必要条件（Flores & Solomon，1997）。最后，供应商能力越强，企业越愿意与之共同制订长远计划，促进长期交往，进而促进信任的产生（Selnes，1998）。

因此，本书也认为供应商能力是影响信任的重要因素之一，与信任有着显著的正相关关系，并提出以下假设：

H1a：供应商的能力越强，则对供应商的计算型信任越高。

H1b：供应商的能力越强，则对供应商的关系型信任越高。

4.1.2 供应商声誉与企业对供应商的信任

供应商声誉就是供应商诚实的、并关心客户利益的行为，在行业中获得的其他企业和人员的评价（Doney & Cannon，1997）。作为一种特殊的无形资产，声誉蕴含着巨大价值（缪荣、茅宁，2007）。在以往关于声誉的研究中发现，良好的声誉非常重要（Anderson & Narus，1990；Kollock，1994；Dnoey & Cannon，1997；Ganesan，1994；Nielsen，2005；曹玉铃、李随成，2011）。良好的声誉是网络组织成员进行内部合作的一个必要前提，声誉是网络组织成员合作的一个有效激励（卢福财、胡平波，2005；于茂荐，2010）。

生产者可以通过"行为公正"在渠道内建立起良好声誉，同时也会因为频繁的关系中止或利己行为使得声誉迅速下降（Anderson & Weitz，1989）。良好声誉很容易在行业内传开，并提高企业的可信度（Doney & Cannon，1997；Ganesan，1994）。

供应商的良好声誉会减少供应商的机会主义行为，同时降低企业的合作风险。这是因为，声誉需要大量的投入才能建立起来，并成为企业有价值的财产（Dsgupta，1988；转引自 Doney & Cannon，1997）。如果供应商采取机会主义行为，就会带来很大的损失，因此供应商的声誉越好，则其采取机会主义行为的几率也就越低。

许多学者的经验研究证明，供应商的声誉确实对企业间的信任影响显著（Anderson & Weitz，1989；Doney & Cannon，1997；Ganesan，1994；Sztompka，2005）。安德森和韦兹（Anderson & Weitz，1989）的经验研究表明，生产者的不良声誉会降低其他成员的信任；加尼森（Ganesan，1994）的研究则表明，卖方的声誉会提高零售商的信任。张维迎（2003）指出，声誉机制的建立能够创造博弈参与者的信任与合作。

基于以上的分析，本书认为声誉和信任有着显著的正相关关系，即供应商的声誉越好，企业对供应商的信任越高，这种信任既包括计算型信任也包括关系型信任，因此形成以下假设：

H2a：供应商的声誉越好，则对供应商的计算型信任越高。

H2b：供应商的声誉越好，则对供应商的关系型信任越高。

4.1.3 供应商产品的重要性与企业对供应商的信任

在以往的研究中，还未见到将产品的重要性作为信任前因的，本书试图在这方面有所突破，对产品的重要性与企业间信任的关系有新的发现。

本书认为供应商产品的重要性主要包括三个方面：一是供应商产品在企业产品中的地位，主要衡量供应商产品的价值；二是供应商产品的可替代性，包括技术的可替代性和厂家的可替代性；三是供应商产品对提高企业产品竞争力的影响。下面对这三个方面逐一进行分析。

首先，是供应商产品的价值，其重要性是一个相对概念，借鉴吉登斯和安东尼（Giddens & Anthony，1991）的相对资源思想、卢曼和尼克拉斯（Luhmann & Niklas，1994）的"灾难线"的概念，可以认为供应商产品价值的重要性高低与企业的"灾难线"高低密切相关。在此基础上，借鉴什托姆普卡（Sztompka，1999）、王绍光和刘欣（2002）研究中的"相对易损性（relative vulnerability）"概念［见公式（4-1）］，本书通过供应商和企业间的关系来描述这种相对重要性，提出供应商产品价值"相对重要性"的概念，并认为其应该由供应商产品的价值占企业产品价值的比重来决定，即如果在合作过程中供应商出现了违约现象，由于供应商产品的重要性给买方企业带来损失的程度［见公式（4-2）］。

相对易损性 = 潜在损失的绝对值/潜在受损者所拥有的总资源　　　（4 - 1）

相对重要性 = 供应商产品给企业带来的损失/企业的总价值　　　（4 - 2）

如果供应商产品的"相对重要性"越高，则越会引起企业的重视，需要的信任也就越多，因为违约或关系破裂会给企业带来很大的损失，这时就需要与供应商建立信任关系，而同时供应商也会成为更为主动的一方。此时，企业对供应商的信任就需要建立在完备的合同和对供应商进行监控等的基础上，很难在了解、情感的基础上信任对方，会降低与供应商之间的关系型信任。

其次，是供应商产品的可替代性，可替代性也来自两方面。其一是技术的可替代性；其二是产品的可替代性。

在技术可替代性方面，由于在不同的技术发展阶段，供应商产品所占的地位不同，企业与供应商之间的信任也就会有不同程度的增减。在技术的第一发展阶段，即供应商产品的技术为一项新发明或专有技术时，企业必须依赖供应商的技能和能力去获得满意的产品。此时，买方企业必须信赖供应商，信任的程度也许会超过本身的意愿。虽然企业可以通过寻找其他供应商对该供应商形成压力，但更换供应商的可能性很小。因此，企业非常重视信任的问题，对供应商提供优质产品及服务的能力也十分看重。在技术发展的第二阶段，即供应商产品的技术为一种常规技术（该产品主要依赖于机器而非专用技术），这时企业对供应商技术的依赖性就会降低。由于生产该产品的供应商增多，企业更换供应商的成本降低，此时相对于第一阶段，所需的信任明显下降低。在技术发展的第三阶段，随着技术的不断发展和进化，产品所需的生产技术不断精密化，产品的生产需要的是高科技设备，这时供应商不仅需要大量的资金投入，而且还需要有高水平的专业人才。在这个阶段，对供应商的信任程度又会有所回升，企业需要对供应商的生产、技术以及资金能力给予信任。但技术只是复杂性提高，并非专用技术，因此对信任的需求程度虽然远高于技术发展的第二阶段，但会略微低于第一阶段。

在产品可替代性方面，其可替代性来自于供应商产品所在市场的竞争程度：对于完全竞争或高度竞争的行业来说，寻找可替代的供应商非常简单，所以企业无需刻意与供应商建立伙伴关系，对供应商的信任也就较低；而对于较垄断的行业来说，由于市场上合适的替代厂家很少甚至没有，企业就需要与供应商建立良好的关系，因为终止关系会带来很高的转换成本，损失很大。

供应商产品的替代性是技术替代性和市场垄断程度的综合，产品越是难替代，就越需要与供应商建立信任的关系，但是供应商会站在更为主动的一方，企业对供应商的信任会更多依靠完备的合同和对供应商的监控。因此双方建立的是基于成本利益核算的计算型信任，而很难在了解、情感的基础上信任供应商，产品的重要性越高反而还会降低关系型信任。

最后，供应商产品的重要性还在于是否可以提高企业产品的竞争力（降低企业成本、提高企业产品的特殊性、吸引更多的客户等），所以，越是对企业有利，则企业对供应商产品的重视度越高，由于对产品的依赖而产生更多的信任，就会建立更好的合作。同上分析，供应商产品对企业越有利，供应商的位置就越主动，给企业带来的压力就越大，则在需要对供应商信任的同时又不敢完全信任，因为信任的背叛会带来的更大的损失。因此，与供应商之间只能建立计算型信任，在信任供应商的同时，又要靠合同、契约来维系双方的关系，从而很难建立需要有利他行为的关系型信任。

供应商产品的重要性通过以上三方面体现，可以简单地认为，产品相对重要性越高、越难替代、越能增加企业竞争力，则供应商的产品越重要。同时可以看到，供应商的产品越重要，则计算型信任越高，关系型信任越低。假设如下：

H3a： 供应商产品越重要，则对供应商的计算型信任越高。

H3b： 供应商产品越重要，则对供应商的关系型信任越低。

4.1.4 对供应商人员的信任与企业对供应商的信任

人际间的信任是一种设置在人际边界上的信任（Zaheer，McEvily & Perrone，1998）。在许多情况下，商业上的交往都是从人际间的交往开始的，人际信任是企业间信任的开端。查希尔等（Zaheer，McEvily & Perrone，1998）认为，人际间的信任会转化到企业间的信任，并对企业与供应商之间的信任关系进行经验研究，结果表明，人际间信任与企业间信任不仅存在相关（$r = 0.442$；$P < 0.01$），而且还存在显著的正相关关系（$r = 0.546$；$P < 0.01$），即人际间信任会在很高的程度上转化为企业间信任。另外，道尼和贾伦

（Doney & Cannon，1997）、彼得（Peter，1999）的经验研究也表明，对供应商销售人员的信任与对供应商的信任之间有显著的正相关关系（r = 0.77；P < 0.01），即组织与人员之间的信任会很大程度上转化为组织间的信任；王晓玉（2006）等对组织间信任及组织间人际信任进行的比较研究，也指出双方人际间的信任对双方企业间的合作有正效应。

同时，考虑到中国的企业文化背景，人际间关系非常重要，对企业间信任的建立有直接影响（李玉龙，2012），诸如，亲缘、地缘、人缘等既有关系都会影响企业间信任的建立。因此，本书认为对供应商人员的信任会转化为对供应商的信任。

另一方面，本书认为在对供应商人员的信任向企业间信任的转化过程中，该供应商人员的地位会起到一定的推动作用，即如果该人员为负责人或高层管理者，则会更快的推进信任的转化过程。道尼和贾伦（Doney & Cannon，1997）在考虑对供应商销售人员的信任时，也将该销售人员的能力及地位同时考虑进来。因此本书也对人员的地位在信任转化中的影响进行分析，如图4.1所示。

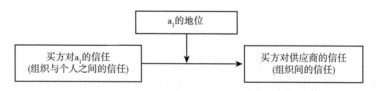

图4.1 人员地位在信任转化中的影响

a_1的权力意味着，a_1对买方的承诺可能实现和满足的程度。这种权力通过它所包含的能力来提升信任（Doney & Cannon，1997）。如果a_1的权力有限，则买方会怀疑a_1是否可以控制组织的资源，对a_1实现承诺的能力持怀疑态度。

另外，a_1的行为会部分地反映供应商的企业文化、管理体制、组织行为等。a_1的权力越大、地位越高，他的行为方式对供应商的影响越大，和供应商整个企业行为的一致性越高。因此，当企业通过a_1的行为去预测供应商的行为时，如果a_1的行为与供应商行为越一致，买方企业预期的风险也就会越小，这就会使企业间信任得到进一步支持，买方企业对a_1的信任转化为企业之间信任的可能性也就越大。

通过对人际间信任向企业间信任转化过程的分析，结合人员地位在转化中产生的影响，提出如下假设：

H4a：对供应商人员的信任水平越高，则对供应商的计算型信任水平越高。

H4b：对供应商人员的信任水平越高，则对供应商的关系型信任水平越高。

H4c：供应商人员的地位越高，则对供应商人员的信任越容易转化为对供应商的信任。

4.2　关系特征与企业间信任的关系

企业与供应商的关系特征包括企业与供应商的交往经验、与供应商的沟通以及与供应商的相互依赖性，其中依赖性又分为企业对供应商的依赖性和供应商对企业的依赖性两方面，以下对各变量与信任的关系逐一分析。

4.2.1　与供应商的交往经验与企业对供应商的信任

许多学者认为信任是动态的，会随着时间不断的建立、发展甚至是消失（Fukuyama 1995；Miles & Creed，1995；Rousseau et al，1998），企业间的交往经验可以滋生出信任（Dwyer，Schurr & Oh，1987；Ganesan，1994），信任也会随着企业间交往经验的增长而不断加深（Andersno & Weitz，1989；李玉龙，2012；陈建成，2013）。

道尼和贾伦（Doney & Cannon，1997）认为通过信任的建立过程，可以解释交往经验产生信任的原因。一方面，基于以前的交往，双方已经进行了大量的投入，机会主义行为的成本大大增加（Doney & Cannon，1997）；另一方面，交往经验的增加使双方的行为变得可预测，信任的预期风险明显降低（Doney & Cannon，1997；Dwyer，Schurr & Oh，1987；Williamson，1985）。

信任发展的理论模型（Deutsch，1958；Erikson，1968；Lindskold，1978；Pilisuk & Skolnick，1968；Rotter，1980）提到，对别人信任值（trustworthness）的判断大部分依赖于历史的过程（Kramer，1994）。玻意耳和博纳西奇Boyle & Bonacich（1970）认为，对于信任的行为预期"会由于经验的原因而导致改变，改变的程度和经验与对经验预期之间的差别程度呈相应比例"（转引自 Kramer，1994）。

但是，这方面的经验研究却得出了不同的结果。安德森和韦兹（Anderson & Weitz，1989）的经验研究表明，渠道成员间的信任会随着交往时间的增长而增加，何郁冰（2012）的经验研究也表明，双方的前期交往和合作经验越丰富，相互信任度越高；而加尼森（Ganesan，1994）经验研究的结果却表明，零售商不会因为与卖主交往时间的增加而增加对卖主的信任，加尼森（Ganesan，1994）认为信任的增加应该与双方交往中的某一特定关系中的行为有关，而不是与交往的时间有关。

由此说明，对于交往经验内涵的定义是十分重要的，王静（2009）和李玉龙（2012）等的研究结论也表明，当交往经验不仅仅包含交往的时间，还包括对对方行为方式的了解，以及双方的共同点等内容时，企业间的交往经验和信任呈显著的正相关关系。

本书中将宽泛定义交往经验，其并非简单指交往时间，同时包括在交往过程中带来的双方相互了解等经验，因此，本书认为信任与交往经验是一种正相关关系，形成假设如下：

H5a：与供应商的交往经验越多，则对供应商的计算型信任越高。

H5b：与供应商的交往经验越多，则对供应商的关系型信任越高。

4.2.2 与供应商的沟通与企业对供应商的信任

信任被期望能够增加无曲解的、真实的和公正的信息，当他人卷入谎言或对事实歪曲时，则对他的信任就会减少（Mishra，1994）。无论是在个人间、组织内或组织间，信任与无曲解的沟通是相互促进的。在组织层面，良好的沟通对双方的信任程度有明显的提升作用（Kwon & Suh，2004，2005；Silva，Bradley & Sousa，2012），同时信任又会进一步促进有效沟通（Dwyer，Schurr & Oh，1987）；在个人与组织间，消费者和供应商之间的信任对公开的、真实的信息交换至关重要，尤其是像销售、订货、存货（Davidow & Malone, 1992）或以后的商业计划等这些具有所有权的信息（Sako, 1992）；在个人层面上，消费者可以通过与员工的沟通来提升对企业的信任水平（陈艺妮，2010）。

好的沟通要求以公开、诚实、正确和及时的方式共享信息，以乐于助人、开明的态度去尊重和信任别人（Lendrum, 2004）。而信息共享对组织间信任具有显著的积极影响，阮和罗斯（Nguyen & Rose, 2009）和陈（Chen et al, 2011）对越南、加拿大和中国台湾样本的实证研究均证明了这一点。另外，良好的沟通可以有效解决企业间的一些冲突（彭熠、和丕禅，2002），而这些冲突的有效解决又可以增强企业间的信任。合理的冲突对企业是很重要的，因为许多好的创新、变革都是通过合理的冲突产生的。只要是冲突得到合理的解决，不仅不会破坏企业间的关系，反而会使得企业间的关系更为紧密。

由以上的分析可以看到，良好的沟通可以带来信息的充分交流，降低信息的不完全、不对称；良好的沟通还可以有效地解决冲突，使交易双方相互了解，而这些因素同时又可以增强信任。因此，可以得到以下假设：

H6a： 与供应商的沟通越多，则对供应商的计算型信任越高。

H6b： 与供应商的沟通越多，则对供应商的关系型信任越高。

4.2.3　与供应商的相互依赖性与企业对供应商的信任

对供应商的依赖性是指，为了达到希望的目标而与供应商维持关系的需要（Frazier, 1983；Ganesan, 1994）。海德和约翰（Heide & John, 1988）根据人际间依赖性的理论（Beier & Stern, 1969；Emerson, 1962）提出，企业间的依赖性是指：企业 A 对企业 B 的依赖性与企业 A 为了实现目标对企业 B 进行的投入成比例（Beier & Stern, 1969；Emerson, 1962；Heide & John, 1988）。

海德和约翰（Heide & John, 1988）指出，企业对供应商的依赖性来自四个方面：①如果企业与供应商的关系对企业来说十分重要，或者与供应商的交易占企业交易的大部分，则企业对供应商的依赖性就会很高；②与某一供应商建立关系比与其他供应商建立关系更有利时，这一供应商就会被认为是"最佳的"，则企业对该供应商的依赖性也就越高；③当可供选择的供应商非常有限时，对供应商的依赖性就会增加；④潜在的可替代供应商非常有限时，对供应商的依赖性就会增加。从以上的分析可以发现，①和②主要考虑的是与供应商的关系会给企业带来的好处，是出于利益而选择依赖；而③和④是由于供应商的选择范围较小，是出于不得已而选择依赖，王雪（2014）强调产品来源的可替代性是客户对供应商依赖性的主要来源。

另外，本书认为除了海德和约翰（Heide & John，1988）所指出的四种依赖性来源之外，还应包括由于企业对供应商的投入而带来的依赖，由于要与某一供应商建立关系，必须对其进行一些专用投资，如投入针对该供应商的专门设备、对生产人员的一些专门培训等。专用投资使得企业更换供应商的转换成本大幅增加，因此对这一供应商的依赖性增加。

然而，在现实的企业关系中，交易关系的双方各自拥有的依赖往往是不对等的（刘忠东，2007），总会出现一方依赖较强而另一方依赖较弱，甚至虽然保持合作关系但相互并没有什么依赖性的情况，这时关系双方在交易中的地位也就不同，详见图4.2。

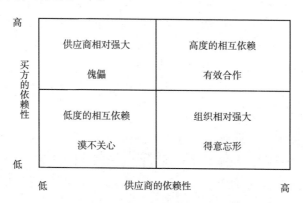

图 4.2　相互依赖性与组织间信任的关系

资料来源：Kumar（1996）。

由上图可以看到，当双方的依赖关系越高时，信任度也会越高，并会产生有效的合作。在相互依赖的企业中，企业间的信任程度和对这种关系的满意程度最高（Kumar，1996）；当依赖不对等时，会使得双方的信任也不对等；当双方的依赖性均低时，信任度也是最低的。

因此考虑到企业间的依赖可能是不对等的，在本书中将与供应商的相互依赖性分为两部分：①企业对供应商的依赖性；②企业感知到的供应商对企业的依赖性。

首先来看企业对供应商的依赖性，在上面的分析中已经指出依赖性的来源，随着企业对供应商依赖性的增加，该供应商的地位也就越来越重要，进而使企业处于被动位置，相对地位变低，这时如果出现机会主义行为，则给企业带来的损失会更大，由于风险的加大，会对供应商的信任降低。由此可以提出假设如下：

H7a：对供应商的依赖性越高，则对供应商的计算型信任越低。

H7b：对供应商的依赖性越高，则对供应商的关系型信任越低。

接下来，针对企业感知到的供应商对企业的依赖性进行分析，由于均为企业间的依赖性，结合海德和约翰（Heide & John，1988）提出的四点以及本书中提出的投入带来的依赖，将供应商对企业依赖性来源分为五点：①如果供应商与企业的关系对供应商十分重要，则供应商的依赖性较高；②与企业建立关系要比与其他客户建立关系更有利时，企业会被供应商认为是"最佳的"客户，依赖性也会很高；③供应商由于生产技术或市场的原因，可供选择的客户是有限的，则依赖性就会增加；④供应商的潜在客户是有限的，则依赖性会提高。⑤如果与企业建立关系，需要供应商进行多项专用投资，如人员培训以及专项设备购买等，则这些投资会使得供应商转向其他客户的成本增加，依赖性便也相应提高。

同样，①和②主要考虑的是合作关系为供应商带来的好处，是出于利益而选择依赖；而③和④是由于产品或市场的原因使供应商的客户有限，是供应商在别无选择的情况下产生的依赖；⑤是由于供应商的投入带来机会主义行为成本的增加，是出于计算的理性行为而产生的依赖。

由于依赖的不对等，供应商的依赖性和企业的依赖性对信任的影响正好相反。当供应商的依赖性非常高时，企业就成为该供应商必不可少的客户，这时供应商处于劣势的地位，供应商机会主义行为的可能性就会明显减小，所以这时供应商的行为变得更易预测，使得交易的风险降低，进而使得企业可以信任供应商。因此，可以形成假设如下：

H8a：企业感知到的供应商的依赖性越高，则对供应商的计算型信任越高。

H8b：企业感知到的供应商的依赖性越高，则对供应商的关系型信任越高。

4.3　供应链企业间的信任与合作

尽管经济学、社会学、心理学学者对信任的理解不尽相同（Barber，1983；Coleman，1990；Deutsch，1958；Hosmer，1995；Lewis & Weigert，1985；Luhmann，1979；Rousseau et al，1998；Williamson，1993），但对于信任的重要性却是认同的，例如，信任可以促进合作（Gambetta，1988；徐勇，2013；贺东航、孔繁斌，2011），改善组织的网络关系（Miles & Snow，1992；Uzzi，1997；罗珉、刘永俊，2009），减少交易费用、减少组织间的冲突（Heide & John，1988；Nooteboom，1993a；Nooteboom，Berger & Noorderhaven，1997），增进组织间的沟通（Heide & John，1990），信任是维持组织效能、维系组织生存的重要因素（郑伯埙，1999；颜炳祥，2008；高静美、郭劲光，2004）。同时信任还可以提高供应链整体的反应速度，尤其是面对突发事件和危机时的应变能力。

本书将对信任与合作的相互影响进行深入分析，进一步的研究信任如何促进合作，而合作又如何进一步地促进信任。

4.3.1　信任与合作的关系

信任是社会生活、经济生活中必不可少的元素之一，福山（1995）把中国经济落后、企业规模较小的原因归结于社会信任程度较低，并指出只有存在既有关系的中国企业间才会建立有效的信任与合作。对此，本书认为既有关系是可以通过交往培养的，满意的交往经验是可以增进相互信任的，从最初的计算型信任到后来的关系型信任，都可以使双方建立有效的合作，所以企业间信任程度会影响合作的程度及有效性。

信任是企业间合作最重要的因素之一，在供应链伙伴关系的文献回顾中，可以发现无论是哪种视角下，信任对企业间合作的建立、发展以及合作的类型都有显著影响。交易费用视角强调意图信任（Nooteboom，1993a，1993b，1996；Nooteboom，Berger & Noorderhaven，1997）；资源视角强调能力信任和意图信任（Das & Teng，1998，2000，2001）；博弈视角强调理性信任（Gulati，Khanna & Nohria，1994；Parkhe，1993a）；社会学视角强调基于了解的信任和阻止型信任（Gulati，1995b，1998，1999a，1999b）。虽然各个理论学派对信任方式的讨论各异，但共同的一点是信任是合作的重要影响因素，是合作产生的一个必要条件。

然而可否用控制机制来代替信任呢？控制机制可以通过制度、合约来提高违约成本，进而带来企业双方的合作，那么控制是否可以完全代替信任呢？

信任和控制的关系一直是学者关注的热点，但并未对其关系达成一致结论，主要有三种观点：其一是认为控制机制的实施是一种不信任的表现，有损信任的发展（Ghoshal & Moran，1996；Gulati，1995）；其二是认为控制和信任是可以相互促进和相互替代的（Poppo & Zenger，2002；Zaheer & Venkatraman，1995）；其三则认为信任和控制之间并不是单一的关系（Tomkins，2001；乐云、蒋卫平，2010；戴天婧、汤谷良，2011）。在这些研究的基础上，本书认为，信任和控制是一种相辅相成的关系，并不是可以相互替代的，并不是说规范的制度、完善的契约就不再需要信任，过多的规范还会滋生出一种不信任情绪。信任和控制更像是两条可以相交的曲线，如图4.3所示。

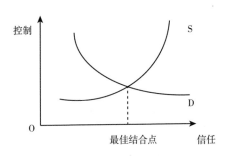

图4.3 信任与控制的平衡曲线

D是信任的需求曲线，社会中如果各项制度比较健全、监管机制也比较完善，这时相对来说需要的信任就比较少，企业之间、人际之间的纠纷可以通过法律渠道解决；当各项制度比较欠缺或执行力度较少时，便需要更多的信任，用道德上的规范去解决问题，信任成为人际间交往、企业间交易的基础。

S 是信任的供给曲线，当政府、社会的各项制度还不完备时，整个社会可能就是低信任度的，企业间、人际间、消费者与企业之间很难产生信任，因为如果没有惩罚机制，个人、企业就增加了违约的动机；当制度更加完善之后，无论是个人还是企业都会更加重视信誉，不诚实行为的成本增加，人们会变得更加可信也更加信任他人，这时整个社会的信任水平也会逐步提高。

控制和信任就像是市场上的供需平衡点一样，有一个最佳的结合点。当控制的力度低于该点时，增加控制的同时会提高信任；但超过该点后，控制的增加会使企业成本剧增，不但不利于信任的提高，甚至还会滋生出不信任，同时带来高成本。其中的原因大致可以概括为两点：

其一，控制超过一定范围后会产生一种不满的情绪。例如，企业中如果没有规范的制度控制，员工就会有偷懒的动机，因为不会受到惩罚，这时增加一定的规章制度可以更好地管制员工，同时增加工作的积极性。但是控制要有一定的限度，如果事事都用制度去控制，会使员工产生一种抵触情绪，认为企业是不信任他的，这时他也会对企业给予不信任，影响工作情绪和积极性。

其二，控制增加的成本、利益衡量。控制的增加会减少交易的不确定性，在一定程度内，控制的增加会降低信任及合作的风险，也会促进双方的信任；但超过一定程度时，控制增加带来的成本远远大于利益，因为信息收集、完备契约成本过于高昂，这时控制的增加对企业来说是不划算的，合作双方更需要用信任来降低不确定性和风险，而不是用控制。

因此可以认为，信任是企业间合作的必不可少的要素之一，是不可以完全替代的。

4.3.2 信任与合作的演化

本书中将信任根据本土文化划分为两个维度，即最初阶段的计算型信任，以及通过双方了解的加深慢慢演化而成的关系型信任，当然也有一些企业间

的信任仅到计算型信任阶段便不再继续发展。借鉴列维奇和邦克（Lewicki &
Bunker，1994）信任发展三阶段的研究，将计算型信任与关系型信任的关系
如图4.4所示。

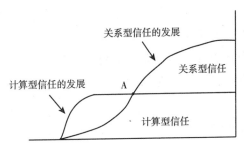

图4.4　企业间信任的发展

说明：在A点处，一部分计算型信任转化为关系型信任。

由图中可知当信任从最初的计算型信任发展到一定阶段后，由于企业间
的相互了解、相互投入，使双方关系更密切，更容易沟通和相互信任。因此，
随着交往时间的增长、了解程度的增加，双方会给予对方更多的信任，计算
型信任也会逐步的转化为关系型信任。基于此，可以得出如下假设：

H9：对供应商的计算型信任水平越高，则与其建立关系型信任的可能性
越高。

下面对信任发展的演化路径进行分析，在信任发展的过程中也会伴随着
双方合作方式的变化。由于合作也是对未来的一种预期，存在很大的不确定
性，所以合作关系需要双方在一定程度上的相互信任。企业对合作伙伴的信
任程度越高，则双方发生的冲突越少，产生的满意度越高，合作也就越有效，
反过来有效的合作也会使企业间产生更多的信任。

许多学者在研究信任与合作的关系时，根据信任的程度不同对合作进行
分类，例如，达思和滕斌圣（Das & Teng，1998）根据信度程度的不同，将
合作分为合资、少数公平合作、非公平合作；威廉姆斯（Williams，1988）
以及诺特博姆等（Nooteboom，Berger & Noorderhaven，1997）按照意图信任
的程度，把合作分为基于法律制度的、基于物质利益的、基于道德规范的和
基于朋友关系的合作。因此，本书将信任的演化及合作的演化同时进行研究，
如图4.5所示。

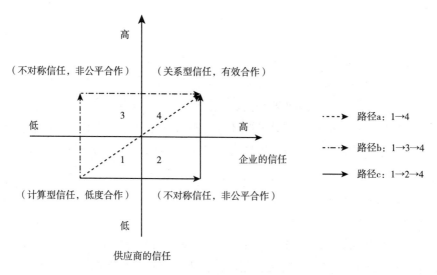

图 4.5　企业间信任的演化

以下将分别对路径中的几个阶段，以及不同的演化路径进行说明：

1 处为双方交往的最初阶段，由于双方相互不了解，这时双方均给予对方的信任比较低，这种信任完全来自于外界对对方的评判。例如，以往合作企业对其能力的评价、同行的评价、行业内的声誉以及报纸上的二手信息等。双方在合作中会采用详细的、完备的合同或契约，对机会主义行为的收益和成本进行衡量，并通过各种措施限制机会主义行为。这时双方的信任是基于计算的信任，合作的有效性较低，过多的信息收集成本、监督控制成本使得合作的效益明显降低。

2 处、3 处均为信任的不对称阶段，双方的信任处于不对等状态。2 处企业给予的信任明显高于供应商，而 3 处供应商给予的信任明显高于企业。在这一阶段，由于企业或供应商对于双方的合作比较满意，为了使合作更加有效，主动给予对方更多的信任，通过增加专用投资、信息交流等方式来表达。这时主动给予信任的一方把更多的弱点暴露于另一方，因此要承担更大的风险，所以这时的合作是一种不对等的合作。如果另一方也给予同样多的信任，则双方的合作进入有效合作阶段，如果另一方利用该信任获利，则双方的合作会降到最初阶段，甚至是信任消失、合作中止。

4 处即为信任的最高阶段，也即合作的最有效阶段，通过双方的长期交往、相互了解、相互认同，产生了基于了解或者基于情感的关系型信任。双方在合作中可以给对方更多的支持，并在对方出现问题时给予更多的理解，这时的合作也是最有效的合作。

信任及合作的演化也可以分为两种路径，其一为路径 a（1→4），即双方从低度的相互信任直接发展到高度的相互信任，伴随着合作方式从低度合作转变为有效合作。通过第一阶段的满意合作，双方同时给予对方更多的信任，通过承诺或给予对方更多专用投资等方式来增进信任。在路径 1 中合作直接从第一阶段到达了最后高效合作阶段，没有经过中间阶段，这种途径可以缩短信任演化的过程，使双方合作更有效，在这其中，双方的事前承诺（pre-commitment）是必不可少的。

其二为路径 b（1→3→4）及路径 c（1→2→4），即信任的发展过程中要经过一个"不对称信任"阶段。在该路径中，企业或供应商通过单方面的事前承诺或投资，给予对方更高层次的信任，产生一种非公平合作，这时另一方的行动会影响其后的发展。如果另一方也同时给予更多的信任，则信任及合作均发展到阶段 4；如果另一方利用该信任获利，则信任及合作均退到阶段 1，甚至双方的合作破裂、信任崩溃。

无论是哪种路径都可以认为信任会促进合作，并且随着信任的增加，合作的层次、效率也会逐渐提高（Gambetta，1988）。因此，可以认为信任是合作的一个必要条件，并提出以下两项假设：

H10：对供应商的计算型信任水平越高，则与其进行合作的可能性越高。

H11：对供应商的关系型信任水平越高，则与其进行合作的可能性越高。

4.4 信任模型与假设

"信任的前因→信任→合作"是本书的研究思路，根据本章的理论分析，提出了需要检验的假设，并总结至表 4.1。通过提出假设，使理论综述部分提出的研究模型雏形得到进一步的细化。同时将信任的前因变量、控制变量、信任、合作以及所有的假设进行整合，得到本书中的初步理论模型，如图 4.6 所示。

表 4.1 本书假设总结

标号		假 设
H1	H1a	供应商的能力越强，则对供应商的计算型信任越高
	H1b	供应商的能力越强，则对供应商的关系型信任越高
H2	H2a	供应商的声誉越好，则对供应商的计算型信任越高
	H2b	供应商的声誉越好，则对供应商的关系型信任越高
H3	H3a	供应商产品越重要，则对供应商的计算型信任越高
	H3b	供应商产品越重要，则对供应商的关系型信任越低
H4	H4a	对供应商人员的信任水平越高，则对供应商的计算型信任水平越高
	H4b	对供应商人员的信任水平越高，则对供应商的关系型信任水平越高
	H4c	供应商人员的地位越高，则对供应商人员的信任越容易转化为对供应商的信任
H5	H5a	与供应商的交往经验越多，则对供应商的计算型信任越高
	H5b	与供应商的交往经验越多，则对供应商的关系型信任越高
H6	H6a	与供应商的沟通越多，则对供应商的计算型信任越高
	H6b	与供应商的沟通越多，则对供应商的关系型信任越高
H7	H7a	对供应商的依赖性越高，则对供应商的计算型信任越低
	H7b	对供应商的依赖性越高，则对供应商的关系型信任越低
H8	H8a	企业感知到的供应商的依赖性越高，则对供应商的计算型信任越高
	H8b	企业感知到的供应商的依赖性越高，则对供应商的关系型信任越高
H9		对供应商的计算型信任水平越高，则与其建立关系型信任的可能性越高
H10		对供应商的计算型信任水平越高，则与其进行合作的可能性越高
H11		对供应商的关系型信任水平越高，则与其进行合作的可能性越高

　　需要提到的是，本书中对于合作维度，将通过数据的探索性因子分析得到。因此，如果分析结果表明合作是单维度，则理论模型不需任何修改；如果合作是两维度或是多维度的话，理论模型则需要更进一步的细化，即合作将根据因子分析的结果进行变量细分。

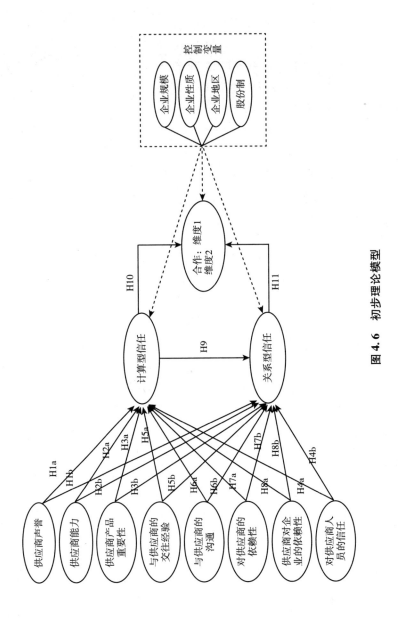

图4.6 初步理论模型

第5章　变量的测量与小样本测试

在对相关文献进行回顾，并提出假设和研究模型后，本章将对模型中的变量进行定义和测量。本章的内容主要分为三部分，一是说明变量的产生及测量方法；二是对问卷的设计原则和设计过程进行阐述；最后是对问卷进行小样本预测，在阐述数据获取过程及分析使用的统计方法的同时，对回收问卷进行初步分析，包括变量的条款净化及信度分析，并进行探索性因子分析，根据分析结果对前一章提出的模型进行进一步的改进和完善。

5.1 变量的测量

本节变量的测量主要包括三部分：一是信任产生特征机制中所包含要素的测量，包括：供应商的特征、企业与供应商的关系特征以及企业自身特征的测量，即自变量和控制变量的测量；二是信任的测量，即是中间变量的测量；三是合作的测量，即是结果变量的测量。

各变量的测量项目主要借鉴已有的国内外研究，同时根据中国制造业企业的特殊情况，在实地访谈的基础上进行修改。现将项目来源主要分为三类：一是直接引用在国内外文献中出现，且已被经验研究证实，信度、效度均较高的测量项目；二是借鉴已有的国内外研究，并结合本研究以及中国制造业企业的实际情况，在实地访谈的基础上，进行修改而得到的测量项目；三是根据本研究的特点，与相关领域内的专家学者进行交流，并在对企业进行深度访谈的基础上，根据专家意见及访谈结果提出的测量项目。

在变量的测量方式上，本研究中的态度量表，采用李克特（Likert）7 级量表的形式对变量进行测量。学者曾将 20 世纪 40 年代的论文加以整理，发现有 75% 以上的论文皆用 5 级量表来测量态度（Day，1940）；而最近的论文则有多采用 7 级量表的趋势（荣泰生，2005）。同时，7 级量表可以增加变量的变异量，并提高变量之间的区分度。因此，在问卷的设计中，本书采用了 Likert7 级量表。

5.1.1 供应商特征的测量

（1）供应商的能力。

许多研究（Anderson & Weitz，1989；Selnes，1998）对于供应商能力的

测量主要包括供应商可以对买方企业有帮助的一些能力，包括供应商对买方企业销售的帮助、对业务提供建议的能力以及掌握市场变化的能力等，安德森和韦兹（Anderson & Weitz, 1989）的研究采用了 4 个测量项目，信度 α 系数为 0.856；史密斯和巴克利（Smith & Barclay, 1997）增加了供应商财务状况以及产品交货能力两项条款；李玉龙（2012）结合访谈对上述学者提出的测量条款进行综合，从供应商把握市场变化的能力、对零售企业销售的帮助、对业务提供的建议和交货能力四个方面进行测量，其信度 α 系数为 0.792。本书中将安德森和韦兹（Anderson & Weitz, 1989），萨尔奈斯（Selnes, 1998），史密斯和巴克利（Smith & Barclay, 1997）研究中提到的测量项目整合全部纳入对供应商能力的测量条款中。

同时，在访谈过程中，笔者发现制造业企业对供应商的产品生产、竞争力是较为重视的。因为，企业与供应商的产品及技术关联度相对其他行业较高，供应商产品的竞争力会明显影响企业产品在市场上的竞争力。因此在问卷中引入了产品的质量、价格和服务方面的测量条款。另外，考虑到由于产权保护、品牌保护越来越重要的问题，各企业对技术创新也非常重视，因此在该部分加入了对供应商技术创新能力的测量（见表 5.1）。

表 5.1   **供应商的能力测量量表**

项目编号	项目内容	来　源
CAP1	1 – 1 – 1 这家供应商完全掌握有关市场和市场趋势的信息[abc]	a. Anderson & Weitz, 1989； b. Selnes, 1998； c. Smith & Barclay, 1997 d. 实地访谈
CAP2	1 – 1 – 2 这家供应商经常给我们提出业务上的建议[ab]	
CAP3	1 – 1 – 3 这家供应商对我们的产品销售有很大帮助[ab]	
CAP4	1 – 1 – 4 这家供应商的产品质量非常高[d]	
CAP5	1 – 1 – 5 这家供应商产品的价格非常有竞争力[d]	
CAP6	1 – 1 – 6 这家供应商产品交货非常及时[cd]	
CAP7	1 – 1 – 7 这家供应商面对市场不确定性的应变能力非常强[c]	
CAP8	1 – 1 – 8 这家供应商的技术创新能力非常强[cd]	
CAP9	1 – 1 – 9 这家供应商的服务非常令人满意[cd]	
CAP10	1 – 1 – 10 这家供应商的财务状况良好[cd]	

（2）供应商的声誉。

安德森和韦兹（Anderson & Weitz, 1992）认为对供应商声誉的衡量，就是对公正、私利行为以及对客户关心的衡量，并用 3 个项目来测量，包括供应商在市场上的诚实度和对客户利益的关心，以及其他企业对该供应商是否有私利行为的看法，并以反向问题的形式出现，以提高问卷的有效性。加尼森（Ganesan, 1994）认为供应商在市场上的声誉就是对供应商公正、关心和诚实的衡量，在安德森和韦兹（Anderson & Weitz, 1992）的测量项目的基础上，加入了对供应商诚实度的测量，这 4 个测量项目的信度 α 系数为 0. 82。

在此基础上，笔者进行了实地访谈，并发现在制造业企业中，零部件外购的比例较大，许多企业对供应商价格歧视的问题十分重视。在某些行业中由于企业规模差距较大，供应商给予不同客户的产品价格确实有很大不同，这也会影响到该供应商在行业内的声誉。所以，结合我国制造业企业的特点，在测量条款中又加入了对供应商是否有价格歧视的测量（见表 5. 2）。

表 5. 2   供应商的声誉测量量表

项目编号	项目内容	来 源
REP1	1 – 2 – 1 这家供应商在同行业以诚信而著称[a]	a. Anderson & Weitz, 1992; b. Ganesan, 1994; c. 实地访谈
REP2	1 – 2 – 2 这家供应商非常关心客户的利益[ab]	
REP3	1 – 2 – 3 这家供应商对任何客户从没有价格歧视[c]	
REP4	1 – 2 – 4 这家供应商被大多数顾客所认可[b]	
REP5	1 – 2 – 5 有许多同行认为这家供应商只顾着自己的利益（R）[ab]	
REP6	1 – 2 – 6 有许多同行认为这家供应商是很公正的[b]	

（3）供应商的产品重要性。

由于在以往的研究中，鲜有将供应商产品的特性作为信任前因的文献，因此这部分的测量条款全部由访谈产生。

首先，对重要性衡量的第一部分内容，就是该供应商产品在企业中的地位，包括两项条款，一是供应商产品的成本在企业产品成本中的比重；二是供应商产品在企业产品生产中所处的地位。

其次，是供应商产品的可替代性。可替代性也来自两方面，其一是由于市场或行业的垄断使得市场上很难找到替代厂家；其二是来自于技术，当供应商产品的技术为一项新技术或专有技术时，则企业必须依赖供应商的技能和能力去获得满意的产品，导致很难找到替代产品。相反，当供应商产品所需的技术为一种常规技术时，即该产品的生产主要依赖于机器而非专用技术时，企业对供应商技术上的依赖性减少，就很容易找到可替代产品。因此，对于产品的可替代性，问卷中通过两方面测量，一是对由于市场带来的难替代性的测量；二是对产品的技术通用性、尖端性的测量。该部分的测量条款共有6个，其中包含一个反向问题，对问卷填写的有效性进行测量，以提高效度。

虽然访谈对象均为制造业企业，但行业间的差距颇大。在电子、生物医药等高科技含量的企业中，供应商产品的重要性主要通过技术来体现；而在纺织、服装等行业中，主要通过产品的成本来体现。量表的测量项目情况如表5.3所示。

表5.3 供应商的产品重要性测量量表

项目编号	项目内容	来　源
PRO1	1-3-1 这家供应商的产品对我们很重要	实地访谈
PRO2	1-3-2 这家供应商的产品是很难替代的	
PRO3	1-3-3 这家供应商产品的价值占我们产品价值的很大比重	
PRO4	1-3-4 这家供应商产品的技术属于通用性技术（R）	
PRO5	1-3-5 这家供应商的技术属于尖端技术或自主创新技术，难以模仿	
PRO6	1-3-6 这家供应商产品的成本在我们产品的成本中占很大比重	

（4）对供应商人员的信任。

对供应商人员信任的测量量表，基本都包括对人员公平、诚实和行为一致性等方面的测量（Doney & Cannon, 1997；Zaheer, McEvily & Perrone, 1998）。道尼和贾伦（Doney & Cannon, 1997）采用5个测量项目，包括了谈判中的公平性、行为一致性、可信性以及利己性的测量，α 系数为0.8799。查希尔等（Zaheer, McEvily & Perrone, 1998）采用7个测量项目，其中考虑到企业中其他人对该供应商人员的评价，该条款的加入可以减少由于个人喜好及信任倾向带来的误差，测量项目总的 α 系数为0.9。本书对道尼和贾伦

（Doney & Cannon，1997）、查希尔等（Zaheer，McEvily & Perrone，1998）研
究中的测量条款进行综合，形成了9个测量项目。

另一方面，笔者在前人研究的基础上进行了实地访谈。在访谈中发现：
①对人员的信任方面，除公平、诚实、可信性等善意动机方面的考虑外，人
员能力的影响在增加，因此在问卷中加入专门针对履约能力的测量，即条款
PTRU10；②在我国制造业企业中，国有企业比重较大，关系、人情的体现更
为明显。许多企业间的合作，和人际间既有关系有关。同时，与供应商合作
很有可能随该人员离开而结束。因此，本书将人员的流动性对企业间信任及
合作的影响考虑进去，条款 PTRU5 和 PTRU8 对人员流动的影响进行了测量。

表5.4　　　　　　　　　　对供应商人员的信任测量量表

项目编号	项目内容	来　源
PTRU1	1－4－1 我觉得该人员在谈判中总是公平的[b]	a. Doney & Cannon, 1997； b. Zaheer, McEvily & Perrone, 1998； c. 实地访谈
PTRU2	1－4－2 我觉得该人员是值得信赖的[b]	
PTRU3	1－4－3 我认为该人员在做任何事情的时候会顾及我们的利益[ab]	
PTRU4	1－4－4 我认为该人员的行为会和我预期的一样[b]	
PTRU5	1－4－5 若该人员离开这家供应商，我们也随该人员选择其他供应商[c]	
PTRU6	1－4－6 我们企业中的其他人认为该人员不值得信赖（R）[a]	
PTRU7	1－4－7 我认为该人员在做事时只关注他自己的利益（R）[a]	
PTRU8	1－4－8 若该人员离开这家供应商并不影响与这家供应商的合作[c]	
PTRU9	1－4－9 我觉得该人员能够履行诺言[a]	
PTRU10	1－4－10 我认为该人员是胜任的[c]	
PTRU11	1－4－11 我认为该人员无论何时行为总是一致的[b]	

对于该供应商人员地位的测量，可以有开放性问题和封闭性问题两种方
法。开放性问题可以通过对该人员的职位、权力以及拥有的股份等指标来衡
量，所获得的结果明确度较高。但这些问题会涉及个人隐私，填答人员难以
回答，反而会降低问卷的有效性。由此，在该部分仍采用封闭式的问题来进
行测量。

问题设计借鉴道尼和贾伦（Doney & Cannon，1997）的研究，其采用封闭式问题对供应商人员的地位进行衡量，共有 3 个测量项目，信度 α 系数为 0.9。

表 5.5 供应商人员的地位测量量表

项目编号	项目内容	来 源
POW12	1 - 4 - 12 该人员的决策会在一定程度上影响到这家供应商的决定	Doney & Cannon，1997
POW13	1 - 4 - 13 该人员在这家供应商中非常重要	
POW14	1 - 4 - 14 该人员在这家供应商中有非常大的权力	

5.1.2 企业与供应商关系特征的测量

（1）与供应商的交往经验。

与供应商的交往经验完全借鉴谢泼德和塔钦斯基（Sheppard & Tuchinsky，1994）的测量项目，谢泼德和塔钦斯基（Sheppard & Tuchinsky，1994）对顾客与供应商的伙伴关系进行了详细研究，包含 20 个测量项目，分别对顾客和供应商进行测量，验证测量项目的信度，结果显示可靠信度高，α 系数为 0.86。本研究将其中与交往经验密切相关的条款作为本部分的量表。

在与企业的访谈中发现，由于制造业企业与供应商的合作时间普遍较长，因此，仅通过交往时间来衡量交往经验，会有一定的偏差。根据制造业企业这一特点，在测量条款中，增加对于双方共同目标、文化和价值观的测量比重。

表 5.6 与供应商的交往经验测量量表

项目编号	项目内容	来 源
EXP1	1 - 5 - 1 我们双方合作的历史悠久	Sheppard & Tuchinsky，1994
EXP2	1 - 5 - 2 我们双方看待世界的方法是同样的	
EXP3	1 - 5 - 3 我们双方的目标是一致的	
EXP4	1 - 5 - 4 我们双方对于达成目标的战略方法有很多的不同之处	
EXP5	1 - 5 - 5 我们双方的企业文化有许多相融合的地方	

（2）与供应商的沟通。

史密斯和巴克利（Smith & Barclay，1997）对沟通开放性的测量，有 7 个测量项目，包括双方对机密信息的分享，发生冲突时的有效解决，出现问题时的交流以及经常往来等方面的内容。本书借鉴史密斯和巴克利（Smith & Barclay，1997）的研究，对这 7 个项目在访谈的基础上进行了综合，减少为 6 个测量项目，并完全纳入对沟通的测量量表中，为表 5.7 中的 COM6 至 COM11 条款。

考虑到许多行业中的欺骗、违约行为是因为信息的不对称，许多学者也强调了在中国市场上信息的重要性（张维迎，2001，2004；郑也夫，2003）。尤其是在制造业，企业与供应商及时、有效的信息沟通，对缩短产品设计周期、提高产品质量均有很大影响。结合此情况，在沟通部分加重了信息沟通的重要性，借鉴 Li（2002）对信息交换质量的测量，其共有 5 个测量项目，α 系数为 0.86，在本书中将其合并缩减为 3 个项目，为表 5.7 中的 COM12 至 COM14 条款。

表 5.7 与供应商的沟通测量量表

项目编号	项目内容	来　源
COM6	1 – 5 – 6 我们双方会分享我们各自的机密信息	Smith & Barclay，1997
COM7	1 – 5 – 7 有时这家供应商会隐瞒一些对我们非常有利的信息	
COM8	1 – 5 – 8 当有我们之间有冲突发生时，双方可以很好地沟通解决	
COM9	1 – 5 – 9 我们之间经常相互往来	
COM10	1 – 5 – 10 如果我们内部出现任何不可预料的问题，如资金周转不灵等，我们会及时通知这家供应商	
COM11	1 – 5 – 11 如果这家供应商内部出现任何问题，他们会及时通知我们	
COM12	1 – 5 – 12 我们和这家供应商之间的信息交换是非常及时的	Li，2002
COM13	1 – 5 – 13 我们和这家供应商之间的信息交换是非常准确的	
COM14	1 – 5 – 14 我们和这家供应商之间的信息交换是非常充足和完全的	

（3）供应商的依赖性。

本书认为与供应商的相互依赖性，应包括两大部分的内容，一是企业对供应商的依赖性；二是企业感知到的供应商的依赖性，许多学者在研究战略联盟或供应链企业间的关系时，对这种依赖性的测量也是从两方面考虑（Anderson & Weitz，1992；Ganesan，1994），由此在问卷中将此部分按两个主题进行测量。

许多学者对依赖性的测量中，依赖性就来自于对专用性资产的投入（Anderson & Weitz，1992；Handfield & Bechtel，2002；Zaheer，McEvily & Perrone，1998）。查希尔等（Zaheer，McEvily & Perrone，1998）中有 4 个测量项目，内容全部是对于投入的专用性设备及资金的测量，α 系数为 0.7069，有些偏低。安德森和韦兹（Anderson & Weitz，1992）是对于制造商和分销商依赖性的测量，依赖性也包括分销商的依赖性以及分销商感知到的制造商对分销商的依赖性，对于依赖性的测量，也是基本上通过专用性资产来测量，但是测量条款更加精细，不仅是对设备的投入、生产线的改变，还包括由于人员投入而带来的人力资源的专用性以及由于知识共享而带来的依赖。在分销商依赖的测量中有 11 个测量项目，α 系数为 0.81；在分销商感知到的制造商的依赖中有 5 个测量项目，α 系数为 0.80。汉德菲尔德和贝克特尔（Handfield & Bechtel，2002）把这种依赖性分为两个维度，并分别作为信任的前因，一个是物质资源专用性投资（site-specific asset investments），其中包括对具体的设备、生产能力、信息系统等的投资，用 3 个条款来测量，α 系数为 0.78；另一个是人力资源专用性投资（human-specific asset investments），其中包括对技术人员的培养、对核心信息和生产计划的分享，用 5 个条款来测量，α 系数为 0.76。

另外，依赖性也并非全部来自于对专用性的测量（Ganesan，1994）。加尼森（Ganesan，1994）认为，依赖性包括零售商的依赖性和零售商感知的卖主依赖性，在零售商对卖主的依赖性测量中，不仅包括了对资金、人员专用性的测量，还有卖主及其产品对零售商重要性、卖主的可替代性以及关系中止对零售商影响的测量，总共有 8 个测量项目，α 系数为 0.94，信度相当高；另一方面在零售商感知到的卖主依赖性的测量中，测量条款较少，主要是零售商对卖主重要性的测量，只有 3 个测量项目，α 系数为 0.71，明显低于前一部分测量项目的信度。

在本研究的测量中，将对上述研究中的测量条款进行综合，尽可能多地涵盖各个方面，在对供应商依赖性测量的条款中，对物质资产专用性、人力资源专用性、核心信息共享、供应商的重要性以及该供应商的可替代程度均做了测量，测量项目共有 10 项（见表 5.8）。

表 5.8　　　　　　　　对供应商的依赖性测量量表

项目编号	项目内容	来　源
DEP1	1－6－1 如果和这家供应商建立关系，我们的产品必须根据他的需要做一些修改[abc]	a. Anderson & Weitz, 1992； b. Ganesan，1994； c. Handfield & Bechtel，2002； d. Zaheer，McEvily & Perrone，1998
DEP2	1－6－2 如果和这家供应商建立关系，我们必须进行大量的专用投资[acd]	
DEP3	1－6－3 如果和这家供应商建立关系，我们必须将产品的一些关键信息和他分享[ac]	
DEP4	1－6－4 如果和这家供应商建立关系，我们必须派员工到他那里进行培训[ac]	
DEP5	1－6－5 如果和这家供应商建立关系，我们将长期需要他的技术支持[ac]	
DEP6	1－6－6 这家供应商产品的性能价格比是最佳的[b]	
DEP7	1－6－7 这家供应商的产品会使我们的产品在市场上更有竞争力[b]	
DEP8	1－6－8 市场上可供选择的供应商很多，我们可以轻易地替换掉这家供应商[b]	
DEP9	1－6－9 这家供应商的产品是我们产品中必需的[b]	
DEP10	1－6－10 寻找一个更合适的供应商是很困难的[b]	

接下来，对于企业感知到的供应商的依赖性，测量项目同样借鉴安德森和韦兹（Anderson & Weitz，1992）和加尼森（Ganesan，1994）的研究，对于供应商依赖性的条款尽量与买方企业依赖性的条款相对应，测量项目中同样包括供应商对专用物质资产的投入、专用人力资源的投入、共享的核心信息等，同时相对应的还有买方企业对于供应商重要性的测量，测量项目共有 8 项（见表 5.9）。

表 5.9	企业感知到的供应商的依赖性测量量表	
项目编号	项目内容	来　源
SDEP11	1-6-11 如果这家供应商和我们建立关系，则他的产品必须根据我们的需要做一些修改[ac]	
SDEP12	1-6-12 如果这家供应商和我们建立关系，则他必须进行大量专用投资[ac]	
SDEP13	1-6-13 如果这家供应商和我们建立关系，则我们将成为他的重要客户[b]	
SDEP14	1-6-14 如果这家供应商和我们建立关系，则他必须派员工到我们这里进行专门培训[ac]	a. Anderson & Weitz, 1992； b. Ganesan, 1994； c. Handfield & Bechtel, 2002
SDEP15	1-6-15 如果这家供应商和我们建立关系，则他必须将产品的一些关键信息和我们分享[ac]	
SDEP16	1-6-16 如果这家供应商和我们建立关系，则会增加他的获利能力[b]	
SDEP17	1-6-17 如果这家供应商和我们建立关系，则他长期需要我们的技术支持[ac]	
SDEP18	1-6-18 这家供应商产品的客户是有限的[b]	

5.1.3 企业自身特征的测量

本研究将企业自身特征作为影响信任及合作的控制变量，并将企业自身特征和填答人员情况作为基本信息同时进行测量。

对于企业自身特征的测量包括企业的规模、性质、所在地区以及股份制改造情况，其中企业性质、所在地区以及股份制改造情况采用开放性问题，此处不再赘述，以下仅对企业规模的测量详细说明。

对于企业规模的测量，可以有开放性问题和封闭性问题两种方法。开放性问题是一种定量的测量方式，用客观的方法来测量企业的规模，例如，企业的销售额、利润额、员工总数以及市场占有率等指标；封闭性问题是一种定性的测量方式，研究人员围绕企业规模进行相关描述，由填写人员进行选择即可。

考虑到多数填写人员很难清晰知晓企业的销售额、利润额等详细信息，若采用开放性问题，不仅填写难度很大，而且会降低问卷的有效性，所以本研究在该部分采用定性的测量方式，参照道尼和贾伦（Doney & Cannon，1997）的研究，用封闭性问题测量企业的规模，采用了 3 个测量项目，信度

α系数为0.83。另外，在问卷中还对企业的员工人数进行测量，该问题是为检验问卷有效性而放入，因为许多企业的员工人数可以通过报刊、网络等二手资料得到，以此可以初步的对问卷有效性进行检测，对于填写结果与二手资料得到的结果偏差太远的予以删除。

对于填答人员的个人信息，除去对该人员的部门及职位的测量外，增加该人员对供应商的了解程度以及合作参与程度的测量，以排除由于对供应商不了解而给结果带来的偏差。此部分问题也作为问卷剔除的一项指标，该问卷也是采用Likert7级量表，对于了解程度，1点表示"完全不了解"，7点表示"完全了解"，中间数字按了解程度依次递进；对于参与程度，1点表示"完全不参与"，7点表示"完全参与"，中间数字按参与程度依次递进。对于此两项条款的得分值均低于4的问卷予以删除，以减少由于填写人员的不了解而带来的偏差。见表5.10。

表5.10   企业及填写人员信息的测量

项目编号	项目内容	来　源
SCA1	4-2 企业员工总数	公共信息，无特别来源
SCA2	4-6 企业在该行业属于_____规模的公司	Doney & Cannon (1997)
SCA3	4-7 企业在该行业的市场份额_____	
INF1	4-8 您在该企业的工作部门及职务	公共信息，无特别来源
INF2	4-9 您对这家供应商的了解程度	
INF3	4-10 在与这家供应商的交往过程中，您的参与程度	

5.1.4　企业间信任的测量

（1）关系型信任。

以往针对供应链企业间信任及合作的研究中，多是将信任做为单一维度（Doney & Cannon，1997；Ganesan，1994；Gulati，1995a；Handfield & Bechtel，2002；Johnston et al，2004；Kwon & Suh，2004；Moorman，Zaltman & Deshpande，1992；Riddalls et al，2002；Selnes，1998；Smith & Barclay，1997；Zaheer，McEvily & Perrone，1998）。

本研究的量表借鉴企业间信任研究中与关系型信任相关量表，同时还借鉴其他信任领域的，如人际间和组织内信任的量表，其中包括信任的一维测量（Zaheer，McEvily & Perrone，1998；Anderson & Narus，1990；Kwon & Suh，2004）和多维度测量（Cummings & Bromiley，1995；McAllister，1995）。

卡明斯和布罗米雷（Cummings & Bromiley，1995）将信任分为三个维度，即动机、认知、情感，情感维度的测量项目为 21 个，α 系数为 0.95；认知维度的测量项目为 21，α 系数为 0.95；动机维度的测量项目为 20 个，α 系数为0.96。在量表简化后各维度的测量项目均为 4 个，α 系数分别为 0.935、0.935 和 0.90。麦卡利斯特（McAllister，1995）将信任分为认知信任和情感信任两个维度，认知信任的测量项目为 6 个，α 系数为 0.91；情感信任的测量项目为 5 个，α 系数为 0.89。

本书将信任根据中国企业的实际情况，分为关系型信任和计算型信任，在对关系型信任的测量中，本书认为针对中国企业的情况，企业对认知信任和情感信任没有明显的区分，并且在先期的实地访谈中，这一观点也得到了企业人员的基本认同。因此，测量项目主要是借鉴麦卡利斯特（McAllister，1995）和卡明斯和布罗米雷（Cummings & Bromiley，1995）对认知信任和情感信任的测量，并将其进行综合，见表5.11。在样本分析中对关系型信任进行单维度分析及因子分析，以探索将认知信任与情感信任进行综合，合并为单一维度是否合适。

表 5.11　　　　　　　　　　　关系型信任测量量表

项目编号	项目内容	来　　源
TRU1	2-1 我们觉得这家供应商在谈判中很公平[ab]	a. Cummings & Bromiley, 1994; b. McAllister, 1995
TRU2	2-2 我们认为这家供应商会利用任何机会去获得利润，甚至会损害到我们的利益也毫无顾忌（R）[ab]	
TRU3	2-3 我们觉得这家供应商是可以信赖的[ab]	
TRU4	2-4 我们觉得这家供应商不会利用我们的问题去获利利润[ab]	
TRU5	2-5 我们认为这家供应商曾试图逃避他们的承诺（R）[ab]	
TRU6	2-6 我们觉得这家供应商在同我们协商时很诚恳[ab]	
TRU7	2-7 当环境出现变化时，我们觉得这家供应商会给我们提供支持[ab]	
TRU8	2-8 我们觉得当这家供应商做出重大决策时，会考虑到我们的利益[ab]	

（2）计算型信任。

对于计算型信任的测量，在借鉴企业间信任研究中与计算型信任相关量表的同时，比较注重企业实地访谈得到的结果。在实地访谈中发现，由于当前中国的整体信任水平较低，计算型信任在企业中存在的更普遍。计算型信任主要是对成本利益的衡量，即企业间的相互信任仅仅是由于机会主义行为的成本过高，如果出现对企业自身有利的机会，这种信任可能很快会被破坏。在访谈中了解到，这种计算型信任来自两方面：一是企业对供应商能力的计算，即需要考虑供应商是否有履行承诺、完成义务的能力，由此产生对供应商的能力及评价体系的信任；二是对违约成本的计算，这种计算多来自于企业与供应商之间签订的协议以及正式合同，即可以通过完善的合同使得供应商违约行为成本提高，由此产生对合同及契约的信任。

问卷的测量条款借鉴汉德菲尔德和贝克特尔（Handfield & Bechtel，2002），查希尔等（Zaheer，McEvily & Perrone，1998）研究中有关计算型信任的条款，同时将实地访谈中产生计算型信任的来源也纳入到量表中，如表5.12所示。

表 5.12   计算型信任测量量表

项目编号	项目内容	来 源
CON9	2－9 我们相信对供应商履约行为的监控是有效的	实地访谈
CON10	2－10 我们相信这家供应商是有能力履行义务的	
CON11	2－11 我们相信这家供应商的违约行为成本是很高的	
CON12	2－12 我们相信对这家供应商的评价体系是很规范的[b]	a. Handfield & Bechtel，2002； b. Zaheer，McEvily & Perrone，1998
CON13	2－13 我们相信与这家供应商签订的契约是很完备的[a]	
CON14	2－14 我们相信对这家供应商的行为规范很明确[b]	

对于将企业间信任划分为关系型信任和计算型信任的适合性，首先在小样本分析中对关系型信任、计算型信任是否为单维度作分别检测；其次对关系型信任与计算型信任的相关性进行检测；最后在大样本数据分析中，对这一分类进行确定性因子分析，以最后确定这一分类的合适与否。

5.1.5 企业间合作的测量

对于合作测量的量表很多，基本上都会包含企业间在广告、存货、开发新产品以及制定共同战略等方面的内容（Anderson & Narus，1990；Heide & John，1990；Morgan & Hunt，1994；Zaheer，McEvily & Perrone，1998；Zaheer & Venkatraman，1995）。

本书对前人研究的量表进行综合，将量表中的测量条款按出现的频率高低进行排序，出现频率较高的作为本书的测量条款，包括广告、存货水平、研发新产品、制订长期计划、额外费用分担、信息分享以及及时供货计划（JIT）等方面（见表 5.13）。

表 5.13   **与供应商合作的测量量表**

项目编号	项目内容	来 源
COP1	3 – 1 我们和这家供应商在产品的广告上积极的合作[c]	a. Anderson & Narus，1990； b. Heide & John，1990； c. Morgan & Hunt，1994； d. Zaheer，McEvily & Perrone，1998； e. Zaheer & Venkatraman，1995
COP2	3 – 2 我们和这家供应商会共同控制我们的存货水平[c]	
COP3	3 – 3 我们会和这家供应商共同制定产品的市场战略[be]	
COP4	3 – 4 我们会和这家供应商共同开发新产品[be]	
COP5	3 – 5 我们会和这家供应商共同分担额外费用[e]	
COP6	3 – 6 这家供应商会和我们分享他们所供应产品的成本结构信息[d]	
COP7	3 – 7 我们会和这家供应商分享我们的长期产品计划[bd]	
COP8	3 – 8 我们和这家供应商共同执行及时供货计划（JIT）[d]	
COP9	3 – 9 无论这家供应商有什么需要，我们将尽可能帮助他们[ad]	
COP10	3 – 10 无论我们有什么需要，这家供应商将尽最大努力帮助我们[a]	

另外，在实地访谈中笔者发现，许多企业不仅对广告、研发、市场战略等这些有形的、有固定合约或要求的作为合作的方式，同时越来越重视一些无形的合作，即没有固定要求或具体合同形式的合作。丰田公司在与其供应商建立相互信任的基础上，经常进行一些非常特殊的、非正式的交易，降低交易成本并提高合作效率（王蓄，2000）。在制造企业中，由于技术的飞速发展、市场的变幻莫测，非正式的合作愈加受到企业的重视。比如说企业之间的相互帮助，

尤其是当一方面临困境时，另一方的帮助，许多企业把发生困境时，对方的行为方式看得很重，认为这才是一种好的合作、一种真正意义上的战略合作伙伴关系。基于这方面的考虑，在测量项目中借鉴安德森和纳鲁斯（Anderson & Narus，1990）的研究，将双方企业相互帮助这种形式纳入到量表中。

5.2　问卷设计

本研究采用问卷调查的方法作为搜集初级资料的主要方法，所使用的调查问卷内容共分为四大部分，分别是：①供应商的基本情况，这其中包括对供应商的能力、声誉、产品的重要性，与供应商的交往、相互依赖以及对供应商人员信任的测量，旨在全面了解供应商的信息；②对供应商的信任；③与供应商的合作情况；④企业及个人基本信息，包括被调研企业的规模、性质、所在行业、股份制改造情况等一些企业基本信息，以及问卷填写人员的职位、对供应商的了解程度等一些个人基本信息。问卷的具体内容请参看"附录1：调查问卷"。

荣泰生（2005）认为好的问卷设计必须要遵循以下几个原则：①问卷的内容必须与研究的观念性架构相互响应；②问卷中的问题必须尽量使填答者容易回答；③尽量不问个人的隐私（如收入、年龄等）；④先前的问题不影响对后续问题的回答；⑤问卷设计过程中，研究者必须决定哪些是开放性问题（open-ended questions），哪些是封闭性问题（close-ended questions）；⑥在正式使用问卷之前应先经过预测的过程。本书的问卷设计采用荣泰生（2005）的问卷设计的原则，问卷尽量采用封闭性问题降低填写难度，同时问题尽量不涉及企业及个人的隐私，以提高问卷的真实性。在问卷进行大规模调研之前，进行访谈研究及小样本测试，对各项条款进行净化和完善，具体设计过程见图5.1。

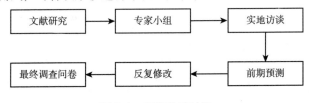

图5.1　问卷设计过程

对于问题次序的设计，本书采取将同一主题的题目放在一起，并对各主题标注明显标识，让填答者对各部分旨在调查什么有大概了解，尽量减少由于思维的偏差而引起的误差。另外，文森特和齐克蒙德（Vincent & Zikmund，1976），荣泰生（2005）认为应将敏感性、识别性的问题放在问卷的卷尾。识别性问题主要是有关于填答者的个人信息（包括年龄、职业、收入等），本研究问卷中的问题也采用这一原则，将有关填答者个人职位等问题放在问卷最后，同时也将开放性问题放在尾端，尽量避免让填答者产生问题过难的想法，以提高问卷的整体效度。

5.3 问卷的小样本测试

小样本测试是在天津市的制造业企业进行的，企业的选取采用的是简单随机抽样（simple random sampling）原则，调查对象是企业中的采购人员。此次调查共发放问卷 60 份，回收 52 份，对问卷的有效性进行检测，将无效问卷予以删除。删除无效问卷的原则有三个：①问卷中有多处缺答现象的予以删除；②问卷中设置了多项反向问题检测问卷的有效性，对于问题回答中有前后矛盾现象的予以删除；③问卷中"不确定"选项选择过多者予以删除。经过以上三个原则筛选后获得有效问卷 35 份。

5.3.1 小样本分析方法

在选择对变量进行分析的技术时，遵循荣泰生（2005）的选择方法：①变数之间是相依性，还是互依性？②依变数是否是一个以上？③资料的尺度（类型）如何？首先根据原则一确定变数之间的关系，在本章的分析中，只针对单个潜变量内部测量条款的关系进行分析，不考虑潜变量之间的关系，所以说各变数之间是互依的，因此本章的分析应使用互依法，对于互依法技术的选择见图 5.2。其次，由于变数间是互依性，所以跳过原则二。最后，对于观察资料的尺度，本章中需要进行分析的资料尺度均为计量型的，所以可供选择的分析方法为因素分析、集群分析和计量多元尺度法。

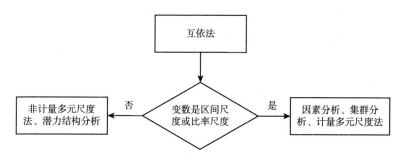

图 5.2 多变量互依法技术的选择

资料来源：荣泰生（2005）。

针对本研究的需要，本章主要对各个潜变量所包含条款之间的关系进行分析，寻找各条款之间是否存在某些特定型式，并且对其中的一些潜变量需要做探索性因子分析，以探索是否可将其中一些条款集结出共同的因子。根据研究的需要，发现在可供选择的分析方法中因素分析是最合适的。由此可以决定，在对各潜变量的条款进行净化之后将对其进行因素分析。

通过以上分析，可以将本章的分析分为三部分：

首先，对各潜变量的测量条款进行净化，去除信度较低的条款，采用方法为：①利用纠正条款的总相关系数（corrected-Item total correlation，CITC）净化测量条款，对于 CITC 值小于 0.3 且删除后 α 值得到提升的条款予以删除（卢纹岱，2002；高海霞，2003）；②利用 α 信度系数法（Cronbach's alpha）检验测量条款的信度，Cronbach's alpha 值不得低于 0.5。

其次，检验指标间的相关性，根据 KMO 样本测度判断是否可进行因子分析。KMO 在 0.9 以上，则非常适合；在 0.8~0.9 之间，则很适合；在 0.7~0.8 之间，则适合；在 0.6~0.7 之间，则不太适合；在 0.5~0.6 之间，则很勉强；在 0.5 以下，则不适合（马庆国，2002）。根据这一原则对于 KMO 值在 0.6 以下的，不进行因子分析；对于 KMO 值在 0.7 以上的，进行因子分析；对于 0.6~0.7 之间的，以理论研究为基础，根据实际情况决定是否进行因子分析。

最后，对于 KMO 值符合要求的进行因子分析。尤其对于人员信任、企业间信任以及合作等变量，通过探索性因子分析，以求发现适合中国企业具体情况的本土化分类，并对量表的信度进行初步检验。

5.3.2 小样本分析结果

按照上一节的分析方法对模型中的各变量进行数据分析，包括供应商的特征变量、企业与供应商关系特征变量、企业间信任变量以及企业间合作变量四部分。

5.3.2.1 供应商特征的变量测量结果

供应商的特征变量包括：供应商能力、供应商声誉、供应商产品的重要性以及对供应商人员的信任情况四个变量。以下将逐一对各变量中的测量条款进行条款净化及信度分析。

（1）供应商能力的 CITC 和信度分析。

从表 5.14 中可以看出，供应商能力的测量条款中 CAP10 的 CITC 指数为 0.2442，远小于 0.3，且删除该项后 α 系数会由原来的 0.8083 上升到 0.8152，所以将条款 CAP10 予以删除，其余 9 项条款得以保留。

表 5.14　　　　　　　　　供应商能力的 CITC 和信度分析

项目	初始 CITC	最后 CITC	删除该项目后的 α 系数	α 系数
CAP1	0.5031	0.5157	0.7894	
CAP2	0.5449	0.5140	0.7851	
CAP3	0.4359	0.4580	0.7970	
CAP4	0.6400	0.5993	0.7773	
CAP5	0.5185	0.5565	0.7878	初始 $\alpha = 0.8083$
CAP6	0.4467	0.4558	0.7959	最终 $\alpha = 0.8152$
CAP7	0.5007	0.5095	0.7897	
CAP8	0.5324	0.5365	0.7868	
CAP9	0.5261	0.5061	0.7876	
CAP10	0.2442	删除	0.8152	

接下来对供应商能力剩余的 9 个测量条款做探索性因子分析，结果见表 5.15。首先检验测量条款的 KMO 值和巴特莱特球体显著性，可以看出

KMO 值为 0.708，大于 0.7，且巴特莱特统计值不显著，说明可以做因子分析。分析结果得到三个因子，特征值分别为 3.691、1.653 和 1.149，旋转后的各因子的负荷值均在 0.5 以上，表示收敛度很好，且累计解释方差达到 72.145%。

表 5.15   供应商能力的因子分析

项目	因子 1	因子 2	因子 3
CAP6	0.826	$-4.652E-02$	0.146
CAP9	0.816	0.230	$-3.558E-02$
CAP5	0.786	$-1.373E-02$	0.326
CAP4	0.651	0.385	0.156
CAP3	$3.952E-03$	0.857	0.218
CAP2	0.325	0.796	$-2.554E-02$
CAP1	$-7.689E-03$	0.666	0.524
CAP7	0.139	0.112	0.881
CAP8	0.231	0.183	0.783

Kaiser-Meyer-Olkin Measure of Sampling Adequacy：0.708；Sig.：0.000

Initial Eigenvalues：3.691、1.653、1.149；Cumulative %：72.145%

在因子分析的基础上，产生了三个新的变量，因子 1 与包含的变量为 CAP4、CAP5、CAP6 和 CAP9，这几个变量所包含的能力均和供应商的产品有关，因此将其命名为"产品能力"；因子 2 包含的变量为 CAP1、CAP2 和 CAP3，这几个变量所包含的能力均与供应商的管理方面有关，因此将其命名为"管理能力"；因子 3 包含 CAP7 和 CAP8 两个变量，是与供应商技术有关的能力，因此将其命名为"技术能力"。对于"管理能力"、"技术能力"和"产品能力"这三个因子的适合性，将在大样本的调查结果中进行确定性因子分析。

（2）供应商声誉的 CITC 和信度分析。

从表 5.16 中可以看出，供应商声誉条款中的 REP4 的 CITC 指数为 0.1403，远远小于 0.3，且删除该项后 α 系数会由原来的 0.7731 上升到 0.8476，所以将条款 REP4 予以删除，其余 5 项条款得以保留。

表 5.16　　　　　　　　　供应商声誉的 CITC 和信度分析

项目	初始 CITC	最后 CITC	删除该项目后的 α 系数	α 系数
REP1	0.6041	0.6094	0.7184	
REP2	0.6232	0.7158	0.7116	
REP3	0.7048	0.6866	0.6926	初始 α = 0.7731
REP4	0.1403	删除	0.8476	最终 α = 0.8476
REP5	0.6399	0.6995	0.7076	
REP6	0.5451	0.5720	0.7355	

接下来对供应商声誉剩余的 5 个测量条款做探索性因子分析，结果见表 5.17。首先检验测量条款的 KMO 值和巴特莱特球体显著性，可以看出 KMO 值为 0.822，大于 0.7，且巴特莱特统计值不显著，所以可以做因子分析。因子分析结果仅得到一个因子，特征值为 3.108，该因子可以解释 62.161% 的总变异，说明测量结构的一维性很好。同时可以看到，各测量条款的标准化因子负载均超过 0.7，且被因子解释的方差比例均超过 0.5，说明测量条款具有很高的内部一致性。

表 5.17　　　　　　　　　供应商声誉测量因子分析

项目	初始方差（initial）	提取方差（extraction）	因子负载（component）
REP1	1.000	0.562	0.750
REP2	1.000	0.695	0.834
REP3	1.000	0.661	0.813
REP5	1.000	0.678	0.823
REP6	1.000	0.512	0.715

Kaiser-Meyer-Olkin Measure of Sampling Adequacy：0.822；Sig.：0.000

Initial Eigenvalues：3.108；Cumulative %：62.161%

（3）供应商产品重要性的 CITC 和信度分析。

从表 5.18 中可以看出，供应商产品重要性的测量条款中 PRO4 的 CITC 指数为 0.1763，条款 PRO5 的 CITC 指数为 0.1646，均远远小于 0.3，且分别删除两项条款后 α 系数均会有所上升，所以将变量 PRO4 和 PRO5 予以删除，

删除后剩余条款的 α 系数上升到 0.8915。

表 5.18   供应商产品重要性的 CITC 和信度分析

项目	初始 CITC	最后 CITC	删除该项目后的 α 系数	α 系数
PRO1	0.7751	0.7474	0.6400	
PRO2	0.6899	0.7300	0.6565	
PRO3	0.6861	0.8420	0.6560	初始 α = 0.7496
PRO4	0.1763	删除	0.7887	最终 α = 0.8915
PRO5	0.1646	删除	0.7985	
PRO6	0.5505	0.7433	0.6955	

接下来对供应商产品重要性剩余的 4 个测量条款做探索性因子分析，结果见表 5.19。首先检验测量条款的 KMO 值和巴特莱特球体显著性，可以看出，KMO 值为 0.737，大于 0.7，且巴特莱特统计值不显著，所以可以做因子分析。分析结果仅得到一个因子，特征值为 3.038，该因子可以解释 75.944% 的总变异，说明测量结构的一维性很好。同时可以看到，各测量条款的标准化因子负载均超过了 0.7，且被因子解释的方差比例都超过了 0.5，说明测量条款具有很高的内部一致性。

表 5.19   供应商产品重要性测量的因子分析

项目	初始方差（initial）	提取方差（extraction）	因子负载（component）
PRO1	1.000	0.744	0.863
PRO2	1.000	0.729	0.854
PRO3	1.000	0.833	0.912
PRO6	1.000	0.732	0.855
Kaiser-Meyer-Olkin Measure of Sampling Adequacy：0.737；Sig.：0.000			
Initial Eigenvalues：3.038；Cumulative %：75.944%			

（4）对供应商人员信任的 CITC 和信度分析。

从表 5.20 中可以看出，对供应商人员信任的测量条款中 PTRU8 的 CITC 指数为 0.2411，小于 0.3，且删除后 α 系数明显提高，所以将条款 PTRU8 予以删除。同时虽然条款 PTRU5 的 CITC 指数为 0.3635 略大于 0.3，但是删除此条款后可以使 α 系数得以提高，因此考虑将该项条款也予以删除。在删除 PTRU5 和 PTRU8 两条款后，α 系数会由原来的 0.8383 上升到 0.8684。

表 5.20   对供应商人员信任的 CITC 和信度分析

项目	初始 CITC	最后 CITC	删除该项目后的 α 系数	α 系数
PTRU1	0.4894	0.5043	0.8282	
PTRU2	0.5869	0.6561	0.8201	
PTRU3	0.7081	0.7168	0.8108	
PTRU4	0.5859	0.6294	0.8201	
PTRU5	0.3635	删除	0.8415	
PTRU6	0.4695	0.4929	0.8291	初始 α = 0.8383
PTRU7	0.6312	0.6656	0.8141	最终 α = 0.8684
PTRU8	0.2411	删除	0.8497	
PTRU9	0.6432	0.6574	0.8186	
PTRU10	0.6674	0.7013	0.8135	
PTRU11	0.5007	0.5149	0.8261	

接下来对供应商人员信任的 9 个测量条款做探索性因子分析，结果见表 5.21。首先检验测量条款的 KMO 值和巴特莱特球体显著性，可以看出 KMO 值为 0.775，大于 0.7，且巴特莱特统计值不显著，因此可以做因子分析。分析结果得到两个因子，特征值分别为 4.584 和 1.180。旋转后的各因子负荷除条款 PTRU11 外，其余均在 0.6 以上，远大于 0.5，表示收敛度很好，且累计解释方差达到 64.036%。但是考虑到是小样本分析，数据量较小，且 PT-RU11 的因子负荷为 0.473，仅略小于 0.5，而该条款与同一因子的其他条款在理论上是高度相关的，所以暂保留该项目，在大样本分析的确定性因子分析中加以检验。

表 5.21 　　　　　　　　　　对供应商人员信任的因子分析

项目	因子 1	因子 2
PTRU7	0.831	0.211
PTRU10	0.816	0.233
PTRU9	0.738	0.293
PTRU4	0.670	0.334
PTRU6	0.668	0.122
PTRU1	$1.857E-02$	0.934
PTRU3	0.418	0.748
PTRU2	0.356	0.742
PTRU11	0.383	0.473

Kaiser-Meyer-Olkin Measure of Sampling Adequacy：0.775；Sig.：0.000

Initial Eigenvalues：4.584、1.180；Cumulative %：64.036%

　　对供应商人员信任的因子分析中产生了两个因子，因子 1 包含的条款为 PTRU4、PTRU6、PTRU7、PTRU9 和 PTRU10，这几个条款中 PTRU4、PTRU9 和 PTRU10 同样包含对该供应商人员能力的测量，是该人员能够履行诺言的能力、可以被信任的能力。PTRU6 和 PTRU7 是用于检验问卷有效性而放入相关的反向问题，因此该因子被命名为"能力信任"；因子 2 包含的条款为 PT-RU1、PTRU2、PTRU3 和 PTRU11，这几个条款所涉及的是对于该供应商人员会履行诺言、义务的意图的测量，也是一种对该人员的人格、善意的信任，因此将其命名为"善意信任"。

　　由此在探索性因子分析中将对供应商人员的信任分为"能力信任"和"善意信任"两个因子，对于这两个因子是否适合将在以后的大样本调查结果中进行确定性因子分析。

　　接下来，在对供应商人员的信任进行分析的同时，对该人员在供应商中地位的条款进行条款净化和信度分析。从表 5.22 中可以看出，供应商人员地位条款中的 CITC 指数均高于 0.5，所有条款均符合要求，三项条款均得以保留。

表 5.22 供应商人员地位的 CITC 和信度分析

项目	初始 CITC	最后 CITC	删除该项目后的 α 系数	α 系数
POW12	0.8525	0.8525	0.9214	初始 α = 0.9369 最终 α = 0.9369
POW13	0.8998	0.8998	0.8845	
POW14	0.8562	0.8562	0.9185	

对供应商人员地位的三个测量条款做探索性因子分析，结果见表 5.23。首先检验测量条款的 KMO 值和巴特莱特球体显著性，由表中可以看到 KMO 值为 0.756，大于 0.7，且巴特莱特统计值不显著，所以适合做因子分析。因子分析仅得到一个因子，特征值为 2.665，该因子可以解释 88.829% 的总变异，说明测量结构的一维性很好。从表中可以看出，各测量条款标准化因子负载均超过了 0.7，且被因子解释的方差都超过了 0.5，说明测量条款具有很高的内部一致性。

表 5.23 供应商人员地位测量的因子分析

项目	初始方差（initial）	提取方差（extraction）	因子负载（component）
POW12	1.000	0.873	0.934
POW13	1.000	0.916	0.957
POW14	1.000	0.876	0.936
Kaiser-Meyer-Olkin Measure of Sampling Adequacy：0.756；Sig.：0.000			
Initial Eigenvalues：2.665；Cumulative %：88.829%			

5.3.2.2 企业与供应商的关系特征的变量测量结果

企业与供应商的关系特征变量包括企业与供应商的交往经验、与供应商的沟通以及与供应商的相互依赖性，其中依赖性又分为企业对供应商的依赖性和供应商对企业的依赖性两方面，以下将逐一对各变量中的测量条款进行条款净化及信度分析。

（1）与供应商交往经验的 CITC 和信度分析。

从表 5.24 中可以看出，与供应商交往经验条款中 EXP4 的 CITC 指数为 0.0027，远远小于 0.3，且删除该项后 α 系数明显上升，所以将测量条款

EXP4 予以删除，删除后其余条款的 α 系数由 0.6897 上升到 0.8108。

表 5.24 与供应商交往经验的 CITC 和信度分析

项目	初始 CITC	最后 CITC	删除该项目后的 α 系数	α 系数
EXP1	0.6058	0.6176	0.5692	
EXP2	0.6220	0.6523	0.5590	初始 α = 0.6897
EXP3	0.6300	0.6884	0.5510	最终 α = 0.8108
EXP4	0.0027	删除	0.8108	
EXP5	0.4677	0.5580	0.6308	

接下来，对与供应商交往经验剩余的 4 个测量条款做探索性因子分析，结果见表 5.25。首先检验测量条款的 KMO 值和巴特莱特球体显著性，可以看出 KMO 值为 0.792，大于 0.7，且巴特莱特统计值不显著，所以可以做因子分析。分析结果仅得到一个因子，特征值为 2.552，该因子可以解释 63.804% 的总变异，说明测量结构的一维性很好。同时可以看到，各测量条款标准化因子负载均超过了 0.7，且被因子解释的方差比例都超过了 0.5，说明测量条款具有很高的内部一致性。

表 5.25 与供应商交往经验测量的效度分析

项目	初始方差（initial）	提取方差（extraction）	因子负载（component）
EXP1	1.000	0.626	0.791
EXP2	1.000	0.667	0.817
EXP3	1.000	0.709	0.842
EXP5	1.000	0.550	0.742
Kaiser-Meyer-Olkin Measure of Sampling Adequacy：0.792；Sig.：0.000			
Initial Eigenvalues：2.552；Cumulative %：63.804%			

（2）与供应商的沟通的 CITC 和信度分析。

从表 5.26 可以看出，与供应商沟通的测量条款中的 COM7 的 CITC 指数为 -0.1611，远远小于 0.3，应予以删除；同时条款 COM6 的 CITC 指数为 0.3140，虽然略大于 0.3，但条款 COM6 删除后 α 系数会有所提高，所以将条款 COM6 一同删除，其余 7 项条款得以保留。在删除 COM6 和 COM7 后 α

系数会由原来的 0.7823 上升到 0.8479。

表 5.26　　　　　　　　　与供应商沟通的 CITC 和信度分析

项目	初始 CITC	最后 CITC	删除该项目后的 α 系数	α 系数
COM6	0.3140	删除	0.7873	
COM7	−0.1611	删除	0.8311	
COM8	0.6359	0.6198	0.7393	
COM9	0.4521	0.5101	0.7635	
COM10	0.5494	0.5676	0.7488	初始 α = 0.7823
COM11	0.6444	0.6947	0.7356	最终 α = 0.8479
COM12	0.6638	0.7296	0.7322	
COM13	0.7428	0.7445	0.7264	
COM14	0.4539	0.4269	0.7633	

接下来，对与供应商沟通的 7 个测量条款做探索性因子分析，结果见表 5.27。首先检验测量条款的 KMO 值和巴特莱特球体显著性，可以看出 KMO 值为 0.732，大于 0.7，且巴特莱特统计值不显著，所以可以做因子分析。分析结果得到两个因子，特征值分别为 3.766 和 1.125，旋转后的各因子的负荷值均在 0.5 以上，表示收敛度很好，且累计解释方差达到 69.863%。

表 5.27　　　　　　　　　与供应商沟通的因子分析

项目	因子 1	因子 2
COM14	0.847	$-7.326E-02$
COM12	0.805	0.354
COM13	0.733	0.453
COM11	0.675	0.447
COM9	$4.948E-02$	0.858
COM10	0.229	0.758
COM8	0.341	0.719

Kaiser-Meyer-Olkin Measure of Sampling Adequacy：0.732；Sig.：0.000

Initial Eigenvalues：3.766、1.125；Cumulative %：69.863%

在因子分析的基础上，产生了两个新的变量，因子 1 包含的条款为 COM11、COM12、COM13 和 COM14，这几个条款所包含的沟通均和信息交流有关，因此将其命名为"信息沟通"；因子 2 包含的条款为 COM8、COM9 和 COM10，这几个条款所涉及的沟通均是为了使双方更了解、更信任的一种沟通，是为了使双方的关系更融洽的联系，因此将其命名为"关系沟通"。

因此，在探索性因子分析中将沟通分为两个因子，即"信息沟通"和"关系沟通"。对于这两个因子，将在以后的大样本调查结果中进行确定性因子分析，以验证两因子模型的合适与否。

（3）对供应商依赖性的 CITC 和信度分析。

从表 5.28 中可以看出，在供应商的依赖性条款中，DEP6 的 CITC 指数为 0.1960，远远小于 0.3，应予以删除。在删除条款 DEP6 后 α 系数会由原来的 0.8235 上升到 0.8371。

表 5.28 　　　　　　　　　对供应商依赖性的 CITC 和信度分析

项目	初始 CITC	最后 CITC	删除该项目后的 α 系数	α 系数
DEP1	0.6898	0.7310	0.7873	
DEP2	0.6826	0.7490	0.7908	
DEP3	0.5776	0.6116	0.8000	
DEP4	0.5255	0.4783	0.8067	
DEP5	0.7169	0.7035	0.7835	初始 $\alpha = 0.8235$
DEP6	0.1960	删除	0.8371	最终 $\alpha = 0.8371$
DEP7	0.4183	0.3891	0.8172	
DEP8	0.4711	0.4687	0.8113	
DEP9	0.4620	0.4503	0.8124	
DEP10	0.3738	0.3791	0.8214	

接下来，对供应商依赖性的 9 个测量条款做探索性因子分析，结果见表 5.29。首先检验测量条款的 KMO 值和巴特莱特球体显著性，可以看出 KMO 值为 0.756，大于 0.7，且巴特莱特统计值不显著，所以可以做因子分析。分析结果得到两个因子，特征值分别为 4.043 和 1.641，旋转后的各因子的负荷值均在 0.5 以上，表示收敛度很好，且累计解释方差达到 63.155%。

表 5.29　　　　　　　　　　　对供应商依赖性的因子分析

项目	因子 1	因子 2
DEP5	0.922	0.109
DEP4	0.832	$-7.968E-02$
DEP2	0.774	0.363
DEP3	0.721	0.238
DEP1	0.689	0.458
DEP9	$6.648E-02$	0.847
DEP8	0.103	0.816
DEP7	0.150	0.593
DEP10	0.195	0.567

Kaiser-Meyer-Olkin Measure of Sampling Adequacy：0.756；Sig.：0.000

Initial Eigenvalues：4.043、1.641；Cumulative %：63.155%

在因子分析的基础上，产生了两个新的变量，因子 1 包含的条款为 DEP1、DEP2、DEP3、DEP4 和 DEP5，这几个条款所包含的依赖来自于企业的投入，是由于企业对供应商投入了人力、物力和财力，使得企业对供应商产生依赖，因为一旦关系终止，这些投入便化为乌有，因此将其命名为"投入依赖"；因子 2 包含的条款为 DEP7、DEP8、DEP9 和 DEP10，这几个条款所涉及的依赖是因为供应商的产品对企业很重要并会给企业带来更多的利益，这种依赖是因为企业和供应商的关系会给企业带来更多的利益，因此将其命名为"利益依赖"。

因此，在探索性因子分析中将对供应商的依赖分为两个因子，即"投入依赖"和"利益依赖"。对于这两个因子的合适性，将在以后的大样本调查结果中进行确定性因子分析。

（4）感知到的供应商对企业依赖性的 CITC 和信度分析。

从表 5.30 中可以看出，在感知到的供应商依赖性的条款中，所有测量条款的 CITC 指数均大于 0.3，但是可以注意到，虽然条款 SDEP18 的 CITC 指数为 0.3146，略大于 0.3，但删除此条款后 α 系数得以提高，因此考虑将此条款予以删除。在删除 SDEP18 条款后 α 系数会由原来的 0.8058 上升到 0.8153。

表 5. 30   感知供应商对企业依赖性的 CITC 和信度分析

项目	初始 CITC	最后 CITC	删除该项目后的 α 系数	α 系数
SDEP11	0. 5648	0. 5664	0. 7769	初始 α = 0. 8058 最终 α = 0. 8153
SDEP12	0. 6762	0. 7028	0. 7601	
SDEP13	0. 5330	0. 5288	0. 7818	
SDEP14	0. 5274	0. 5448	0. 7826	
SDEP15	0. 4946	0. 5497	0. 7874	
SDEP16	0. 5836	0. 4962	0. 7744	
SDEP17	0. 4775	0. 4913	0. 7900	
SDEP18	0. 3146	删除	0. 8153	

接下来，对感知到的供应商的依赖性的 7 个测量条款做探索性因子分析，结果见表 5. 31。首先检验测量条款的 KMO 值和巴特莱特球体显著性，可以看出 KMO 值为 0. 805，大于 0. 7，且巴特莱特统计值不显著，所以可以做因子分析。分析结果得到两个因子，特征值分别为 3. 342 和 1. 598，旋转后的各因子的负荷值均在 0. 5 以上，表示收敛度很好，且累计解释方差达到 70. 575%。

表 5. 31   感知供应商对企业依赖性的因子分析

项目	因子 1	因子 2
SDEP14	0. 849	7. 274E − 02
SDEP15	0. 789	0. 142
SDEP17	0. 787	6. 319E − 02
SDEP12	0. 755	0. 376
SDEP11	0. 160	0. 880
SDEP13	0. 131	0. 861
SDEP16	0. 125	0. 815
Kaiser-Meyer-Olkin Measure of Sampling Adequacy：0. 805；Sig. ：0. 000		
Initial Eigenvalues：3. 342、1. 598；Cumulative %：70. 575%		

对企业感知到的对供应商的依赖进行因子分析也产生了两个因子，因子 1 包含的条款为 SDEP12、SDEP14、SDEP15 和 SDEP17，这几个条款包含的依

赖是供应商对企业的投入，是由于供应商投入了人力、物力和财力，使得供应商产生了依赖，因此同样将其命名为"投入依赖"；因子 2 包含的条款为 SDEP11、SDEP13 和 SDEP16，这三个条款所涉及的依赖是因为企业对供应商来说很重要，或者可以给供应商带来更多的利益，因此同样将其命名为"利益依赖"。

因此在探索性因子分析中，将感知到的供应商对企业的依赖同样分为"投入依赖"和"利益依赖"两个因子，对于这两个因子的合适性，将在以后的大样本调查结果中进行确定性因子分析。

5.3.2.3 企业间信任的变量测量结果

本书将企业间信任分为计算型信任和关系型信任两个维度，以下将分别对关系型信任及计算型信任中的测量条款进行条款净化、信度分析以及单维度分析，以确定是否还有其他的维度。另外将两个维度的所有条款综合在一起进行探索性因子分析，以初步确定两维度的适合性。

（1）关系型信任的 CITC 和信度分析。

从表 5.32 中可以看出，在关系型信任的测量项目中，所有条款的 CITC 值均大于 0.3，但是 TRU4 的 CITC 指数为 0.4273，虽大于 0.3，但是将条款 TRU4 删除后 α 系数会有所上升，所以将条款 TRU4 予以删除，剩余变量的 α 系数由原来的 0.8575 上升到 0.8738。

表 5.32　　　　　　　　关系型信任的 CITC 和信度分析

项目	初始 CITC	最后 CITC	删除该项目后的 α 系数	α 系数
TRU1	0.5980	0.6285	0.8410	
TRU2	0.7537	0.6605	0.8245	
TRU3	0.6058	0.5862	0.8410	
TRU4	0.4273	删除	0.8738	初始 α = 0.8575 最终 α = 0.8738
TRU5	0.6767	0.6156	0.8310	
TRU6	0.7066	0.7694	0.8281	
TRU7	0.5242	0.6091	0.8487	
TRU8	0.6611	0.7137	0.8342	

接下来，对关系型信任剩余的7个测量条款做探索性因子分析，结果见表5.33。首先检验测量条款的 KMO 值和巴特莱特球体显著性，可以看出 KMO 值为0.825，大于0.7，且巴特莱特统计值不显著，所以可以做因子分析。分析结果仅得到一个因子，特征值为4.011，该因子可以解释57.301%的总变异，说明测量结构的一维性很好。同时可以看到，所有测量条款标准化因子负载均超过了0.7；在被因子解释的方差方面，除条款 TRU3 外，其余都超过了0.5。但是 TRU3 被因子解释的方差为0.490，仅略小于0.5，而 TRU3 的因子负荷也超过了0.7，同时从理论分析的角度出发也应保留 TRU3，因此保留条款 TRU3，并在大样本中进行进一步的验证。

表5.33　　　　　　　　　　关系型信任测量的因子分析

项目	初始方差（initial）	提取方差（extraction）	因子负载（component）
TRU1	1.000	0.539	0.734
TRU2	1.000	0.581	0.763
TRU3	1.000	0.490	0.700
TRU5	1.000	0.515	0.718
TRU6	1.000	0.727	0.853
TRU7	1.000	0.507	0.712
TRU8	1.000	0.651	0.807

Kaiser-Meyer-Olkin Measure of Sampling Adequacy：0.825；Sig.：0.000

Initial Eigenvalues：4.011；Cumulative %：57.301%

关系型信任的分析对本书提出的关于信任的维度划分作了初步验证，首先，关系型信任的 α 系数为0.8738，说明条款的信度非常高；其次，关系型信任是将认知信任与情感信任的综合，但因子分析中并没有分为两个因子，且单维度的效度非常高，这说明针对中国企业将认知信任与情感信任合并在一起是更佳的选择。

（2）计算型信任的 CITC 和信度分析。

从表5.34中可以看出，计算型信任的测量条款中所有条款的 CITC 值均大于0.3，同时可以注意到虽然 CON9 的 CITC 指数为0.4380大于0.3，但是将条款 CON9 删除后 α 系数会有所上升，所以将条款 CON9 予以删除，删除

后其余变量的 α 系数由原来的 0.8379 上升到 0.8538。

表 5.34 计算型信任的 CITC 和信度分析

项目	初始 CITC	最后 CITC	删除该项目后的 α 系数	α 系数
CON9	0.4380	删除	0.8538	
CON10	0.5500	0.5793	0.8239	
CON11	0.6396	0.5722	0.8061	初始 α = 0.8379
CON12	0.6337	0.7115	0.8089	最终 α = 0.8538
CON13	0.7314	0.7700	0.7869	
CON14	0.7432	0.7179	0.7848	

接下来对计算型信任剩余的 5 个测量条款做探索性因子分析，结果见表 5.35。首先检验测量条款的 KMO 值和巴特莱特球体显著性，可以看出 KMO 值为 0.760，大于 0.7，且巴特莱特统计值不显著，所以可以做因子分析。分析结果仅得到一个因子，特征值为 3.180，该因子可以解释 63.608% 的总变异，说明测量结构的一维性很好。从表中可以看出，所有测量条款的标准化因子负载均超过 0.7，在被因子解释的方差方面所有条款都超过 0.5。说明测量条款具有很高的内部一致性。

表 5.35 计算型信任测量的因子分析

项目	初始方差（initial）	提取方差（extraction）	因子负载（component）
CON10	1.000	0.533	0.730
CON11	1.000	0.508	0.713
CON12	1.000	0.686	0.828
CON13	1.000	0.762	0.873
CON14	1.000	0.691	0.831
Kaiser-Meyer-Olkin Measure of Sampling Adequacy：0.760；Sig.：0.000			
Initial Eigenvalues：3.180；Cumulative %：63.608%			

由以上分析可以得知，关系型信任和计算型信任测量条款的 α 系数都非常高，且单维度分析后的效度也很好，接下来将对关系型信任与计算型信任所有测量条款的整体信度进行分析。

（3）信任的整体的 CITC 和信度分析。

该部分是为了检验关系型信任和计算型信任是否为同一划分空间的维度，通过将关系型信任与计算型信任的测量条款归到一起进行信度分析，并再一次对合并后的条款进行因子分析，以再次验证得到的因子是否是二维的。

从表 5.36 中可以看出，所有条款的 CITC 值均大于 0.3，不符合删除条件，α 系数为 0.8428 也比较高，所有条款予以保留。信任的所有测量条款合并后的信度很高，同时说明关系型信任和计算型信任可以作为同一划分空间内的不同维度。

表 5.36 信任整体的 CITC 和信度分析

项目	初始 CITC	最后 CITC	删除该项目后的 α 系数	α 系数
TRU1	0.5881	0.5881	0.8246	
TRU2	0.5136	0.5136	0.8304	
TRU3	0.5776	0.5776	0.8269	
TRU5	0.4401	0.4401	0.8358	
TRU6	0.5855	0.5855	0.8253	
TRU7	0.5360	0.5360	0.8292	初始 α = 0.8428
TRU8	0.5113	0.5113	0.8306	最终 α = 0.8428
CON10	0.5272	0.5272	0.8294	
CON11	0.4447	0.4447	0.8360	
CON12	0.4544	0.4544	0.8352	
CON13	0.4646	0.4646	0.8345	
CON14	0.4861	0.4861	0.8327	

接下来，再次验证二分维度的合理性。对信任的 12 个测量指标的 KMO 值和巴特莱特球体显著性进行检验，结果见表 5.37。可以看出 KMO 值为 0.727，大于 0.7，且巴特莱特统计值不显著，所以可以做因子分析。分析结果仅得到两个因子，特征值分为 4.545 和 2.999，累计解释方差达到 62.864%。旋转后的各因子的负荷值均在 0.5 以上，表示收敛度很好。

表 5. 37	信任整体的因子分析	
项目	因子 1	因子 2
TRU7	0. 811	1. 913E − 02
TRU1	0. 785	0. 127
TRU3	0. 775	0. 124
TRU6	0. 774	0. 137
TRU8	0. 764	3. 980E − 02
TRU5	0. 755	− 5. 867E − 02
TRU2	0. 718	9. 408E − 02
CON12	− 8. 136E − 03	0. 874
CON13	4. 176E − 02	0. 827
CON14	7. 844E − 02	0. 817
CON11	3. 527E − 02	0. 807
CON10	0. 215	0. 718
Kaiser-Meyer-Olkin Measure of Sampling Adequacy：0. 727；Sig. ：0. 000		
Initial Eigenvalues：4. 545、2. 999；Cumulative %：62. 864%		

从表 5. 37 中可以看出，不仅信任的因子分析结果是两个因子，且由各因子中包含的条款可以发现因子 1 包含 TRU1、TRU2、TRU3、TRU5、TRU6、TRU7 和 TRU8，均为本研究所定义的关系型信任的变量；而因子 2 包含CON10、CON11、CON12、CON13 和 CON14，所有条款与本研究计算型信任中的条款全部一致。因此，又进一步验证了关系型信任和计算型信任不仅可以作为同一个空间划分，而且这种二分法是适合的。

在小样本分析结果得到肯定的情形下，在大样本分析中将采用 AMOS 的方法，对信任的维度进行确定性因子分析，以最终确定这种分法是否为适合中国企业本土文化的分类方式。

5. 3. 2. 4 企业间合作的变量测量结果

针对企业间的合作事先并没有进行分类，本书对于合作的维度将以数据的探索性因子分析的结果作为合作的维度，因此在对合作的测量条款进行条款净化及信度分析后，将保留的条款进行探索性因子分析，以得到本研究中合作的维度。

从表 5.38 中可以看出，与供应商合作的测量条款中所有条款的 CITC 值均大于 0.3，同时可以注意到虽然 COP10 的 CITC 指数为 0.3095，略大于 0.3，但是将条款 COP10 删除后 α 系数会有所上升，所以将条款 COP10 予以删除，删除后其余变量的 α 系数由原来的 0.8980 上升到 0.9065。

表 5.38   与供应商合作的 CITC 和信度分析

项目	初始 CITC	最后 CITC	删除该项目后的 α 系数	α 系数
COP1	0.6849	0.7000	0.8853	
COP2	0.6835	0.6830	0.8853	
COP3	0.6882	0.7104	0.8851	
COP4	0.6685	0.6751	0.8864	
COP5	0.8111	0.8200	0.8764	初始 α = 0.8980
COP6	0.8193	0.8322	0.8760	最终 α = 0.9065
COP7	0.7321	0.7088	0.8821	
COP8	0.5168	0.5152	0.8964	
COP9	0.5195	0.4978	0.8956	
COP10	0.3095	删除	0.9065	

接下来，对与供应商合作剩余的 9 个测量条款做探索性因子分析，结果见表 5.39。首先检验测量指标的 KMO 值和巴特莱特球体显著性，可以看出 KMO 值为 0.884，大于 0.7，且巴特莱特统计值不显著，所以可以做因子分析。分析结果得到两个因子，特征值分别为 4.821 和 1.282，可以解释 67.802% 的总变异。旋转后的各因子的负荷值均在 0.5 以上，表示收敛度很好。

表 5.39   合作的因子分析

项目	因子1	因子2
COP7	0.813	0.215
COP6	0.780	0.323
COP9	0.765	0.201

续表

项目	因子 1	因子 2
COP8	0.764	0.153
COP5	0.713	0.315
COP3	0.264	0.841
COP2	0.173	0.824
COP1	0.205	0.814
COP4	0.446	0.673

Kaiser-Meyer-Olkin Measure of Sampling Adequacy: 0.884; Sig.: 0.000

Initial Eigenvalues: 4.821、1.282; Cumulative %: 67.802%

对企业与供应商合作的因子分析中产生了两个因子：

因子 1 包含的条款为 COP1、COP2、COP3 和 COP4，这几个条款中测量的是双方在广告、存货、营销以及研发中的合作，可以发现这几个问题的测量是非常客观的问题，同时也是在合作中并不需要考虑双方企业间的关系，仅仅是成本与利益的衡量，因此将其命名为"计算型合作"。

因子 2 包含的条款为 COP5、COP6、COP7、COP8 和 COP9，这几个条款所涉及的是双方要分担额外的费用、分享关于产品的机密信息以及在对需要时给予必要的帮助。从这部分的问题可以看到，企业在合作中需要将自己的核心机密告诉对方，也就意味着要一定程度上暴露自己的弱点，另一方面企业需要有利他的行为，例如在无利益的情况下帮助对方。因此可以说，这一部分的合作不仅是建立在利益上，也是建立在双方长期关系上，因此将其命名为"关系型合作"。

因此在探索性因子分析中，初步证明将合作分为"计算型合作"和"关系型合作"是合适的，在大样本数据中，将通过确定性因子分析的方法对其进行进一步的验证。

由于合作的因子分析得到两个因子，因此理论模型进行进一步的细化，将合作分为"计算型合作"和"关系型合作"两个因子，细化后模型如图 5.3 所示。对于合作作为单因子更好还是双因子更好，会在确定性因子分析中进行验证。

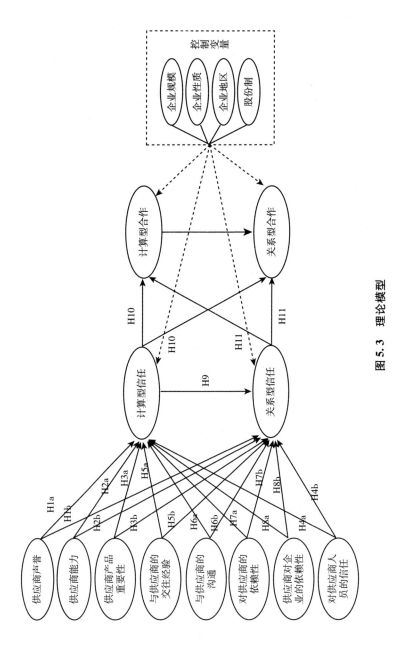

图 5.3 理论模型

第6章 基于中国制造业的实证

　　本章内容主要分为两大部分，第一部分对数据收集方法进行说明并对样本情况进行描述；第二部分对所获得的数据进行统计分析，并对分析结果进行阐述和解释，该部分为本章的重点，其中采用的分析方法大致可以分为三类。首先，评估测量条款的信度和效度；其次，在上一章对变量进行了探索性因子分析，并得出一些二阶因子，本章对其进行确定性因子分析，以确定维度的适合性；其三，利用结构方程模型（Structural Equation Modeling，SEM）分析各潜在变量之间的关系，对本书提出的模型进行完善，并对提出的假设进行检验。

6.1　基于制造业的大样本调查

6.1.1　数据收集

　　问卷调查是本书采用的主要数据收集方式，对于调研过程中样本的选取，采用荣泰生（2005）关于抽样程序的步骤及原则，具体的抽样过程如图 6.1 所示。

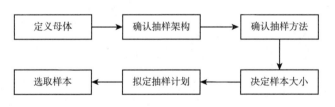

图 6.1　抽样过程说明

资料来源：荣泰生（2005），笔者有一定修改。

　　首先，本研究以制造业为实证研究的对象，则问卷的母体为制造业企业。由于企业调研的工作量大，而且问卷回收率较低，为提高问卷的回收率及有效性，将样本的母体缩小为河北、天津、北京及浙江四个省市的制造业企业。

　　其次，以各地区的制造业企业名录作为抽样架构，用简单随机抽样法选取样本。为保证调研的顺利进行以及样本选取的随机性，在各地区选择至少3 名联络人，并根据联络人员所在地市进一步地将样本母体缩小。对于样本量的大小，根据各地调研的工作量及联络人的数量确定，但至少要达到小样本分析的标准。

再次，在确定样本母体及调研样本大小后，根据各地企业名录随机抽取样本，具体过程为：①计算出调研样本在样本母体中的比例；②按调研样本的比例将母体样本分组；③选取每组样本中的第一家企业作为调研样本。

最后，对于选中的企业，各地的联络人员负责与企业联系，对于能够取得联系并接受人员访谈的企业，采取走访调查的方式进行问卷调查；对于无法联系到或不接受人员访谈的企业，则采取邮寄的方式进行调查。考虑到邮寄方式的问卷回收率较低，采取以下两种方式来提高问卷的回收率，其一，设定专门的联络人员负责与企业沟通，对问卷中提出的问题进行解答，并负责问卷的回收工作；其二，对于无法联系到的企业，在问卷寄出的同时，附上粘好邮票并写明笔者地址的信封，以方便企业人员回寄问卷，同时在问卷中着重强调资料的用途及保密性，以消除填写人员的顾虑，提高问卷回收率。

笔者通过邮寄、走访两种方式共发放问卷 700 份，回收 386 份，其中通过邮寄调查回收问卷 211 份，通过走访调查回收问卷 175 份，历时 4 个月。

对于回收问卷，剔除无效问卷 70 份，剔除原则共有四个：①问卷中有多处缺答现象的予以删除；②问卷中设置了多项反向问题检测问卷的有效性，对于问题回答中有前后矛盾现象的予以删除；③问卷中"不确定"选项选择过多者予以删除；④对于填答人员对供应商的情况并非十分了解的，即对供应商的了解程度及与供应商交往的参与程度两项中，若得分值均小于 4，则予以删除。删除无效问卷后，剩余有效问卷 316 份，其中邮寄调查 151 份，走访调查 165 份，问卷回收率为 55.1%，有效问卷回收率为 45.1%，详细情况见表 6.1。

表 6.1　　　　　　　　　　　样本的调查方法和分布情况

数量　　　　省份	河北省		天津市		浙江省		北京市		合计	
	邮寄调查	走访调查	邮寄调查	走访调查	邮寄调查	走访调查	邮寄调查	走访调查	邮寄调查	走访调查
发放问卷	200	60	125	70	100	20	100	25	525	175
回收有效问卷	61	56	37	68	31	18	22	23	151	165
有效问卷合计	117		105		49		45		316	

通过以上的抽样过程，基本保证了抽样的随机性，但是由于调研难度较大，各地的样本母体依据联络人员的数量有所缩小，并未能涵盖该地区的所有制造业企业，所以可能会给数据带来一定的偏差。对样本数据的均值、标准差、偏态和峰度进行描述性统计分析（详见附录2），分析结果发现，样本基本能够服从正态性分布。由此可以认为，由于人力、物力及时间等原因给数据带来的偏差在可以接受的范围之内，调研数据可以认为是有效的并可用于理论模型的分析。

6.1.2 样本描述

样本分布情况主要通过企业的性质、所属行业以及填答人员所在部门、职位等指标来进行分析。

（1）企业性质。

将样本按照企业的性质进行归类，详细分布见表6.2。

表6.2　　　　　　　　　　样本企业性质分布情况

企业性质	频次	百分比（%）	累计百分比（%）
国有企业（含国有控股）	106	33.5	33.5
集体企业	20	6.3	39.9
民营企业	96	30.4	70.3
中外合资企业	48	15.2	85.4
外商独资企业	26	8.2	93.7
其他	20	6.3	100.0
合计	316	100.0	100.0

资料来源：根据调研数据整理，本节其他图表同。

从样本的企业性质分布状况来看，国有企业（含国有控股）和民营企业的数量最多，国有企业106家，占33.5%；民营企业96家，占30.4%；两者之和占总数的66.9%。接下来数量较多的是中外合资企业，有48家，占15.2%，最后是外商独资企业和集体企业，分别有26家和20家，分别占8.2%和6.3%。

（2）企业所属行业。

将样本按照企业所属的行业进行归类，详细分布见表6.3。

表6.3　　　　　　　　　样本企业所属行业分布情况

企业所属行业	频次	百分比（%）	累计百分比（%）
机械制造	98	31.0	31.0
电子通信	51	16.1	47.1
纺织	24	7.6	54.7
生物医药	23	7.3	62.0
家用电器	19	6.0	68.0
塑胶制品	16	5.1	73.1
金属制品	19	6.0	79.1
石油化工	25	7.9	87.0
食品加工	10	3.2	90.2
服装加工	8	2.5	92.7
其他	23	7.3	100.0
合计	316	100.0	100.0

从样本中企业所属行业的分布状况来看，机械制造行业的企业数量最多，有98家，占比达到31.0%；其次是电子通信行业，企业数量为51家，占比16.1%；再次是石油化工25家、纺织24家、生物医药23家，占比分别为7.9%、7.6%、7.3%；最后是家用电器19家、金属制品19家、塑胶制品16家、食品加工10家、服装加工8，占比分别为6.0%、6.0%、5.1%、3.2%、2.5%；其余一些数量太少的行业均归为其他作为同一类处理，样本共有23个，占比为7.3%。

（3）企业填答人员信息。

将样本填答人员的信息进行汇总，按照填答人员所在部门及在部门中的职务进行归纳总结，详细分布见表6.4及图6.2。

表6.4		企业填答问卷人员所在部门及职务分布情况		
工作部门		频次	百分比（%）	累计百分比（%）
公司	总经理	22	7.0	7.0
采购部门	部门经理	82	25.9	39.6
	一般人员	21	6.7	
	合计	103	32.6	
销售部门	部门经理	40	12.7	57.3
	一般人员	16	5.0	
	合计	56	17.7	
生产部门	部门经理	45	14.2	72.8
	一般人员	4	1.3	
	合计	49	15.5	
技术部门	部门经理	33	10.4	85.8
	一般人员	8	2.6	
	合计	41	13.0	
其他部门	部门经理	33	10.4	100.0
	一般人员	12	3.8	
	合计	45	14.2	
合计		316	100.0	100.0

从表中可以看出，问卷填答人员中属于采购部门的人最多，包括经理和职员在内共103人，占样本总数的32.6%；其次是销售部门，经理和职员总数为56人，占17.7%；再接下来是生产部门和技术部门，人数分别为49和41，占15.5%和13.0%；另外还有7.0%的填答人员为企业的负责人，样本量为22；最后，由于其他的部门较分散、填答人员也较少，均归为一个部门统称为其他部门，共有45个样本，占总数的14.2%。

从填答人员的部门分布状况看，占1/3的采购部与供应商有直接联系；占近1/2的销售部门、生产部门以及技术部门与供应商有间接联系；还有7%是对企业整体情况均非常了解的高层人员，其余部门的人员仅为14.2%。因此，可以认为问卷的填答人员在整体上对供应商是了解的。进一步从图6.2中可以看到，填答人员的职务以部门经理为主，总数为233个，占到样本总体的 73.7%；另外还有 7% 为企业的负责人；只有不到 20% 为企业中的一般职员。因此，填答人员对本企业的情况是比较熟悉的。通过对填答人员所在部门及职务的分析，可以认为填答人员比较符合问卷填写的要求。

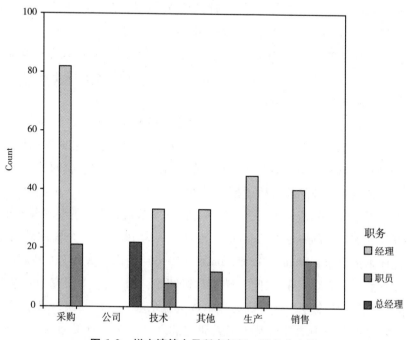

图 6.2　样本填答人员所在部门 × 职务分布图

6.1.3　数据描述

问卷中各变量测量条款的均值、标准差、偏态和峰度等描述性统计量详见附录 2。从中可以发现，各测量条款的值基本能够服从正态性分布。

6.1.4　统计分析方法

对于选择变量分析技术原则，与上一章小样本分析中的原则相同（荣泰生，2005），这里不再赘述。以下只将本章用到的分析方法进行说明。

首先，在上一章的小样本中，已经对各潜变量进行了探索性因子分析，本章将进行确定性因子分析（CFA），对各因素中的测量条款进行信度和效度分析，并对整体的信度和效度进行分析，同时验证各潜变量维度的有效性。

其次，利用结构方程模型（structural equation modeling，SEM）分析各潜在变量之间的关系，对本研究提出的模型进行测量、修改和完善，并对提出的假设进行分析、验证，分析将采用 AMOS4.0 软件。

最后，如果要采用 SEM 对数据进行分析要满足 SEM 的几条基本假定，包括：①变项常态性；②无系统遗漏值；③足够大的样本；④正确的模式界定；⑤简单随机抽样（黄芳铭，2005）。

对于本研究中的数据也采用这几项原则进行衡量，其一，针对数据的收集，本研究依据简单随机抽样的原则进行抽样，采用了走访和邮寄两种方式，完全可以满足第五条关于简单随机抽样的要求。其二，问卷收回后，根据比较严格的规则对无效问卷进行了剔除，以保证问卷的有效性，由此也可以保证问卷中无系统遗漏值。其三，对于最佳的样本数量，学者的要求各不相同，安德森和戈宾（Anderson & Gerbing，1988）认为 100~150 个样本就可以满足最低样本量要求，Shumacker & Lomax（1996）指出在大部分的 SEM 研究中，样本数都在 200–500 之间（转引自黄芳铭，2005）。本研究中样本数量为 316，且样本为企业，可以认为样本数量是足够大的。其四，对于模式的界定问题，本研究中的模型基于前人研究的理论基础，有很强的理论依据，可以认为拥有正确的模式界定。其五，对于收集的数据，在数据描述中已进行了正态性分布的检验（见附录 2），正态性分布的检验主要包括两个要素：偏态（skewness）和峰度（kurtosis），对于 S 值小于 3 和 K 值小于 10 的可以认为基本上是符合正态分在布的（Kline，1998；转引自黄芳铭，2005），在分析结果中可以看到本研究中的数据是符合正态分布的。

经过以上分析可以发现，本研究的数据完全符合 SEM 研究的五项基本假定。在本章的分析中将采用 SEM 的研究方法，对数据进行分析，并对前文中提出的模型进行分析和验证。

6.1.5　数据的质量评估

为了保证收集数据的准确性，本书对调查方法进行偏差分析，以检验通过不同的调查方法获得的数据的均值、方差是否会存在显著差异（王庆喜，2005）。本书中主要是通过人员访谈和邮寄问卷两种方式进行问卷调查，将两种方式收回的问卷进行分组，采用独立样本 T 检验的方法，对两组问卷中的所有测量条款进行均值、方差的比较验证，详细结果见附录 3。

检验结果表明，只有极少数的几个测量条款存在显著性差异，其他的绝大部分测量条款均无显著性差异。由此可以说明，人员访谈和邮寄问卷两种调查方式所获得的问卷在整体上并不存在显著性差异。

同时，通过进一步的分析发现，存在显著性差异的条款，基本上存在于对人员信任及企业间信任的测量中。由此可以推断，一方面信任是一个比较敏感的话题，当面的访谈与邮寄方式给填答人员的填写压力不同，引起问题填答的差异；另一方面信任也是一个易产生混淆的概念，当面访谈可以给填答人员做更详细的解释，这也会使填答的结果产生差异。

6.2 测量的信度、效度和确定性因子分析

前一章中采用探索性因子分析（EFA）的方法，探讨量表中各变量的面向性①，依据 CITC 净化条款，采用 α 系数法进行信度分析。由于确定性因子分析对测量工具信度和效度的评估更具操作性与实质性（Bollen，1989，转引自：黄芳铭，2005），本章将对各变量进行确定性因子分析（CFA），分析主要包括两个阶段：①测量条款的信度与效度评估；②模型整体适配度评鉴。

首先，信度和效度评估，通过信度和效度分析确保各潜变量的测量是可信并有效的，采用个别变项信度、建构信度（整体信度）、聚合效度来衡量。在上一章的信度评估中采用的是 α 信度系数法，α 系数经常与 EFA 结合使用。但 α 系数的大小会受到受试者特质变异大小、题目间相关之平均、题目数量以及难度之同质性的影响（Carmines & Zeller，1979；Reinhard，1996，转引自：黄芳铭，2005），且 α 系数无法估计单一观测变量的信度，因此在 CFA 中将不采用 α 系数的方法来测量信度，而是分别计算出个别变项的

---

① 单一面向就是测量模式中的一个潜在因素。

R²①，即变异比率，作为个别变项的信度指数（Bollen，1989，转引自：黄芳铭，2005）。检验 R² 是希望了解每一个变项解释潜在变项的变异程度，R² 值越高则解释力就越强。

对于各个因素的整体信度，可以通过个别变项的信度指数来衡量，这种信度指标被称为建构信度（Construct Reliability），建构信度主要是评估一组潜在建构指标的一致性程度，信度高则表示指标之间有高度关联（黄芳铭，2005）。

$$CR = \left(\sum \lambda \right)^2 / \left(\left(\sum \lambda \right)^2 + \sum \varepsilon_j \right)$$

其中，λ 是标准化负荷量，ε_j 是第 j 项的测量误差。

对于信度系数的最低指标，学者们的要求各不相同，有些学者认为此指标应大于 0.6（Bagozzi & Yi，1988）；有的学者认为大于 0.5 即可（Hair et al，1998；Kline，1998；Raine-Eudy，2000）；也有学者对于个别变项的信度检验以 0.5 做指标，而对于潜在变量的信度检验以 0.6 做指标（黄芳铭，2005）。本书中采用黄芳铭（2005）的观点，将个别变项的信度指标与潜变量的信度指标分别确定，以 0.5 作为个别变项信度的最低指标，0.6 作为建构信度的最低指标。

对于聚合效度，使用平均变异数抽取量（average variance extracted）来测量，标准为测量项目的解释力超过其误差方差（Carmines & Zeller，1979；转引自王庆喜，2004）。福内尔和拉克尔（Fornell & Larcker，1981）认为若误差的解释大于测量项目的话，则表示该变量的效度是有问题的，因此 AVE 的最低标准为大于 0.5（Bagozzi & Yi，1988；Fornell & Larcker，1981）。

$$AVE = \sum \lambda^2 / \left(\sum \lambda^2 + \sum \varepsilon_j \right)$$

其次，对于模型整体适配度的评鉴，通过对模型拟合度的分析，判断测量模型的有效性。采用的适配度评鉴指标，大致如下：

（1）卡方指数（χ^2）。一般高于 0.05 的显著水平，暗示在假设的模型和观测数据之间有着较好的拟合度。但是，要特别注意的是 χ^2 值对于样本量非常敏感，当样本越大时，χ^2 值就越容易显著，导致理论模型被拒绝（黄芳铭，

---

① R：某一观察变项在其所反映的潜变量上的标准化负荷量。

2005）。χ^2值会随样本数而波动的缺点已经在许多文献中获得证实（Bentler & Bonett，1980；Marsh et al，1988；Marsh & Hocevar，1995，转引自：陈正昌，程炳林和陈新丰等，2005）。因此评价指标采用 χ^2/df 指标，有些学者认为卡方与自由度之比应该不大于 3（Medsker，Williams & Holahan，1994），有些学者认为高一些也可以接受（Hildebrandt，1983；Ritter & Gemünden，2004），只要比值不超过 5 即可（Wheaton，1977）。本研究以不超过 5 作为指标，在此范围内认为模型是可以接受的。

（2）拟合指数，其中包括良好拟合指数（GFI）、调整拟合指数（AGFI）、规范拟合指数（NFI）、修正拟合指数（IFI）和比较拟合指数（CFI）。GFI 可以理解为假设模型能够解释的方差和协方差比例的一个测度；AGFI 的目的在于利用自由度与变项个数之比来调整 GFI，以减少样本容量的影响；NFI 是测量独立模型与设定模型之间卡方值的缩小比例，NFI 有一定的局限性，一方面它不能控制自由度，另一方面 NFI 的抽样分布平均值与样本规模正相关；IFI 能够减小该指标的平均值对样本规模的依赖，并考虑设定模型自由度的影响，改进了 NFI；CFI 是通过与独立模型相比较来评价拟合程度。拟合指数 GFI、NFI、IFI、CFI 的值均要超过 0.90，才可表示模型拟合良好（Bagozzi & Yi，1988；Bollen，1989；Hair et al，1998）。

（3）近似误差的均方根（RMSEA），当 RMSEA 值小于 0.05 表示理论模型可以接受，并认为是"良好适配"（Browne & Mels，1990；Steiger，1989）；0.05 到 0.08 认为是"算是不错的适配"（Browne & Cudeck，1993）；0.08～0.10 之间是"中度适配"；大于 0.10 则表示是"不良适配"（黄芳铭，2005）。

将模型的适配度指标数值范围及理想数值归纳如表 6.5 所示。

表 6.5　　　　　　　　最佳适配度判断指标

指标	数值范围	理想的数值
χ^2/df	0 以上	小于 5，小于 3 则更佳
GFI	0～1 之间，但可能出现负值	大于 0.9
AGFI	0～1 之间，但可能出现负值	大于 0.9
NFI	0～1 之间	大于 0.9

续表

指标	数值范围	理想的数值
IFI	0 以上，大多在 0~1 之间	大于 0.9
CFI	0~1 之间	大于 0.9
RMSEA	0 以上	小于 0.10，小于 0.05 则更佳

6.2.1 供应商特征的信度、效度和确定性因子分析

在探索性因子分析中供应商的能力及对供应商人员的信任均为二阶因子，本章在对各测量条款信度及效度分析的同时，也将对二阶因子的有效性进行更进一步的检验。

（1）供应商能力的信度和效度分析。

在上一章的探索性因子分析中发现，供应商的能力是一个二阶因子，被分为"管理能力"、"产品能力"和"技术能力"三个一阶因子，分别包括三个、四个和两个测量条款。基于这一模式，本章再对供应商的能力进行确定性因子分析，分析的模型见图 6.3。

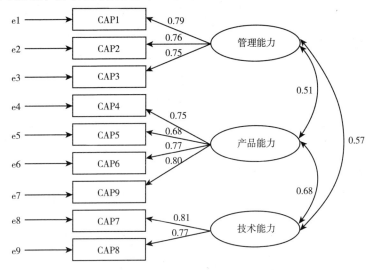

图 6.3 供应商能力测量的确定性因子分析模型

确定性因子分析的信度及效度分析结果如表 6.6 所示。

表 6.6 供应商能力测量的信效度分析结果

信度分析：

因子	测量条款	标准化系数（R）	t 值	R^2	建构信度（CR）	AVE
管理能力	CAP1	0.785	12.048*	0.617	0.809	0.586
	CAP2	0.763	11.870*	0.582		
	CAP3	0.748	—*	0.560		
产品能力	CAP4	0.753	13.330*	0.567	0.838	0.567
	CAP5	0.684	12.017*	0.468		
	CAP6	0.772	13.671*	0.595		
	CAP9	0.798	—*	0.637		
技术能力	CAP7	0.815	11.055*	0.664	0.769	0.627
	CAP8	0.768	—*	0.590		

效度分析（拟合优度指标）：（$\chi^2 = 66.44$，df = 24，p = 0.000）

χ^2/df	GFI	AGFI	NFI	IFI	CFI	RMSEA
2.768	0.955	0.916	0.946	0.964	0.964	0.075

注：*代表 P < 0.01；—项表示在图中该条款与变量间的系数在非标准化前被设置为1，则 t 值不存在。

通过以上的确定性因子分析可以得到以下结果：

首先，除条款 CAP5 外所有单个测量条款的 R^2 均超过了 0.5，而条款 CAP5 的 R^2 值为 0.468，仅仅是略小于 0.5，因此可以认为，测量条款的单个测量信度基本符合要求。

其次，针对因子的信度而言，三个潜变量的建构信度分别为 0.809、0.838 和 0.769，均远大于 0.6，表明各条款的整体信度及内部一致性也较高。针对因子的效度而言，三个潜变量的平均变异抽取量分别为 0.586、0.567 和 0.627，都在 0.5 以上，也表现出较好的聚合效度。

最后，从模型的拟合效果来看，所有的拟合优度指标都非常理想。χ^2/df 的值为 2.768，不仅小于 5 且低于更严格的指标 3；GFI、AGFI、NFI、IFI 和 CFI 的值均远高于 0.9；RMSEA 值为 0.075，虽大于 0.05 但小于 0.10 的最高上限，因此可以看出测量模型是有效的。

（2）供应商声誉的信度和效度分析。

在上一章的探索性因子分析中发现，供应商的声誉是单维度，包括六项测量条款。基于这一模式，本章对供应商声誉的测量进行确定性因子分析，分析的模型见图6.4。

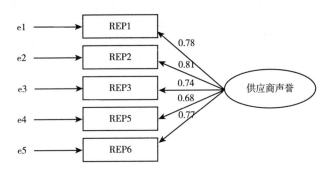

图6.4 对供应商声誉测量的确定性因子分析模型

确定性因子分析的信度及效度分析结果如表6.7所示。

表6.7 供应商声誉测量的信效度分析结果

信度分析：

因子	测量条款	标准化系数（R）	t 值	R^2	建构信度（CR）	AVE
声誉	REP1	0.775	13.615 *	0.601	0.868	0.570
	REP2	0.805	14.147 *	0.649		
	REP3	0.738	12.924 *	0.545		
	REP5	0.680	11.829 *	0.462		
	REP6	0.769	— *	0.592		

效度分析（拟合优度指标）：（$\chi^2 = 14.69$，df = 5，p = 0.012）

χ^2/df	GFI	AGFI	NFI	IFI	CFI	RMSEA
2.938	0.982	0.947	0.979	0.986	0.986	0.078

注：*代表 P<0.01；一项表示在图中该条款与变量间的系数在非标准化前被设置为1，则 t 值不存在。

通过以上的确定性因子分析可以得到以下结果：

首先，除项目 REP5 外，所有单个测量项目的 R^2 均超过了 0.5，而测量项目 REP5 的 R^2 值为 0.462，也接近 0.5，因此可以认为，测量条款的单个测量信度基本符合要求。

其次，潜变量的建构信度为 0.868，远大于 0.6 的最低下限，表明测量项目的整体信度及内部一致性均较高。同时潜变量的平均变异抽取量大于0.5，也表现出较好的聚合效度。

最后，从模型的拟合效果来看，所有的拟合优度指标都非常理想。χ^2/df 的值为 2.938，不仅小于 5 且低于更严格的指标 3；GFI、AGFI、NFI、IFI 和 CFI 的值均远高于 0.9，且非常接近 1；RMSEA 的值为 0.078，虽大于 0.05 但小于 0.10 的最高上限，因此可以看出测量模型是有效的。

（3）供应商产品重要性的信度和效度分析。

在上一章的探索性因子分析中发现，供应商产品重要性是单维度，包括四个测量项目。基于这一模式，本章对供应商产品重要性的测量进行确定性因子分析，分析的模型见图 6.5。

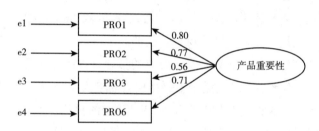

图 6.5 供应商产品重要性测量的确定性因子分析模型

确定性因子分析的信度及效度分析结果如表 6.8 所示。

表 6.8 供应商产品重要性测量的信效度分析结果

信度分析：

因子	测量条款	标准化系数（R）	t 值	R^2	建构信度（CR）	AVE
产品的重要性	PRO1	0.798	11.475 *	0.637	0.796	0.499
	PRO2	0.766	11.292 *	0.587		
	PRO3	0.561	8.723 *	0.315		
	PRO6	0.706	—*	0.499		

效度分析（拟合优度指标）：（$\chi^2=4.583$，df=2，p=0.101）

$\chi^2/df/df$	GFI	AGFI	NFI	IFI	CFI	RMSEA
2.291	0.993	0.965	0.988	0.993	0.993	0.064

注：* 代表 P<0.01；一项表示在图中该条款与变量间的系数在非标准化前被设置为 1，则 t 值不存在。

通过以上的确定性因子分析可以得到以下结果：

首先，单个测量项目的信度指标中，测量项目 PRO1 各 PRO2 的 R^2 均超过了 0.5，而测量项目 PRO6 的 R^2 值为 0.499，非常接近 0.5，也可以认为达到了信度指标的要求。但 PRO3 的标准化系数较低，仅为 0.561，因此对应的 R^2 值也较低，但考虑到对于产品重要性这一变量的测量，本书具有探索的性质，该部分问卷中的测量项目是基于实地访谈产生的，并没有前人研究的量表可以借鉴，因此暂时将该项目保留，在下一步的效度分析中再进行进一步的验证。

其次，针对因子的信度而言，潜变量的建构信度为 0.796，远大于 0.6 的最低下限，表明测量项目的整体信度及内部一致性均较高。但是，潜变量的平均变异抽取量为 0.499，略低于 0.5，可能是由于测量条款 PRO3 的影响，但考虑到该变量测量的探索性质，且 AVE 虽低于 0.5，但十分接近，由此认为对于该变量的聚合效度是可以接受的。

最后，从模型的拟合效果来看，所有的拟合优度指标都非常理想。χ^2/df 的值为 2.291，不仅小于 5 且低于更严格的指标 3；GFI、AGFI、NFI、IFI 和 CFI 的值均远高于 0.9，且非常接近 1；RMSEA 的值为 0.064，虽大于 0.05 但小于 0.10 的最高上限，因此可以看出测量模型是有效的。

从以上的分析中可以看到，测量项目 PRO3 的单个信度指标虽然有些偏低，但并没有影响整体的信度水平。同时，模型的整体适配度较高，各项拟合优度也都非常理想。因此，在本研究的以下分析中将测量项目 PRO3 予以保留。

（4）对供应商人员信任的信度和效度分析。

在上一章的探索性因子分析中，对供应商人员的信任被分为"善意信任"和"能力信任"两个因子。"善意信任"包括四个测量项目，"能力信任"包括五个测量项目。接下来再基于这一模式对供应商人员信任的测量进行确定性因子分析，分析模型见图 6.6。

从图 6.6 中可以看到，测量项目 PTRU4 的标准化系数仅有 0.21，该项目的个别变项效度较低，且项目 PTRU4 的 R^2 值为 0.044，该值远低于 0.5 的标准，因此在该模型中将测量项目 PTRU4 予以删除，并将修改后的模型重新做确定性因子分析，修正后的模型见图 6.7。

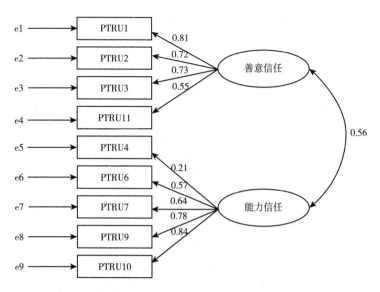

图 6.6 对供应商人员信任测量的确定性因子分析模型

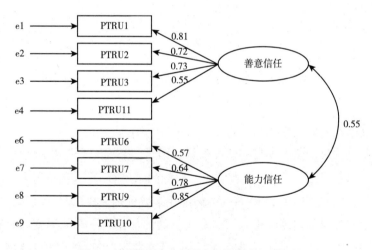

图 6.7 对供应商人员信任测量的修正模型

确定性因子分析的信度及效度分析结果如表 6.9 所示。

表 6.9 　　　　　　　　　对供应商人员信任测量的信效度分析结果

信度分析：

因子	测量条款	标准化系数（R）	t 值	R^2	建构信度（CR）	AVE
善意信任	PTRU1	0.806	9.156*	0.650	0.795	0.495
	PTRU2	0.724	8.759*	0.524		
	PTRU3	0.733	8.816*	0.538		
	PTRU11	0.551	—*	0.303		
能力信任	PTRU6	0.572	9.640*	0.327	0.812	0.515
	PTRU7	0.638	10.819*	0.407		
	PTRU9	0.781	—*	0.609		
	PTRU10	0.848	13.602*	0.720		

效度分析（拟合优度指标）：（$\chi^2 = 54.203$，df = 19，p = 0.000）

χ^2/df	GFI	AGFI	NFI	IFI	CFI	RMSEA
2.853	0.958	0.920	0.941	0.961	0.960	0.077

注：*代表 P<0.01；—表示在图中该条款与变量间的系数在非标准化前被设置为1，则 t 值不存在。

通过以上的确定性因子分析可以得到以下结果：

首先，从单个测量项目的信度来看，因子"善意信任"中所包含的测量项目 PTRU11，以及因子"能力信任"中的测量项目 PTRU6、PTRU7 的 R^2 值均小于 0.5，且 PTRU11、PYTU6 的标准化系数分别为 0.551、0.572，信度不太理想。但考虑到本书中将对供应商人员的信任作为一个前因变量具有探索性质，测量条款部分是由访谈产生，因此暂时将这两个测量项目给予保留，在下面的效度分析中进一步的分析验证。

其次，针对因子的信度而言，两个潜变量的建构信度分别为 0.795 和 0.812，均远大于 0.6 的最低标准，表明各条款的整体信度及内部一致性较高。针对因子的效度而言，因子"善意信任"的平均变异抽取量为 0.495，稍微低于 0.5，因子"能力信任"的平均变异抽取量为 0.515，略大于 0.5，聚合效度不是特别理想。AVE 的值偏低可能是由于测量条款 PTRU6、PT-RU11 的影响,由于该部分研究的探索性质,而且"善意信任"的 AVE 虽低于 0.5 但是非常接近,所以可以认为,两个潜变量的聚合效度还是可以接受的。

最后,从模型的拟合效果来看,所有的拟合优度指标都非常理想。χ^2/df 的值为 2.853,不仅小于 5 且低于更严格的指标 3;GFI、AGFI、NFI、IFI 和 CFI 的值均远高于 0.9;RMSEA 值为 0.077,虽然大于 0.05 但小于 0.10 的最高上限,因此可以认为测量模型基本是有效的。

6.2.2 企业与供应商关系特征的信度、效度和确定性因子分析

在探索性因子分析中发现,与供应商的沟通、企业对供应商的依赖性以及供应商对企业的依赖均为二阶因子,本章在对各测量条款信度及效度分析的同时,也将对二阶因子的有效性进行更进一步的检验。

(1)与供应商交往经验的信度和效度分析。

在上一章的探索性因子分析中发现,与供应商的交往经验是单维度,经过条款净化后包括四个测量项目。基于这一模式,本章对交往经验的测量进行确定性因子分析,分析的模型见图 6.8。

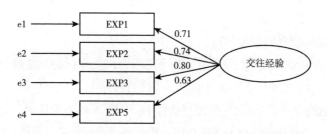

图 6.8 与供应商交往经验测量的确定性因子分析模型

确定性因子分析的信度及效度分析结果如表 6.10 所示。

表 6.10　　　　　供应商的交往经验测量的信效度分析结果

信度分析：

因子	测量条款	标准化系数（R）	t 值	R^2	建构信度（CR）	AVE
交往经验	EXP1	0.712	9.696*	0.507	0.812	0.522
	EXP2	0.738	9.915*	0.545		
	EXP3	0.801	10.287*	0.642		
	EXP5	0.627	—*	0.393		

效度分析（拟合优度指标）：（$\chi^2 = 3.181$, df = 2, p = 0.204）

χ^2/df	GFI	AGFI	NFI	IFI	CFI	RMSEA
1.590	0.995	0.975	0.992	0.997	0.997	0.043

注：*代表 P<0.01；—表示在图中该条款与变量间的系数在非标准化前被设置为1，则 t 值不存在。

通过以上的确定性因子分析可以得到以下结果：

首先，从单个测量项目的信度指标来看，除 EXP5 外其余测量项目的标准化系数均在 0.7 以上，且 R^2 值也超过了 0.5，测量项目 EXP5 的 R^2 值仅为 0.393，但标准化系数也超过了 0.6，且整体的建构信度也较高，因此对于测量项目 EXP5 暂时予以保留。同时在接下来的效度分析中对该指标进一步地考核验证，根据所有指标的达到程度来共同决定该测量项目是否删除。

其次，潜变量的建构信度为 0.812，远大于 0.6 的最低下限，表明测量项目的整体信度及内部一致性均较高。同时潜变量的平均变异抽取量也大于 0.5，也表现出较好的聚合效度。

最后，从模型的拟合效果来看，所有的拟合优度指标都非常理想。χ^2/df 的值为 1.590，不仅远小于 5，也远小于更严格的指标 3；GFI、AGFI、NFI、IFI 和 CFI 的值均远高于 0.9，非常接近理想指标 1；RMSEA 的值为 0.043，不仅低于最高上限 0.10，也低于更严格的指标 0.05，因此可以看出测量模型是有效的。

从以上的分析中可以看到，测量项目 EXP5 的单个信度指标虽然有些偏低，但并没有影响整体的信度水平。同时，变量的聚合效度也达到指标，模型的整体适配度较高，各项拟合优度也都非常理想。因此，在本研究的以下分析中将测量项目 EXP5 予以保留。

（2）与供应商沟通的信度和效度分析。

在上一章的探索性因子分析中，沟通被分为"关系沟通"和"信息沟通"两个因子，关系沟通包括三个测量条款，信息沟通包括四个测量条款。
接下来再对沟通的测量进行确定性因子分析，模型见图6.9。

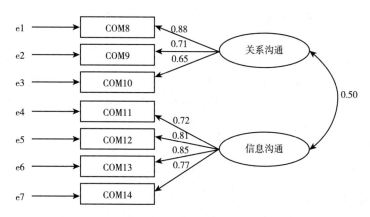

图6.9　与供应商沟通测量的确定性因子分析模型

确定性因子分析的信度及效度分析结果如表6.11所示。

表6.11　　　　　　　　　**与供应商沟通测量的信效度分析结果**

信度分析：

因子	测量条款	标准化系数（R）	t值	R^2	建构信度（CR）	AVE
关系沟通	COM8	0.884	—*	0.782	0.796	0.571
	COM9	0.712	11.924*	0.507		
	COM10	0.650	11.008*	0.423		
信息沟通	COM11	0.718	13.741*	0.515	0.862	0.619
	COM12	0.806	15.900*	0.649		
	COM13	0.846	—*	0.716		
	COM14	0.773	15.115*	0.598		

效度分析（拟合优度指标）：（$\chi^2 = 37.850$，df = 13，p = 0.000）

χ^2/df	GFI	AGFI	NFI	IFI	CFI	RMSEA
2.912	0.967	0.929	0.963	0.975	0.975	0.078

注：＊代表 P＜0.01；—表示在图中该条款与变量间的系数在非标准化前被设置为1，则t值不存在。

通过以上的确定性因子分析可以得到以下结果：

首先，从单个测量项目的信度来看，因子"信息沟通"所包含的四个测量项目的标准化系数均较高，最低的为0.718，同时 R^2 值也都大于0.5，因此该因子测量项目的单个信度都非常高；在因子"关系沟通"中测量项目COM10 的 R^2 值为 0.423 略低于 0.5，其余两个测量项目的 R^2 都超过了 0.5，因此该因子测量条款的单个测量信度基本上符合要求。

其次，两个潜变量的建构信度分别为 0.796 和 0.862，均远大于 0.6 的最低标准，表明各条款的整体信度及内部一致性也较高。同时潜变量的平均变异抽取量为 0.571 和 0.619，高于最低下限 0.5，也表现出较好的聚合效度。

最后，从模型的拟合效果来看，所有的拟合优度指标都非常理想。χ^2/df 的值为 2.912，不仅小于 5 而且小于更严格的指标 3；GFI、AGFI、NFI、IFI 和 CFI 的值均远高于 0.9；RMSEA 值为 0.078，虽大于 0.05 但小于 0.10 的最高上限，因此可以看出该模型是有效的。

（3）对供应商依赖性的信度和效度分析。

在上一章的探索性因子分析中，对供应商的依赖分为"投入依赖"和"利益依赖"两个因子，"投入依赖"包括五个测量项目，"利益依赖"包括四个测量项目。基于这一模式，对供应商依赖性的测量进行确定性因子分析，如图 6.10 所示。

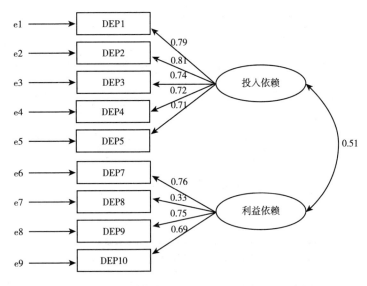

图 6.10　对供应商依赖性测量的确定性因子分析模型

从图 6.10 中可以看到，测量项目 DEP8 的标准化系数仅有 0.33，该项目的个别变项效度较低，且项目 DEP8 的 R^2 值为 0.109，该值远低于 0.5 的标准，由此在该模型中将测量项目 DEP8 予以删除，并将修改后的模型重新做确定性因子分析，修正后的模型见图 6.11。

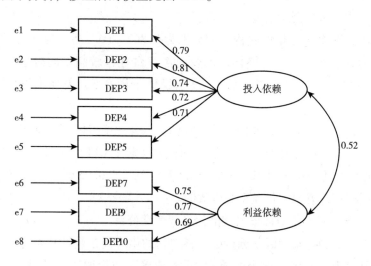

图 6.11 对供应商依赖性测量的修正模型

确定性因子分析的信度及效度分析结果如表 6.12 所示。

表 6.12　　　　　　　　　对供应商依赖性测量的信效度分析结果

信度分析：

因子	测量条款	标准化系数（R）	t 值	R^2	建构信度（CR）	AVE
投入依赖	DEP1	0.786	12.611*	0.618	0.867	0.566
	DEP2	0.812	12.953*	0.659		
	DEP3	0.742	11.973*	0.550		
	DEP4	0.715	11.577*	0.512		
	DEP5	0.706	—*	0.498		
利益依赖	DEP7	0.748	10.290*	0.560	0.775	0.531
	DEP9	0.769	10.364*	0.591		
	DEP10	0.687	—*	0.473		

效度分析（拟合优度指标）：（$\chi^2 = 67.500$，$df = 19$，$p = 0.000$）

χ^2/df	GFI	AGFI	NFI	IFI	CFI	RMSEA
3.553	0.948	0.901	0.938	0.954	0.954	0.090

注：＊代表 P＜0.01；—表示在图中该条款与变量间的系数在非标准化前被设置为 1，则 t 值不存在。

通过以上的确定性因子分析可以得到以下结果：

首先，从单个测量项目的信度来看，测量项目 DEP5 和 DEP10 的 R^2 值略低于 0.5，分别为 0.498 和 0.473，其余测量项目的 R^2 都超过了 0.5，可以认为测量条款的单个测量信度还是较高的。

其次，两个潜变量的建构信度分别为 0.867 和 0.775，均远大于 0.6 的最低标准，表明各条款的整体信度及内部一致性也较高。同时潜变量的平均变异抽取量为 0.566 和 0.531，高于最低下限 0.5，表现出较好的聚合效度。

最后，从模型的拟合效果来看，所有的拟合优度指标都非常理想。χ^2/df 的值为 3.553，虽然大于 3 但小于 5 的最高上限；GFI、AGFI、NFI、IFI 和 CFI 的值均远高于 0.9；RMSEA 值为 0.090，虽大于 0.05 但小于 0.10 的最高上限，因此可以看出测量模型是有效的。

（4）感知到的供应商依赖性的信度和效度分析。

在上一章的探索性因子分析中，感知到的供应商依赖性也被分为"投入依赖"和"利益依赖"两个因子，"投入依赖"包括四个测量项目，"利益依赖"包括三个测量项目。基于这一模式，对感知到的供应商依赖性的测量进行确定性因子分析，分析模型见图 6.12。

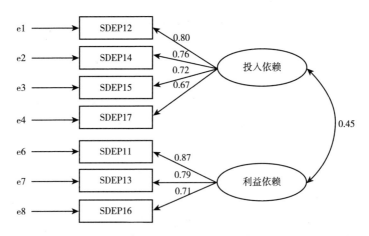

图 6.12　感知到的供应商依赖性测量的确定性因子分析模型

确定性因子分析的信度及效度分析结果如表 6.13 所示。

表 6.13 感知到的供应商依赖性测量的信效度分析结果

信度分析：

因子	测量条款	标准化系数（R）	t 值	R^2	建构信度（CR）	AVE
投入依赖	SDEP12	0.801	— *	0.642	0.819	0.546
	SDEP14	0.764	12.922 *	0.583		
	SDEP15	0.716	12.184 *	0.512		
	SDEP17	0.668	11.357 *	0.446		
利益依赖	SDEP11	0.868	12.676 *	0.754	0.835	0.630
	SDEP13	0.794	12.439 *	0.631		
	SDEP16	0.711	— *	0.506		

效度分析（拟合优度指标）：（$\chi^2 = 44.040$, df = 13, p = 0.000）

χ^2/df	GFI	AGFI	NFI	IFI	CFI	RMSEA
3.388	0.961	0.916	0.952	0.965	0.965	0.087

注：* 代表 P < 0.01；—表示在图中该条款与变量间的系数在非标准化前被设置为 1，则 t 值不存在。

通过以上的确定性因子分析可以得到以下结果：

首先，从单个测量项目的信度来看，因子"利益依赖"所包含的三个测量项目的 R^2 值均大于 0.5，该因子测量项目的单个信度都非常高；在因子"投入依赖"中测量项目 SDEP17 的 R^2 值为 0.446 略低于 0.5，其余测量项目的 R^2 都超过了 0.5，因此该因子测量条款的单个测量信度还是符合要求的。

其次，两个潜变量的建构信度分别为 0.819 和 0.835，均远大于 0.6 的最低标准，表明各条款的整体信度及内部一致性也较高。同时潜变量的平均变异抽取量为 0.546 和 0.630，高于最低下限 0.5，表现出较好的聚合效度。

最后，从模型的拟合效果来看，所有的拟合优度指标都非常理想。χ^2/df 的值为 3.388，虽然略大于 3 但小于 5 的最高上限；GFI、AGFI、NFI、IFI 和 CFI 的值均远高于 0.9；RMSEA 值为 0.087，虽大于 0.05 但小于 0.10 的最高上限，因此该测量模型也被认为是有效的。

6.2.3 企业间信任的信度、效度和确定性因子分析

在小样本的探索性因子分析中，已经对信任维度的划分进行了初步的验证，以下将进一步通过确定性因子分析对其进行验证。

（1）关系型信任的信度和效度分析。

在上一章的探索性因子分析中发现，关系型信任是单维度，经过条款净化后包括 7 个测量项目。基于这一模式，本章再对关系型信任的测量进行确定性因子分析，分析的模型见图 6.13。

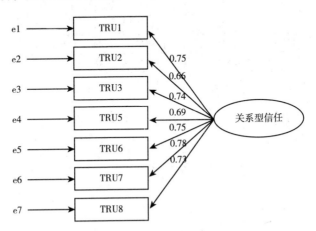

图 6.13　关系型信任测量的确定性因子分析模型

确定性因子分析的信度及效度分析结果如表 6.14 所示。

表 6.14　　　　　　　　　关系型信任测量的信效度分析结果

信度分析：

因子	测量条款	标准化系数（R）	t 值	R^2	建构信度（CR）	AVE
关系型信任	TRU1	0.754	13.713 *	0.568	0.873	0.526
	TRU2	0.657	11.733 *	0.432		
	TRU3	0.742	13.481 *	0.551		
	TRU5	0.687	12.327 *	0.471		
	TRU6	0.747	13.571 *	0.558		
	TRU7	0.779	—— *	0.607		
	TRU8	0.726	13.149 *	0.528		

效度分析（拟合优度指标）：（$\chi^2 = 35.492$，$df = 14$，$p = 0.001$）

χ^2/df	GFI	AGFI	NFI	IFI	CFI	RMSEA
2.535	0.969	0.938	0.965	0.979	0.979	0.070

注：* 代表 P＜0.01；——表示在图中该条款与变量间的系数在非标准化前被设置为 1，则 t 值不存在。

通过以上的确定性因子分析可以得到以下结果：

首先，单个测量项目的信度指标中，TRU2 和 TRU5 的 R^2 值略低于 0.5，分别为 0.432 和 0.471，其余各测量项目的 R^2 值均超过了 0.5。该部分在本研究中属于探索的性质，试图通过本研究发现适合本土文化的信任类型，由此可以认为所有测量项目的单个信度是比较高的。

其次，潜变量的建构信度为 0.873，远大于 0.6 的最低下限，表明测量项目的整体信度及内部一致性均较高。同时潜变量的平均变异抽取量为 0.526，大于 0.5 这个最低下限，表现出较好的聚合效度。

最后，从模型的拟合效果来看，所有的拟合优度指标都非常理想。χ^2/df 的值为 2.535，不仅小于 5 且低于更严格的指标 3；GFI、AGFI、NFI、IFI 和 CFI 的值均远高于 0.9，且非常接近理想指标 1；RMSEA 的值为 0.070，虽大于 0.05 但小于 0.10 的最高上限，因此可以看出测量模型是有效的。

（2）计算型信任的信度和效度分析。

在上一章的探索性因子分析中发现，计算型信任是单维度，经过条款净化后包括五个测量项目。基于这一模式，本章再对计算型信任的测量进行确定性因子分析，分析的模型见图 6.14。

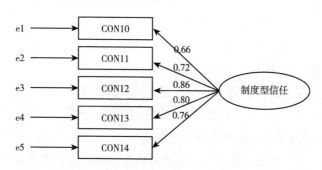

图 6.14　计算型信任测量的确定性因子分析模型

确定性因子分析的信度及效度分析结果如表 6.15 所示。

表 6.15 　　　　　　　　　　计算型信任测量的信效度分析结果

信度分析：

因子	测量条款	标准化系数（R）	t 值	R^2	建构信度（CR）	AVE
计算型信任	CON10	0.657	12.489*	0.432	0.871	0.576
	CON11	0.719	14.035*	0.517		
	CON12	0.859	—*	0.737		
	CON13	0.796	16.070*	0.633		
	CON14	0.763	15.187*	0.581		

效度分析（拟合优度指标）：（$\chi^2 = 14.067$, df = 5, p = 0.015）

χ^2/df	GFI	AGFI	NFI	IFI	CFI	RMSEA
2.813	0.982	0.947	0.981	0.988	0.988	0.076

注：*代表 P<0.01；—表示在图中该条款与变量间的系数在非标准化前被设置为1，则t值不存在。

通过以上的确定性因子分析可以得到以下结果：

首先，单个测量项目的信度指标中，除测量项目 CON10 外，其余各测量项目的 R^2 值均超过 0.5，该部分在本研究中属于探索的性质，其中的部分测量项目是通过访谈产生的，试图通过研究发现适合本土文化的信任类型，由此可以认为所有的测量项目的单个信度是符合要求的。

其次，潜变量的建构信度为 0.871，远大于 0.6 的最低下限，表明测量项目的整体信度及内部一致性均较高。同时潜变量的平均变异抽取量为 0.576，大于最低下限 0.5，也表现出较好的聚合效度。

最后，从模型的拟合效果来看，所有的拟合优度指标都非常理想。χ^2/df 的值为 2.813 不仅小于 5，且低于更严格的指标 3；GFI、AGFI、NFI、IFI 和 CFI 的值均远高于 0.9，且非常接近理想指标 1；RMSEA 的值为 0.076，虽大于 0.05 但小于 0.10 的最高上限，因此可以看出测量模型是有效的。

6.2.4　企业间合作的信度、效度和确定性因子分析

通过上一章的探索性因子分析认为，与供应商的合作是一个二阶因子，分为"计算型合作"和"关系型合作"两个一阶因子。"计算型合作"包括四个测量项目，"关系型合作"包括五个测量项目。本章将基于这一模式与

供应商合作的测量进行确定性因子分析，分析模型见图 6.15。

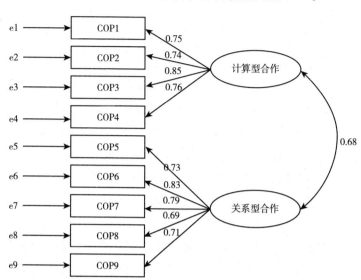

图 6.15　与供应商合作测量的确定性因子分析模型

确定性因子分析的信度及效度分析结果如表 6.16 所示。

表 6.16　　　　　　　　与供应商合作测量的信效度分析结果

信度分析：

因子	测量条款	标准化系数（R）	t 值	R²	建构信度（CR）	AVE
计算型合作	COP1	0.750	13.017*	0.563	0.855	0.599
	COP2	0.742	12.863*	0.550		
	COP3	0.845	14.575*	0.715		
	COP4	0.758	—*	0.575		
关系型合作	COP5	0.730	11.939*	0.532	0.863	0.560
	COP6	0.830	13.400*	0.689		
	COP7	0.787	12.800*	0.619		
	COP8	0.689	11.315*	0.475		
	COP9	0.709	—*	0.503		

效度分析（拟合优度指标）：（$\chi^2 = 90.006$，df = 26，p = 0.000）

χ^2/df	GFI	AGFI	NFI	IFI	CFI	RMSEA
3.462	0.944	0.903	0.938	0.955	0.955	0.088

注：*代表 P < 0.01；—表示在图中该条款与变量间的系数在非标准化前被设置为 1，则 t 值不存在。

通过以上的确定性因子分析可以得到以下结果：

首先，从单个测量项目的信度来看，因子"计算型合作"所包含的四个测量项目的标准化系数均较高，最低的为 0.742，同时 R^2 值也都大于 0.5，该因子所包含的测量项目的单个信度都非常高；在因子"关系型信任"中测量项目 COP8 的 R^2 值为 0.475 略低于 0.5，COP8 的标准化系数为 0.689 也比较高，同时其余四个测量项目的 R^2 都超过了 0.5，因此也可以认为该因子的测量条款的单个测量信度也还是较高的。

其次，两个潜变量的建构信度分别为 0.855 和 0.863，均远大于 0.6 的最低标准，表明各条款的整体信度及内部一致性较高。因子的平均变异抽取量分别为 0.599 和 0.560，也都超过了 0.5 的最低下限，表现出较好的聚合效度。

最后，从模型的拟合效果来看，所有的拟合优度指标都非常理想。χ^2/df 的值为 3.462，虽大于 3 但小于 5 这个最高上限；GFI、AGFI、NFI、IFI 和 CFI 的值均远高于 0.9；RMSEA 值为 0.088，虽然大于 0.05 但小于 0.10 这个最高上限，因此可以看出测量模型是有效的。

6.3 企业特征对信任及合作的影响

在企业选择对供应商的信任程度及合作类型时，企业自身因素也会有一定的影响，这些因素包括企业规模、性质以及所在地区等特点。在以往对企业间信任的研究中，很少涉及将企业自身特征，本研究希望从这一角度可以给管理者一些有针对性的建议。另外针对我国经济转型背景，本书中还把企业股份制改造情况作为影响因素之一，分析其对企业间信任及合作的影响。

6.3.1 企业性质对信任及合作的影响

对于企业的性质，本研究中将其分为 6 类，包括国有企业（含国有控股）、集体企业、民营企业、中外合资企业、外商独资企业和其他类型企业。在分析中首先将样本根据企业的性质分为 6 组，其次采用单因素方差分析方法（one-way ANOVA）进行分析，判断企业性质对其与供应商之间信任及合作的影响是否有显著性差异，结果见表 6.17。

表 6.17 企业性质对信任及合作影响的方差分析表

	Sum of Squares	df	均值差异检验		方差齐性检验	
			F 值	Sig.	Sig	是否齐性
计算型信任	326.126	315	1.784	0.116	0.213	是
关系型信任	234.504	315	1.027	0.402	0.038	否
计算型合作	507.964	315	0.649	0.662	0.312	是
关系型合作	487.069	315	2.934	0.013	0.342	是

注：方差齐性检验的显著性水平为 0.05。

根据方差是否齐性采用不同的分析方法，对于方差为齐性的采用 LSD 法对均值进行两两比较，对于方差为非齐性的采用 Tamhane 法对均值做两两比较。由于两两比较的结果较多，表 6.18 中仅将比较中均值有显著差异的选取出来，表中未出现的即在比较中均值并无显著差异。

表 6.18 针对企业性质两两比较结果

	分析方法	(I) 企业性质	(J) 企业性质	Mean Difference (I－J)	Sig.
计算型信任	LSD	国有（含控股）	中外合资	0.3825 *	0.030
关系型信任	Tamhane	国有（含控股）	中外合资	0.3827 *	0.029
关系型合作	LSD	国有（含控股）	民营	0.5175 *	0.003
		国有（含控股）	中外合资	0.4425 *	0.039
		国有（含控股）	外商独资	0.7563 *	0.005

注：* 表示 P < 0.05。

从表 6.17 可以看出，在置信度为 95% 的水平下，企业性质对计算型信任、关系型信任以及计算型合作的影响均无显著差异，而对关系型合作的影响有显著差异。

表 6.18 是两两比较的结果，其中对于计算型合作而言，两两比较均无明显差异；对计算型信任而言，国有企业与中外合资企业之间有显著差异；对于关系型信任而言，也是在国有企业与中外合资企业之间有显著差异。对于关系型合作而言，国有企业与民营、中外合资、外商独资企业之间均存在显

著差异，这也说明国有企业更注重关系型合作，在本书中曾反复强调中国是一个"人情"社会，这一点在国有企业中得到更多的体现，在国有企业中更强调人际关系、纽带关系，更倾向与企业合作多年或存在既有关系的供应商进行合作；而对于民营、中外合资及外商独资企业来说，可能这方面的考虑较少，主要是从自身利益出发，选择可以使企业获得更多利润的供应商，而对于既有关系、交情等考虑较少。

为了对不同性质企业的信任及合作有一个更清晰的了解，将不同企业性质的样本进行分组，并将其均值做成图 6.16 及图 6.17 进行比较。从表 6.17 的均值分析看到，只有关系型合作的均值有明显差异，这也和两两分析中的结果一致，对关系型合作而言，国有企业与民营、中外合资、外商独资的均值都有显著差异。从图中可以看出，对于关系型合作而言，样本均值的跨度最大，最低的为外商独资企业 3.815，最高的为国有企业 4.571。对于计算型信任、关系型信任以及计算型合作而言，样本均值并无明显差异。计算型信任中最高的为集体企业 4.850，与民营企业及国有企业均相差无几；关系型信任中最高的为国有企业 4.858，最低的为中外合资企业 4.529，差异不大；计算型合作中均值最高的依然为国有企业 4.306，最低的为民营企业 3.825。由此也可以认为，国有企业相比民营、集体企业而言，更容易和供应商建立信任并形成伙伴关系；而民营、集体企业又比中外合资、外商独资企业更容易相信供应商并建立伙伴关系。

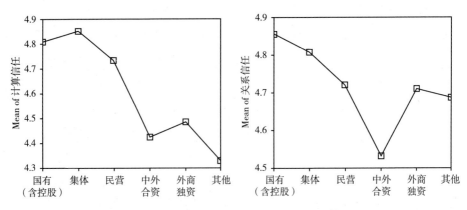

图 6.16　不同性质企业中信任的均值比较

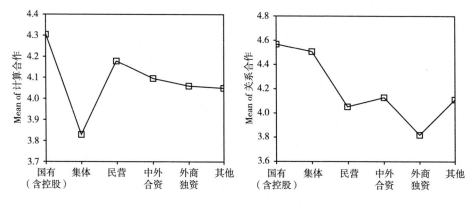

图 6.17 不同性质企业中合作的均值比较

　　另一方面，通过对图中数据的分析可以发现，对于合作而言，国有企业以及集体企业更注重关系型合作，而中外合资企业与外商独资企业则注重计算型合作。这一现象也可以部分的说明东西方文化的不同，在国有企业以及集体企业中往往是完全的东方文化，更注重人情、关系；而在中外合资以及外商独资企业中会有西方文化的带入，西方文化中社会应是"契约型"的，因此更注重利益的得失，在合作中亦更看重能力、契约以及控制等方面。

6.3.2 企业股份制改造对信任及合作的影响

　　针对我国转型期这一背景，企业的股份制改造会对企业的文化、观念等环节有很大的影响，因此在问卷中对企业是否进行股份制改造和改造时间进行了解，以试图发现股份制改造对于企业间信任及合作有无显著影响。

　　将样本针对是否进行股份制改造分为两类："0"代表"是"；"1"代表"否"。由于样本只有两组，采用独立样本 T 检验，判断企业股份制改造对信任及合作的影响是否有显著性差异，分析结果见表 6.19。

表 6.19 股份制改造对信任及合作影响的方差分析表

	股份制	样本数	Mean	方差齐性检验			均值差异检验
				F 值	Sig	Sig.	Mean Difference（是－否）
计算型信任	是	172	4.7105	4.492	0.035	0.467	0.0827
	否	144	4.6278				
关系型信任	是	172	4.7658	3.547	0.061	0.563	0.0565
	否	144	4.7093				
计算型合作	是	172	4.3067	0.848	0.358	0.034	0.3032
	否	144	4.0035				
关系型合作	是	172	4.1500	0.334	0.564	0.183	－0.1872
	否	144	4.3372				

注：方差齐性检验的显著性水平为 0.05。

从表中可以看出，股份制改造前后对计算型信任、关系型信任及关系型合作均无明显影响，但在计算型合作上，股份制改造对其影响有显著差异。均值的差异值为 0.3023 > 0，这说明经过股份制改造的企业更倾向于计算型合作，企业在进行股份制改造后，整体观念发生变化，从原来的倾向于"关系"转向倾向于"能力"，企业变得更加理性思考合作伙伴关系。

6.3.3 企业规模对信任及合作的影响

企业规模可以认为是衡量企业能力的一部分，企业规模大小会影响到企业在供应链伙伴关系中的地位，企业规模越大，则企业在与供应商的伙伴关系中越处于优势地位。由此可以认为，企业规模会影响信任及合作水平。

在本书中对于规模测量采用 7 级量表，依次为"非常小→非常大"，4 则代表"中等"企业。在以下分析中，根据企业规模的得分值将企业划分为两组，以 4 为分界点分为"中等以上（> ＝4）"及"中等以下（<4）"。由于样本只有两组，采用独立样本 T 检验，判断企业规模对信任及合作的影响是否有显著差异，分析结果见表 6.20。

表 6. 20   企业规模对信任及合作影响的方差分析表

	规模	样本数	Mean	方差齐性检验			均值差异检验
				F 值	Sig	Sig.	Mean Difference（中等以上 – 中等以下）
计算型信任	中等以上	248	4. 7282	0. 791	0. 375	0. 064	0. 2576
	中等以下	68	4. 4706				
关系型信任	中等以上	248	4. 7978	3. 482	0. 063	0. 023	0. 2684
	中等以下	68	4. 5294				
计算型合作	中等以上	248	4. 1774	0. 554	0. 457	0. 812	0. 0414
	中等以下	68	4. 1360				
关系型合作	中等以上	248	4. 2935	0. 446	0. 505	0. 256	0. 1935
	中等以下	68	4. 1000				

注：方差齐性检验的显著性水平为 0. 05。

从表 6. 20 中可以看出，企业规模对计算型信任、计算型合作及关系型合作的影响无显著差异，但是对关系型信任的影响有显著差异。中等规模以上的企业更容易和供应商建立关系型信任，这与企业在与供应商关系中的地位有关。若企业规模较大，则在与供应商的关系中处于相对优势的地位，容易与供应商维持更长时间的合作，这也会有利于建立基于了解及情感基础上的关系型信任；另一方面，规模较大的企业会更注重长远发展，有时宁愿损失短期的利益，也会增加利他行为，这些因素也都有利于关系型信任的建立。因此，企业与供应商建立何种类型的信任，不仅和供应商的规模、能力有关，同时和企业自身的规模也有关系。

6. 3. 4   企业所在地区对信任及合作的影响

中国企业家调查系统通过问卷调查发现，不同地区的整体信任度有所不同，同时企业的信用也会依地区差异而有所不同（中国企业家调查系统，2002）。由此可以认为，企业所在地区对企业间信任的建立会有不同的影响。本书中的样本涉及河北、天津、浙江和北京四个省市，因此样本按区域分为四组。在分析中首先采取单因素方差分析，判断企业所在地区对信任及合作的影响是否为方差齐性；其次，对于方差为齐性的，采用 LSD 法进行两两均值比较，对于方差为非齐性的，采用 Tamhane 法两两比较，分析结果见表6.21 和表6.22。

表 6.21   企业所在地区对信任及合作影响的方差分析表

	Sum of Squares	df	均值差异检验		方差齐性检验	
			F 值	Sig	Sig.	是否齐性
计算型信任	326.126	315	1.915	0.127	0.000	否
关系型信任	234.504	315	3.214	0.023	0.411	是
计算型合作	507.964	315	2.673	0.047	0.000	否
关系型合作	487.069	315	2.373	0.070	0.528	是

注：方差齐性检验的显著性水平为0.05。

由于 LSD 法及 Tamhane 法对均值的检验是两两比较，因此结果较多，表6.22 仅将两两比较中均值有显著差异的选取出来，表中未出现的即为两两比较中均值无显著差异。

表 6.22   针对企业性质两两比较结果

	分析方法	（I）地区	（J）地区	Mean Difference（I-J）	Sig.
计算型信任	Tamhane	河北	浙江	-0.2945*	0.038
		天津	浙江	-0.4210*	0.020
关系型信任	LSD	河北	天津	0.2547*	0.041
		河北	浙江	0.3792*	0.005
计算型合作	Tamhane	河北	浙江	-0.4906*	0.031
关系型合作	LSD	河北	天津	0.3780*	0.036
		天津	浙江	-0.5401*	0.015

注：*表示 $P<0.05$。

从表6.21 可以看出，在置信度为95%的水平下，不同地区的企业在计算型信任和关系型合作上无显著差异，而对关系型信任及计算型合作来说，企业所在地区的影响有显著差异。

表6.22 是两两比较的结果，对于计算型信任而言，河北、天津与浙江之间差异明显，且浙江更倾向于计算型信任，其计算型信任的均值明显高

于河北和天津；对于关系型信任而言，河北与浙江、天津之间差异明显，且河北的关系型信任明显高于浙江与天津。综合来说，河北更倾向于关系型信任，而浙江更倾向于计算型信任，天津处于两省市之间。笔者认为这也可以反映出各省市的经济水平，浙江的经济发展明显优于河北，在浙江由产业集群为主的块状经济向品牌经济发展的过程中，企业逐渐将纽带关系减弱，更注重与能力强、利于长远发展的供应商建立关系。而河北企业还处于浙江发展的前期阶段，比较注重既有关系，以选择比较熟悉或有人情关系的供应商为主。

对于计算型合作而言，河北与浙江有明显差异，河北的计算型合作水平明显低于浙江；对于关系型合作而言，河北、浙江与天津有明显差异，天津的关系型合作明显的低于河北和浙江。综合来说，合作的类型与信任的类型也是相关的，河北企业寻找供应商时比较看重人情关系，这也使得双方一般是比较熟悉的企业，因此容易建立关系型合作。而浙江企业比较注重计算型信任，比较看重供应商能力及长远发展的益处，对双方的交往或关系注重较少，因此浙江企业更容易建立以计算为基础的合作。另一方面，虽然相比关系型合作而言，浙江企业更注重计算型合作，但总体来说，无论是哪一种合作水平浙江都是最高的。这也正是浙江企业走品牌化道路的体现，只有更多的进行合作，吸引其他企业的优势资源才能使企业成长的更快。

为了对不同地区企业的信任及合作有一个更清晰的了解，将不同地区的样本进行分组，并将其均值做成图6.18和图6.19进行比较。从图中可以看出，各个地区的文化特点对信任及合作有不同的影响，对于信任而言，很明显浙江企业看重计算型信任，河北企业则看重关系型信任；对于合作而言，无论是计算型合作还是关系型合作，浙江的水平都是最高的。由此可以认为，一个地区的经济发展与信任及合作水平有着不可分割的联系，首先在中国从"人情"社会向"契约"社会的转化中，信任也要随之发生一定程度的变化；其次，市场竞争要求企业要想发展壮大，要想取得成功，就必须与其他企业合作，只有战略联盟的成功、供应链的成功才能给企业带来长远的发展。

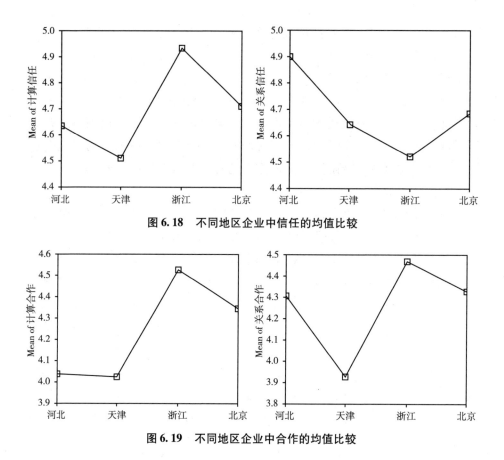

图 6.18　不同地区企业中信任的均值比较

图 6.19　不同地区企业中合作的均值比较

6.4　信任的中介作用验证

本书认为信任是合作产生的润滑剂,将"关系型信任"和"计算型信任"做为模型的中介变量。对于中介变量角色的验证,借鉴巴隆和肯尼(Baron & Kenny,1986),陈等(Chen,Aryee & Lee,2005)以及周明建(2005)的研究中所采用的指标:①自变量与中介变量相关;②自变量与因变量相关;③中介变量与因变量相关;④当中介变量被作为控制变量时,自变量对因变量没有影响或者只有很小的影响。若将中介变量作为控制变量后,自变量对因变量变得没有影响,则该中介变量为全部中介;若自变量与因变量仍相关，只是相关明显降低时，则该中介变量为部分中介。接下来笔者将按照这四个指标依次进行检验。

（1）自变量与中介变量相关。

首先，不考虑因变量，仅将自变量与中介变量之间的关系进行分析。采用各潜变量间的 Pearson 相关系数，对自变量与中介变量的相关性进行验证。各潜变量的值通过将该变量的所有测量条款加权平均获得，权重系数为确定性因子分析中各测量项目的标准化系数，分析结果见表 6.23。

表 6.23　　　　　　　　　　自变量与中介变量相关分析结果

对应假设	自变量	中介变量	相关系数
H1a	供应商声誉	计算型信任	0.042
H1b		关系型信任	0.593 **
H2a	供应商能力	计算型信任	0.126 *
H2b		关系型信任	0.447 **
H3a	供应商产品重要性	计算型信任	0.257 **
H3b		关系型信任	0.247 **
H5a	与供应商交往经验	计算型信任	0.640 **
H5b		关系型信任	0.525 **
H6a	与供应商沟通	计算型信任	0.161 **
H6b		关系型信任	0.637 **
H7a	对供应商的依赖	计算型信任	0.171 **
H7b		关系型信任	0.058
H8a	感知到的供应商的依赖	计算型信任	0.201 **
H8b		关系型信任	0.045
H4a	对供应商人员的信任	计算型信任	0.116 *
H4b		关系型信任	0.682 **

注：** 表示 P<0.01；* 表示 P<0.05。

其次，本节中只是为了检验中介变量的合理性，与将整个模型进行检验有所不同，对相关性的检验并不能说明假设的正确与否，因为当把所有关系都综合考虑时，变量间的相互影响作用也许会改变测量的结果。因此，针对假设的检验将在下一节中采用结构方程来进行。

从以上分析结果可以看到，自变量与中介变量之间大部分是显著相关的，且显著性水平大多在0.01 以上。其中对于"计算型信任"这一中介变量而言，只有一个自变量"供应商的声誉"与之并无明显相关;对于"关系型信任"这一中介变量而言,"对供应商的依赖"和"感知到的供应商的依赖"与之无显著相关。但是综合其他自变量与中介变量的显著关系而言,将"计算型信任"和"关系型信任"两变量作为中介变量,可以满足自变量与中介变量相关这一要求。

(2) 自变量与因变量相关。

首先,本部分分析不考虑中介变量,分析自变量与因变量之间的关系,采用各潜变量间的 Pearson 相关系数,对自变量与因变量的相关性进行验证。各潜变量的值通过将该变量的所有测量条款加权平均获得,权重系数为确定性因子分析中各测量项目的标准化系数,分析结果见表6.24。

表 6.24　　　　　　　　　　　自变量与因变量相关分析结果

自变量	因变量	相关系数
供应商声誉	计算型合作	0.344 **
	关系型合作	0.377 **
供应商能力	计算型合作	0.315 **
	关系型合作	0.199 **
供应商产品重要性	计算型合作	0.359 **
	关系型合作	0.184 **
与供应商交往经验	计算型合作	0.400 **
	关系型合作	0.414 **
与供应商沟通	计算型合作	0.357 **
	关系型合作	0.364 **
对供应商的依赖	计算型合作	0.325 **
	关系型合作	0.357 **
感知到的供应商的依赖	计算型合作	0.256 **
	关系型合作	0.307 **
对供应商人员的信任	计算型合作	0.217 **
	关系型合作	0.223 **

注:** 表示 $P < 0.01$;* 表示 $P < 0.05$。

其次,本节中只是为了检验中介变量的合理性,与将整个模型进行检验有所不同,本节中自变量与因变量的相关系数,与所有关系综合考虑相比,自变量对因变量的影响会有所不同。因此,所有自变量对因变量的综合影响将在下一节采用结构方程来分析。

从以上分析结果可以看到，自变量与因变量之间均为显著相关，且显著性水平均在 0.01 以上，这一部分在检验中介变量的同时，也验证了自变量选择的正确性。

（3）中介变量与因变量相关。

本部分分析不考虑自变量，仅分析中介变量与因变量间的相关关系，在分析中介变量与因变量关系的同时，将中介变量间的关系以及因变量间的关系同时进行分析。在检验中介变量合理性的同时，也可以对中介变量及因变量的维度划分进行初步的模型验证，分析模型见图 6.20。

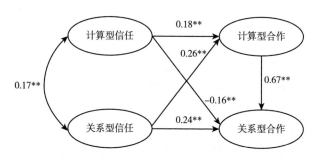

图 6.20 中介变量与因变量的关系模型

注：** 表示 P < 0.01。

模型分析的结果如表 6.25 所示。

表 6.25 中介变量与因变模型的拟合度分析结果

χ^2/df	GFI	AGFI	NFI	IFI	CFI	RMSEA
2.198	0.908	0.878	0.905	0.946	0.945	0.062

图 6.20 中的路径系数即为变量间的相关系数或回归系数，双向箭头表示相关，其路径上的系数为相关系数；单向指向箭头表示回归，其路径上的系数为回归系数，回归系数的显著性同时可以证明此两项变量的相关性。从图上的路径系数可以得知，中介变量与因变量均相关，也可以进一步验证中介变量的合理性。

另一方面，此中介变量与因变量的模型也是对理论模型的初步验证，从模型的拟合度来看，χ^2/df 的值为 2.198，不仅小于最高上限 5，且小于更严

格的指标3；GFI、NFI、IFI 和 CFI 的值均远高于0.9；AGFI 为0.878，虽略
小于0.9，但远高于最低下限0.8；RMSEA 值为0.062，虽然略大于0.05，
但小于最高上限0.10。因此该模型也被认为是有效的，也对假设 H10 及假设
H11 进行了初步验证。当然，需要注意的是，本模型只是整体模型中的一部
分，把自变量考虑进来后，模型的结果会有不同变化。在下一节的分析中，
在将自变量同时加入模型时，也需要对中介变量及因变量的维度进行确定性
因子分析，以确定两维度的适合性。

（4）中介变量作为控制变量。

本部分将"计算型信任"和"关系型信任"作为控制变量，对自变量与
因变量之间的关系进行偏相关分析，分析方法是通过采用各潜变量间的偏相
关系数，对自变量与因变量的相关性进行验证。各潜变量的值通过将该变量
的所有测量条款加权平均获得，权重系数为确定性因子分析中各测量项目的
标准化系数，分析结果见表6.26。

表6.26　　　　中介变量作为控制变量后自变量与因变量相关分析结果

控制变量	自变量	因变量	相关系数
计算型信任 关系型信任	供应商声誉	计算型合作	0.245 **
		关系型合作	0.225 **
	供应商能力	计算型合作	0.208 **
		关系型合作	0.047
	供应商产品重要性	计算型合作	0.271 **
		关系型合作	0.098
	与供应商交往经验	计算型合作	0.319 **
		关系型合作	0.288 **
	与供应商沟通	计算型合作	0.222 **
		关系型合作	0.189 **
	对供应商的依赖	计算型合作	0.296 **
		关系型合作	0.357 **
	感知到的供应商的依赖	计算型合作	0.218 **
		关系型合作	0.309 **
	对供应商人员的信任	计算型合作	0.027
		关系型合作	−0.027

注：** 表示 P<0.01；* 表示 P<0.05。

从以上的分析结果可以看到，对中介变量"计算型信任"和"关系型信任"的影响进行控制后，绝大部分自变量与因变量之间相关系数均明显降低，甚至部分自变量与因变量间的关系变得不再显著。为了更清楚地将中介变量加入后的影响进行分析，将"计算型信任"和"关系型信任"作为控制变量前后的影响放入到同一表格，详细分析结果见表6.27。

表6.27 中介变量作为控制变量前后自变量与因变量相关分析结果

控制变量	自变量	因变量	相关系数（中介变量作为控制变量前）	相关系数（中介变量作为控制变量后）
计算型信任 关系型信任	供应商声誉	计算型合作	0.344 **	0.245 **
		关系型合作	0.377 **	0.225 **
	供应商能力	计算型合作	0.315 **	0.208 **
		关系型合作	0.199 **	0.047
	供应商产品重要性	计算型合作	0.359 **	0.271 **
		关系型合作	0.184 **	0.098
	与供应商交往经验	计算型合作	0.400 **	0.319 **
		关系型合作	0.414 **	0.288 **
	与供应商沟通	计算型合作	0.357 **	0.222 **
		关系型合作	0.364 **	0.189 **
	对供应商的依赖	计算型合作	0.325 **	0.296 **
		关系型合作	0.357 **	0.357 **
	感知到的供应商的依赖	计算型合作	0.256 **	0.218 **
		关系型合作	0.307 **	0.309 **
	对供应商人员的信任	计算型合作	0.217 **	0.027
		关系型合作	0.223 **	− 0.027

注：** 表示 $P < 0.01$；* 表示 $P < 0.05$。

通过对表6.27的分析可以得到以下结果：

首先，在将"计算型信任"和"关系型信任"作为控制变量加入后，自变量"供应商能力"和"供应商产品重要性"与因变量"关系型合作"的相关关系变为不显著；自变量"对供应商人员的信任"与两个因变量"计算型合作"和"关系型合作"的相关关系均变为不显著。因此，针对自变量

"对供应商人员的信任"这一变项，中介变量为完全中介；针对自变量"供应商能力"和"供应商产品重要性"与因变量"关系型合作"，中介变量为完全中介。

其次，对于其余大部分自变量与因变量的关系来说，相关关系均明显降低，除自变量"对供应商的依赖"与"感知到的供应商的依赖"两项与因变量"关系型合作"的相关关系并无明显变化外，在其余各自变量与因变量的关系中"计算型信任"和"关系型信任"为部分中介。

（5）"计算型信任"和"关系型信任"作为中介变量的总结。

首先，针对条件一即自变量与中介变量相关，在所有的相关关系中对于"计算型信任"这一中介变量而言，只有"供应商的声誉"这一自变量与之无明显相关；对于"关系型信任"这一中介变量而言，"对供应商的依赖"和"感知到的供应商的依赖"与之无显著相关。没有自变量与两项中介变量同时不相关，因此条件一被认为是可以达到的。

其次，针对条件二即自变量与因变量相关，分析显示所有自变量均与因变量显著相关，这一条件完全达到。

再次，针对条件三即中介变量与因变量相关，从模型中路径系数及模型的拟合度等指标来看，均达到这一条件的要求。

最后，针对条件四即中介变量作为控制变量后，自变量与因变量间相关关系变明显化。分析显示，针对自变量"对供应商人员的信任""供应商能力"和"供应商产品重要性"与因变量"关系型合作"，中介变量为完全中介；针对"对供应商的依赖"、"感知到的供应商的依赖"与因变量"关系型合作"的关系，该中介变量是不合适的；针对其余所有自变量与因变量之间的关系，中介变量为部分中介。因此，在绝大部分的自变量与因变量的关系中，该中介变量是合适的。

综上所述，可以认为将"计算型信任"和"关系型信任"作为中介变量是合适的。

6.5　信任模型的确定性因子分析

本书理论模型中，信任划分为两维度且在模型中为两个因子，合作划分为两维度且在模型中作为两个因子。在本节的确定性因子分析中，将对模型中是否应将信任及合作作为双因子进行验证①。

首先，对"计算型信任"与"关系型信任"应作为双因子还是合并为单因子进行验证；其次，对"计算型合作"与"关系型合作"是应作为双因子还是合并为单因子进行验证；最后，将因子合并前后的模型拟合度进行比较，以判断出本研究模型中的因子数目是否最佳。

具体分析结果见表 6.28，表中共将四种模型进行比较，其一为将信任和合作同时作为单因子的模型；其二将信任合并为单因子，但是合作仍作为双因子；其三将合作合并为单因子，但是仍将信任作为双因子；其四将信任与合作均作为双因子，也就是本书的理论模型。

表 6.28　　　　　　　　　　确定性因子分析结果

模　　型	χ^2/df	GFI	AGFI	NFI	IFI	CFI	RMSEA
信任、合作均作为单因子模型[a]	5.452	0.702	0.601	0.701	0.741	0.738	0.119
信任作为单因子模型[b]	4.811	0.750	0.651	0.746	0.788	0.784	0.110
合作作为单因子模型[c]	3.205	0.826	0.758	0.830	0.877	0.875	0.084
信任、合作均作为双因子模型[d]	2.391	0.883	0.831	0.879	0.926	0.924	0.066

注：[a]表示将"计算型信任"与"关系型信任"合并为单因子，同时将"计算型合作"与"关系型合作"合并为单因子；

[b]表示将"计算型信任"与"关系型信任"合并为单因子，合作仍作为双因子；

[c]表示将"计算型合作"与"关系型合作"合并为单因子，信任仍作为双因子；

[d]本书中的理论模型。

从表 6.28 中可以看到，本书中的理论模型，即将信任与合作均作为双因子的模型，其中各项指标均优于其他模型。在该模型中，χ^2/df 和 RMSEA 的值均小于其他模型，同时 GFI、AGFI、NFI、IFI 和 CFI 的值远高于其他模型，因此可以认为模型中信任、合作作为双因子是优于单因子的。

---

① 在本节的确定性因子分析中，仅对潜变量中为多维度且在模型中做为多因子的变量进行确定性因子分析，由于前因部分并无同一潜变量作为多因子的情况，因此在比较模型中仅在中介变量与因变量部分有所变化，自变量的因子个数均相同。

6.6　信任模型检验：结构方程模型分析

本研究中将信任作为中介变量的有效性已经进行了验证，由此可以认为，信任作为中介变量的间接模型是适合的。因此在本节中对信任作为中介变量的理论模型进行详细分析。

6.6.1　原始理论模型分析

首先对研究中的原始理论模型进行检验，分析结果如表 6.29、图 6.21 所示。

表 6.29　　　　　　　　　　　　理论模型分析结果

变量间关系	标准化路径系数	是否支持假设
因变量间的影响		
计算型合作→关系型合作	0.721 **	
中介变量对因变量的影响		
计算型信任→计算型合作	0.263 **	H10：部分支持
计算型信任→关系型合作	− 0.187 **	
关系型信任→计算型合作	0.293 **	H11：支持
关系型信任→关系型合作	0.101 **	
中介变量间的影响		
计算型信任→关系型信任	0.090 **	H9：支持
自变量对中介变量的影响		
供应商声誉→计算型信任	− 0.129	H1a：不支持
供应商声誉→关系型信任	0.309 **	H1b：支持
供应商能力→计算型信任	0.053	H2a：不支持
供应商能力→关系型信任	− 0.078	H2b：不支持
供应商产品重要性→计算型信任	0.291 **	H3a：支持
供应商产品重要性→关系型信任	0.068	H3b：不支持

续表

变量间关系	标准化路径系数	是否支持假设
与供应商的交往经验→计算型信任	0.140 **	H5a：支持
与供应商的交往经验→关系型信任	0.070	H5b：不支持
与供应商的沟通→计算型信任	0.142 **	H6a：支持
与供应商的沟通→关系型信任	0.202 **	H6b：支持
对供应商的依赖性→计算型信任	0.003	H7a：不支持
对供应商的依赖性→关系型信任	− 0.126 **	H7b：支持
供应商对企业的依赖性→计算型信任	0.176 **	H8a：支持
供应商对企业的依赖性→关系型信任	− 0.076 **	H8b：不支持
对供应商人员的信任→计算型信任	0.024	H4a：不支持
对供应商人员的信任→关系型信任	0.435 **	H4b：支持
拟合优度指标	$\chi^2/df = 2.901$；RMSEA = 0.078； GFI = 0.855；AGFI = 0.802； CFI = 0.886；IFI = 0.888	

注：** 表示 P < 0.05。

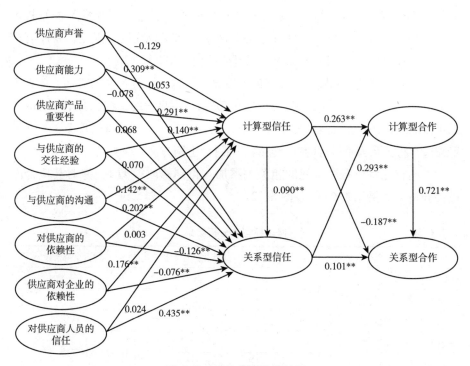

图 6.21　理论模型分析结果

从表 6.29 中可以看到，并未能使所有的拟合优度指标达到标准，其中 χ^2/df 为 2.901，已小于 5 这个最高上限，且小于更严格的指标 3；RMSEA 的值为 0.078，虽大于 0.05，但小于最高上限 0.10；此两项指标已达到标准。但是其余的拟合优度指标 GFI 为 0.855、CFI 为 0.886、IFI 为 0.888，均在 0.9 以下但亦接近 0.9，说明理论还需进一步的修改。从模型的拟合结果分析，导致拟合优度较低的原因可能包括以下几方面：①模型中考虑的关系有些并不显著，不显著关系的存在会影响模型拟合度；②对于一些变量间的关系并未考虑进来，而恰恰在未考虑的关系中有些是显著的，因此未考虑进来的关系也会影响模型拟合度；③样本量的大小会对模型拟合结果有影响。

6.6.2　模型的完善与分析

针对模型的进一步完善，将通过以下两个步骤来进行修改：

第一步，增添新的变量间关系。在理论模型中所考虑的路径关系为"自变量→中介变量→因变量"，在其中并未考虑"自变量→因变量"的直接影响，模型中可能由于缺少一些显著关系而影响到拟合优度。因此，将原有模型中未考虑到的变量间关系加入，得到修改模型 1。

第二步，将变量间关系不显著的予以删除。这一过程包括两方面：①在自变量与中介变量的关系中发现，有些回归关系是不显著的，将所有不显著的关系予以删除；②在新加入的变量关系中，也会出现一些不显著的现象，再次进行筛选，将关系为不显著的进行删除。通过以上两方面修改得到修改模型 2。

下面首先将所有变量间的相关关系加入得到修改模型 1，并对其拟合度进行分析，结果见表 6.30 及图 6.22。

表 6.30　　　　　　　　　　　修改模型 1 分析结果

变量间关系	标准化路径系数	是否支持假设
因变量间的影响		
计算型合作→关系型合作	0.575 **	
中介变量对因变量的影响		
计算型信任→计算型合作	0.142 **	H10：部分支持
计算型信任→关系型合作	− 0.162 **	

续表

变量间关系	标准化路径系数	是否支持假设
关系型信任→计算型合作	0.183 **	H11：支持
关系型信任→关系型合作	0.317 **	
中介变量间的影响		
计算型信任→关系型信任	0.098 **	H9：支持
自变量对中介变量的影响		
供应商声誉→计算型信任	− 0.125	H1a：不支持
供应商声誉→关系型信任	0.299 **	H1b：支持
供应商能力→计算型信任	0.044	H2a：不支持
供应商能力→关系型信任	− 0.072	H2b：不支持
供应商产品重要性→计算型信任	0.285 **	H3a：支持
供应商产品重要性→关系型信任	0.065	H3b：不支持
与供应商的交往经验→计算型信任	0.146 **	H5a：支持
与供应商的交往经验→关系型信任	0.058	H5b：不支持
与供应商的沟通→计算型信任	0.140 **	H6a：支持
与供应商的沟通→关系型信任	0.202 **	H6b：支持
对供应商的依赖性→计算型信任	0.001	H7a：不支持
对供应商的依赖性→关系型信任	− 0.142 **	H7b：支持
供应商对企业的依赖性→计算型信任	0.176 **	H8a：支持
供应商对企业的依赖性→关系型信任	− 0.088 **	H8b：不支持
对供应商人员的信任→计算型信任	0.031	H4a：不支持
对供应商人员的信任→关系型信任	0.449 **	H4b：支持
自变量对因变量的影响		
供应商声誉→计算型合作	0.082	
供应商声誉→关系型合作	0.199 **	

续表

变量间关系	标准化路径系数	是否支持假设
供应商能力→计算型合作	0.061	
供应商能力→关系型合作	−0.214**	
供应商产品重要性→计算型合作	0.124**	
供应商产品重要性→关系型合作	−0.129**	
与供应商的交往经验→计算型合作	0.239**	
与供应商的交往经验→关系型合作	0.116	
与供应商的沟通→计算型合作	0.057	
与供应商的沟通→关系型合作	−0.070	
对供应商的依赖性→计算型合作	0.235**	
对供应商的依赖性→关系型合作	0.082	
供应商对企业的依赖性→计算型合作	0.148**	
供应商对企业的依赖性→关系型合作	0.197**	
对供应商人员的信任→计算型合作	0.209**	
对供应商人员的信任→关系型合作	0.200**	
拟合优度指标	$\chi^2/df = 2.425$；RMSEA $= 0.067$； GFI $= 0.869$；AGFI $= 0.817$； CFI $= 0.905$；IFI $= 0.907$	

注：** 表示 $P < 0.05$。

从表 6.30 中可以看到，在将模型进行第一步的修改后，所有指标的拟合优度均有一定程度的上升，其中 χ^2/df 为 2.425，小于最高上限 5，且小于更严格的指标 3；RMSEA 的值为 0.067，虽大于 0.05，但小于最高上限 0.10；这两项指标不仅已达到标准，且拟合度进一步提升。其余的拟合优度指标 GFI 为 0.869、CFI 为 0.905、IFI 为 0.907，虽然 GFI 还没有达到 0.9 的标准，但 CFI、IFI 均明显提高并超过最高低标准 0.9，而且 GFI 较原模型有一定程度的提高，说明修改模型 1 的整体拟合优度较原模型有所提高。

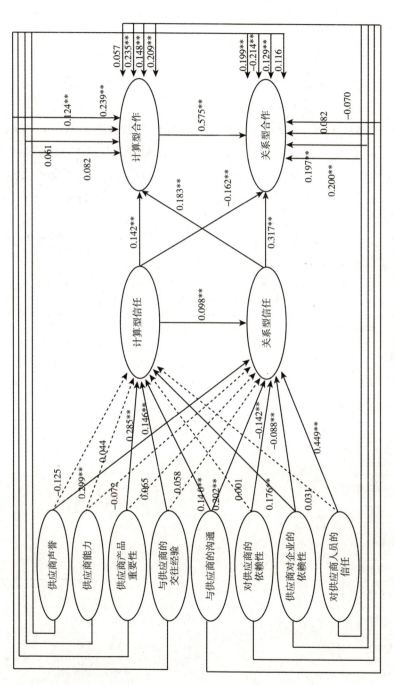

图 6.22 修改模型 1 分析结果

由于部分拟合优度指标还示完全达到标准，对修改模型 1 进行第二步的修改，将模型 1 中不显著的关系全部删除，将修改模型 2 的拟合度及详细分析结果总结至 6.31。可以看到，在将模型进行第二步的修改后，所有指标的拟合度均有进一步的提升，其中 χ^2/df 为 2.283，已小于最高上限 5，且小于更严格的指标 3；RMSEA 的值为 0.064，虽大于 0.05，但小于最高上限 0.10；这两项指标不仅已达到标准，且较修改模型 1 拟合度进一步提升。其余的拟合优度指标 GFI 为 0.881、CFI 为 0.926、IFI 为 0.927，虽然 GFI 还没有达到 0.9 的标准，但较修改模型 1 有一定程度的提高，同时 CFI、IFI 在超过 0.9 的最低标准的基础上又有一定程度的提高，说明修改模型 2 的整体拟合优度较修改模型 1 又有所提高，将表 6.31 中所有显著的变量关系总结到图 6.23，得到本研究的最佳模型。

表 6.31 修改模型 2 分析结果

变量间关系	标准化路径系数	是否支持假设
因变量间的影响		
计算型合作→关系型合作	0.605**	
中介变量对因变量的影响		
计算型信任→计算型合作	0.196**	H10：部分支持
计算型信任→关系型合作	− 0.192**	
关系型信任→计算型合作	0.239**	H11：支持
关系型信任→关系型合作	0.281**	
中介变量间的影响		
计算型信任→关系型信任	0.106**	H9：支持
自变量对中介变量的影响		
供应商声誉→关系型信任	0.294**	H1b：支持
供应商产品重要性→计算型信任	0.297**	H3a：支持
与供应商的交往经验→计算型信任	0.181**	H5a：支持

续表

变量间关系	标准化路径系数	是否支持假设
与供应商的沟通→计算型信任	0.125 **	H6a：支持
与供应商的沟通→关系型信任	0.212 **	H6b：支持
对供应商的依赖性→关系型信任	− 0.127 **	H7a：不支持
供应商对企业的依赖性→计算型信任	0.191 **	H7b：支持
供应商对企业的依赖性→关系型信任	− 0.090 **	H8a：支持
对供应商人员的信任→关系型信任	0.460 **	H8b：不支持
自变量对因变量的影响		
供应商声誉→关系型合作	0.240 **	
供应商能力→关系型合作	− 0.252 **	
供应商产品重要性→计算型合作	0.112	
供应商产品重要性→关系型合作	− 0.080	
与供应商的交往经验→计算型合作	0.316 **	
对供应商的依赖性→计算型合作	0.276 **	
供应商对企业的依赖性→计算型合作	0.131 **	
供应商对企业的依赖性→关系型合作	0.197 **	
对供应商人员的信任→计算型合作	0.239 **	
对供应商人员的信任→关系型合作	0.165 **	
变异解释比例 R^2		
拟合优度指标	$\chi^2/df = 2.283$；RMSEA = 0.064； GFI = 0.881；AGFI = 0.837； CFI = 0.926；IFI = 0.927	

注： ** 表示 $P < 0.05$。

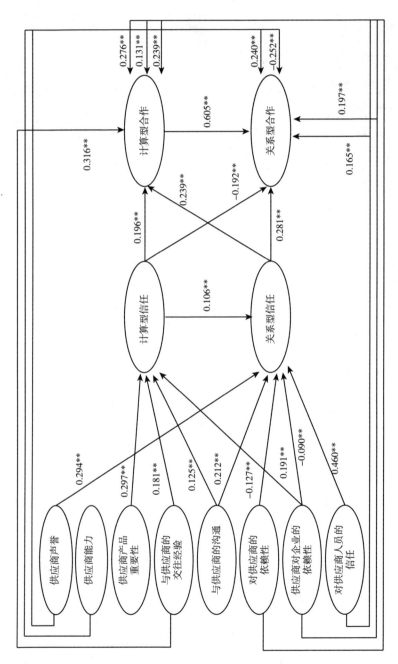

图 6.23 修改模型 2 分析结果

6.6.3 结果比较

为了便于比较和研究，笔者将原始理论模型与修改后的两个模型的分析结果总结到一张总表中，如表 6.32 所示。

表 6.32   原模型与修改模型拟合度比较

模　　型	χ^2/df	GFI	AGFI	IFI	CFI	RMSEA
原始理论模型	2.901	0.855	0.802	0.888	0.886	0.078
修改模型 1	2.425	0.869	0.817	0.907	0.905	0.067
修改模型 2	2.283	0.881	0.837	0.927	0.926	0.064

从表中可以看到，修改模型 2 的各项指标均优于其他两个模型，因此修改模型 2 为最佳匹配模型。

接下来，在模型拟合良好的同时，对自变量对中介变量的直接影响、间接影响及总体影响进行总结[①]，如表 6.33 所示。

表 6.33   信任的前因对信任的直接影响与间接影响

自变量	计算型信任			关系型信任		
	总体影响	直接影响	间接影响	总体影响	直接影响	间接影响
供应商声誉	—	—	—	0.294	0.294	—
供应商能力	—	—	—	—	—	—
供应商产品重要性	0.297	0.297	—	0.031	—	0.031
与供应商的交往经验	0.181	0.181	—	0.019	—	0.019
与供应商的沟通	0.125	0.125	—	0.225	0.212	0.013
对供应商的依赖性	—	—	—	-0.127	-0.127	—
供应商对企业的依赖性	0.191	0.191	—	-0.070	-0.090	0.020
对供应商人员的信任	—	—	—	0.460	0.460	—
计算型信任	—	—	—	0.106	0.106	—

---

① 以下的分析中均以修改模型 2 中的系数为准。

同时为了便于了解信任作为中介变量的间接影响，将模型中信任的前因
对合作的直接影响，以及通过信任而对合作产生的间接影响进行总结归纳，
如表 6.34 所示。

表 6.34　　　　　信任的前因、信任对合作的直接影响与间接影响

自变量	计算型合作			关系型合作		
	总体影响	直接影响	间接影响	总体影响	直接影响	间接影响
供应商声誉	0.070	—	0.070	0.407	0.240	0.167
供应商能力	—	—	—	-0.252	-0.252	—
供应商产品重要性	0.073	—	0.073	0.057	—	0.057
与供应商的交往经验	0.361	0.316	0.045	0.226	—	0.226
与供应商的沟通	0.082	—	0.082	0.146	—	0.146
对供应商的依赖性	0.246	0.276	-0.030	0.095	—	0.095
供应商对企业的依赖性	0.156	0.131	0.025	0.256	0.197	0.065
对供应商人员的信任	0.349	0.239	0.110	0.572	0.165	0.407
计算型信任	0.221	0.196	0.025	0.002	-0.192	0.194
关系型信任	0.239	0.239	—	0.425	0.281	0.144
计算型合作	—	—	—	0.605	0.605	—

6.7　信任模型结论分析

首先，分析各自变量对信任的影响，以及在自变量对因变量的影响中，
信任所起到的作用：

（1）供应商的声誉。针对计算型合作，供应商的声誉对其并没有直接影
响，但是会通过关系型信任促进计算型合作的形成，关系型信任起到了完全
中介的效应；针对关系型合作而言，供应商的声誉对其既有直接影响又有通
过关系型信任的间接影响，关系型信任起到了部分中介的作用。但同时也可
以发现，供应商的声誉仅与关系型信任有显著的正相关关系，而对计算型信
任并无显著影响。因此，针对本书提出的假设，假设 H1b 得到支持，而假设

H1a 并没有得到支持。

（2）供应商的能力。在以往的研究中，无论是伙伴关系中各视角的研究，还是针对信任前因的研究，能力均是影响信任和合作的重要因素之一。但是本书的结果发现，无论是计算型信任还是关系型信任，供应商能力与其关系均不显著，针对本书的假设 H2a 及 H2b 均没有得到支持。虽然在国外以往的研究中也曾出现，能力与信任的关系并不显著的情况（Selnes，1998），但对其原因并没有具体的解释。笔者在大规模调研前曾对一些企业的高层进行过实地访谈，同时在数据结果呈现后也对部分企业进行回访，在此基础上笔者认为，供应商能力对信任的影响不显著，只能证明供应商能力与信任无显著的直线关系，并不能由此说明能力与信任之间没有任何关系。

通过这一设想，笔者认为有必要对供应商能力与信任的关系作进一步的验证，以探索供应商能力与信任间是否存在二维关系，对变量间关系的函数定义如下：

$$计算型信任 = \beta_0 + \beta_1 \times 能力 + \beta_2 \times 能力^2$$
$$关系型信任 = \beta_0 + \beta_1 \times 能力 + \beta_2 \times 能力^2$$

对计算型信任与能力的关系进行回归分析，将自变量能力及能力^{2}全部强行代入模型，回归系数及显著性如表 6.35 所示。

表 6.35 回归系数^a

Model	Unstandardized Coefficients		Standardized Coefficients	t	Sig.
	B	Std. Error	Beta		
（Constant）	3.879	0.725		5.354	0.000
能力	0.324	0.547	0.180	0.592	0.554
能力^2	−1.32E−02	0.103	−0.039	−0.129	0.898

注：a. Dependent Variable：计算型信任。

从表中可以看到，能力及能力^{2}对计算型信任的 t 检验不通过（$p = 0.554 > 0.05$；$p = 0.898 > 0.05$），计算型信任与能力并无显著关系，能力与计算型信任的二维关系假设不成立。

接下来，对关系型信任与能力的关系进行回归分析，将自变量能力及能力^{2}全部强行代入模型，回归系数及显著性如表 6.36 所示。

表 6. 36   回归系数^a

Model	Unstandardized Coefficients		Standardized Coefficients	t	Sig.
	B	Std. Error	Beta		
(Constant)	1.794	0.549		3.266	0.001
能力	1.519	0.415	0.997	3.662	0.000
能力²	−0.158	0.078	−0.552	−2.028	0.043

注：a. Dependent Variable：关系型信任。

从表中可以看到，能力及能力²对关系信任的 t 检验通过（p = 0.000 < 0.05；p = 0.043 < 0.05），同时也说明关系型信任与能力为二维关系，回归方程如下：

$$关系型信任 = 1.794 + 1.519 \times 能力 - 0.158 \times 能力^2$$

从回归方程中可以看到，关系型信任与能力之间是二维关系，同时能力²的系数为负，说明能力与关系型信任是倒 U 型关系。

对方程进一步分析，方程两边同时对能力一阶求导，得 1.159 - 0.316 × 能力 = 0，也就是说：当能力 = 4.807 时，关系型信任得到最大值 5.45。

值得深入思考的是，能力的取值是固定的吗？对于任何样本而言，关系型信任的最高点都出现在 4.807 附近吗？笔者在对企业进行访谈时发现，企业在选择供应商时，会将自身的规模、能力与供应商相衡量。因此，将企业自身规模作为能力的一种衡量方式与公式中所得值进行比较，以试图探索其中的规律性。下面对企业自身规模、关系型信任的均值、方差进行比较，详细结果如表 6. 37 所示。

表 6. 37   数据描述

	N	Mean	Std.	Skewness		Kurtosis	
	Statistic	Statistic	Statistic	Statistic	Std. Error	Statistic	Std. Error
企业规模	316	4.51	1.41	0.063	0.137	−0.563	0.273
关系信任	316	4.7401	0.8628	−0.065	0.137	0.338	0.273
Valid N (listwise)	316						

从表 6.37 中可以看到，企业规模的均值为 4.51，而关系型信任的最高

点出现在供应商能力为 4.807 处；另一方面关系型信任的均值为 4.74，而公式中出现的关系型信任最大值为 5.45，也说明在 4.807 处出现的信任值明显高于信任均值。由此可以认为，关系型信任和能力呈倒 U 型关系，且在企业能力与供应商能力相匹配的地方，关系型信任出现最高值，如图 6.24 所示。值得注意的是，这一结论还需要经过更多经验研究的验证。

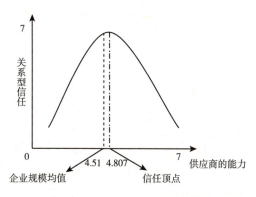

图 6.24 供应商的能力与关系型信任的关系

（3）供应商产品的重要性。无论是对于计算型合作还是关系型合作，供应商产品的重要性对其均没有直接影响，只会通过对计算型信任促进计算型合作的形成，进而对关系型合作产生影响。对于供应商产品重要性这一变量，计算型信任起到了完全中介的效应。但同时也可以发现，供应商产品的重要性仅与计算型信任有显著的正相关关系，而对关系型信任并无显著影响。因此，针对本书提出的假设，H3a 得到支持，而 H3b 并没有得到支持。

（4）与供应商产品的交往经验。从表 6.34 中可以看到，与供应商的交往经验对计算型合作既有直接影响又有间接影响，而对关系型合作仅有间接影响。由此可以认为，计算型信任在交往经验与计算型合作之间是部分中介，而在交往经验与关系型合作之间是完全中介。同时在表 6.33 中也可以看到，与供应商的交往经验仅对计算型信任有影响而对关系型信任的影响并不显著，因此，针对本书提出的假设，H5a 得到支持，而 H5b 没有得到支持。

（5）与供应商的沟通。从表 6.34 中可以看到，与供应商的沟通对计算型合作和关系型合作均没有直接影响，与供应商的沟通通过关系型信任促进合作的形成，关系型信任是完全中介。同时在 6.33 中可以看到，与供应商的沟通仅对关系型信任有显著影响而对计算型信任并无显著影响，相对应于本书的假设，H6b 得到支持，而 H6a 没有得到支持。

（6）对供应商的依赖性。从表 6.33 中可以看到，对供应商的依赖与关系型信任是显著的负相关关系，并且对计算型信任影响不显著，则针对本书的假设，H7b 得到支持，而 H7a 没有得到支持。同时在表 6.34 中可以看到，针对计算型合作，对供应商的依赖既有直接影响也有间接影响，关系型信任起到部分中介的作用；而对于关系型合作，仅有间接影响的存在，则关系型信任起到完全中介的作用。

（7）感知到的供应商的依赖性。从表 6.33 中可以看到，供应商的依赖与计算型信任有明显的正相关关系，假设 H8a 得到支持；而对于关系型信任则是显著的负相关关系，与本书中假设正好相反，假设 H8b 没有得到数据的支持。同时从表 6.34 中可以看到，无论是计算型合作还是关系型合作，供应商的依赖对其均既有直接影响又有间接影响，由此计算型信任及关系型信任在其中均起到部分中介的作用。

（8）对供应商人员的信任。从表 6.33 中可以看到，对供应商人员的信任与关系型信任是显著的正相关关系，并且对计算型信任影响不显著，则针对本书的假设，H4b 得到支持，而 H4a 没有得到支持。同时从 6.34 的表中可以看到，无论是针对计算型合作还是关系型合作，对供应商人员的信任对其均既有直接影响也有间接影响，间接影响源于关系型信任，由此关系型信任在其中起到部分中介的作用。

研究到此可以发现，还未对假设 H4c 进行验证，假设 H4c 认为，在对人员信任向对供应商信任的转化过程中，该供应商人员的地位会对转化过程有影响，即随着人员地位的提高，可能会加速这一转化过程。因此，根据假设可以认为，该供应商人员的地位在人际信任与组织信任之间起到了一定的调节作用，因此，将人员地位作为调节变量进行分析。

另一方面由于假设 H4a 没有得到支持，所以仅将对供应商人员信任与关系型信任的关系进行进一步的分析，将该人员的地位作为调节变量，对变量间关系的函数定义如下：

$$关系型信任 = \beta_0 + \beta_1 \times 对人员的信任 + \beta_2 \times 对人员的信任 \times 该人员的地位$$

由于将人员的地位作为调节变量进行分析，因此将对该人员的信任和该人员地位的乘项放入方程，接下来对这一函数表达式进行强行回归分析，回归系数及显著性如表6.38所示。

表6.38　　　　　　　　　　　　回归系数[a]

Model	Unstandardized Coefficients		Standardized Coefficients	t	Sig.
	B	Std. Error	Beta		
（Constant）	1.006	0.243		4.146	0.000
人员信任	0.770	0.049	0.655	15.574	0.000
人员信任＊该人员地位	1.856E-02	0.007	0.119	2.838	0.005

注：a. Dependent Variable：关系型信任。

从表中可以看到，自变量对关系信任的 t 检验均通过（$p = 0.000 < 0.05$；$p = 0.005 < 0.05$），在人员的信任向组织间的关系型信任的转化过程中，该人员的地位是有影响的，回归方程如下：

关系型信任 = 1.006 + 0.770 对人员的信任 + 0.0186 对人员的信任 × 该人员地位

同时，从方程中可以看到，人员信任×该人员地位的系数为正，由此说明在人际间信任向组织间关系型信任的转化过程中，人员地位起到的是正向调节作用，即该人员在供应商中的地位越高，越有利于信任的转化。针对本书提出的假设，在由人员信任向组织间的关系型信任转化中 H4c 得到支持，由于 H4a 没有得到支持，使得人员信任向组织间计算型信任的转化变得没有意义，因此 H4c 只能得到部分支持。

其次，对中介变量之间以及中介变量与因变量之间的关系进行总结：

（1）计算型信任与关系型信任。经过结构模型的分析发现，计算型信任对关系型信任有显著的正向影响，也就是说在计算型信任的发展过程中会有一部分转化为关系型信任，由此假设 H9 得到支持，但是同时可以发现，由计算型信任到关系型信任的转化比例并不高。而且通过对前因变量的分析也发现，有些变量不经过计算型信任而直接促进关系型信任的产生，这也可以说明：①在信任的发展过程中，并不是所有企业间的信任都可以发展到关系型信任阶段，有些企业与其供应商之间的关系可能仅限于计算型信任；②计算型信任并非所有合作伙伴要经历的必经阶段，有些企业间信任的起点可能就是关系型信任，而并非从计算型信任转化而来。

（2）计算型信任与合作。计算型信任对合作的影响分为两种：①计算型信任→计算型合作，计算型信任对计算型合作的总影响为 0.221，其中直接影响 0.196（P < 0.05），间接影响（计算型信任→关系型信任→计算型合作）为 0.025；②计算型信任→关系型合作，计算型信任对关系型合作的总影响为 0.002，其中直接影响 -0.192（P < 0.05），间接影响（计算型信任→关系型信任→关系型合作、计算型信任→计算型合作→关系型合作、计算型信任→关系型信任→计算型合作→关系型合作）总共为 0.194。从分析中可以看到，计算型信任虽然对计算型合作有显著正向影响，但是对关系型合作的直接影响为负，所以，假设 H10 只能得到部分支持。

（3）关系型信任与合作。关系型信任对合作的影响分为两种：①关系型信任→计算型合作，关系型信任对计算型合作的影响为 0.239（P < 0.05），且全部为直接影响；②关系型信任→关系型合作，关系型信任对关系型合作的总影响为 0.425，其中直接影响 0.281（P < 0.05），间接影响（关系型信任→计算型合作→关系型合作）为 0.144。从分析中可以看到，无论是对计算型合作还是关系型合作均为显著的正向影响，因此假设 H11 得到支持。

综上所述，根据模型的分析结果，对本研究提出假设的检验结果进行总结，如表 6.39 所示。

表 6.39　　　　　　　　　　　　假设检验结果

假设	假设内容	是否支持假设
H1a	供应商的能力越强，对供应商的计算型信任越高	不支持
H1b	供应商的能力越强，对供应商的关系型信任越高	不支持
H2a	供应商的声誉越好，对供应商的计算型信任越高	不支持
H2b	供应商的声誉越好，对供应商的关系型信任越高	支持
H3a	供应商产品越重要，对供应商的计算型信任越高	支持
H3b	供应商产品越重要，对供应商的关系型信任越低	不支持
H4a	对供应商人员的信任水平越高，则对供应商的计算型信任水平越高	不支持
H4b	对供应商人员的信任水平越高，则对供应商的关系型信任水平越高	支持
H4c	供应商人员的地位越高，对供应商人员的信任越容易转化为对供应商的信任	部分支持
H5a	与供应商的交往经验越多，对供应商的计算型信任越高	支持

假设	假设内容	是否支持假设
H5b	与供应商的交往经验越多，对供应商的关系型信任越高	不支持
H6a	与供应商的沟通越多，对供应商的计算型信任越高	支持
H6b	与供应商的沟通越多，对供应商的关系型信任越高	支持
H7a	对供应商的依赖性越高，对供应商的计算型信任越低	不支持
H7b	对供应商的依赖性越高，对供应商的关系型信任越低	支持
H8a	企业感知到的供应商对企业的依赖性越高，对供应商的计算型信任越高	支持
H8b	企业感知到的供应商对企业的依赖性越高，对供应商的关系型信任越高	不支持
H9	对供应商的计算型信任水平越高，则对供应商的关系型信任水平也越高	支持
H10	对供应商的计算型信任水平越高，与供应商进行合作的可能性越高	部分支持
H11	对供应商的关系型信任水平越高，与供应商进行合作的可能性越高	支持

第7章 针对供应链企业信任构建的对策建议

在市场竞争日益激烈，而中国社会的整体信任度偏低的背景下，供应链企业间如何进行更好的合作是企业面临的一个巨大问题。企业如何与供应商建立信任？建立合作伙伴关系？建立何种类型的合作关系最佳？这些都是企业急需解决的，本书获得的研究结论，可以为企业选择最佳供应商，并与其建立最佳的信任及合作关系提供一定的借鉴。同时，可以为企业提供一个新的视角，改变常规思路，更好的促进企业间信任的建立。

7.1 企业在选择供应商时要考虑能力的最佳匹配

选择供应商理应选择规模最大、能力最强的吗？这是以往企业选择供应商的一个误区。从模型的分析中发现，供应商的能力无论是对计算型信任还是关系型信任影响均不显著。在以往的研究中，无论是信任的前因研究还是信任产生的机制性研究，能力都是必不可少的影响因素之一（Booth，1998；Butler，1991；Cook & Wall，1980；Deutsch，1960；Good，1988；Jones，James & Bruni，1975；Kee & Knox，1970；Lieberman，1981；Mishra，1996；Rosen & Jerdee，1977；Sitkin & Roth，1993；Popp，Zhou & Ryu，2008；曹玉铃、李随成，2011）。由此笔者推断，供应商的能力对信任影响不显著，只能说明供应商的能力与信任之间无线性关系，而不能证明能力与信任之间毫无关系。

笔者在与企业的交流中也曾发现，企业并非都是选择规模最大、能力最强的供应商，而是会考虑与供应商能力的对等问题。当企业的规模偏小时，企业会认为与能力过强的供应商合作，只会使自己处于非常被动的位置，需要完全的服从供应商，也会因为规模较小而成为不被重视的客户，随时处于被供应商"抛弃"的危险中，这时企业间的信任反而会比较低。另一方面，当企业的自身规模较大时，则愿意选择规模大、能力强的企业，同时随着供应商能力的提高，企业间的信任会逐渐提高。由此笔者试想在供应商的能力与信任之间或许存在一种二维的"倒 U 型"关系。

笔者分别对计算型信任、关系型信任与供应商能力的关系进行回归分析，研究发现供应商的能力与计算型信任之间的二维关系也不显著，可以认为供应商的能力对计算型信任的影响不显著。另一方面发现供应商的能力与关系型信任之间存在二维的"倒 U 型"关系，并且在企业的规模、能力与供应商的规模、能力相匹配的地方，关系型信任出现最高值，如图 7.1 所示。综上所述，对于供应商能力与关系型信任的关系可以表述如下：

供应商的能力与关系型信任之间并无显著的线性关系，而是二维的"倒 U 型"关系，值得注意的是，在企业自身的能力与供应商的能力相匹配处，企业与供应商之间的关系型信任达到最大值。

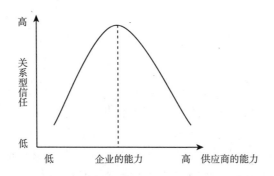

图 7.1   供应商的能力与关系型信任的关系

通过以上的分析也可以认为，能力对企业间信任的影响有一个平衡点的问题，并非任何企业都会信任和选择能力最强的供应商，如图 7.1 所示。在选择供应商时，企业不仅要考虑供应商的能力，同时会综合考虑自身的能力。双方企业间的规模、能力越对等，企业间信任的可能性较高，信任度也会越高。

由此可以说明企业选择供应商时，应考虑一个能力对等的问题，选择过大的供应商，企业则会成为其微不足道的客户而不受重视；规模过小的供应商又会由于能力有限而不能完全达到企业的要求。

7.2   谨慎对待曾经的交往或合作经验

与供应商的交往经验对计算型信任的直接影响为 0.140（$P < 0.05$），对关系型信任的间接影响为 0.015，直接影响不显著。随着交往时间的增加、对前期合作的满意，双方的关系投入加大，这时违约带来的成本明显增加，

机会主义行为的可能性明显降低，双方的计算型信任提高。

值得注意的是，交往时间的增长也应该使双方更加相互了解，可为什么交往经验对关系型信任没有显著影响呢？针对这一疑问，笔者对曾调研过的企业进行回访，并得出如下结论：

> 与供应商交往经验的增加并不能无限制的增加企业对之的关系型信任，在与供应商交往的初期，随着交往经验的增加关系型信任会随之增加，但到达一定程度后，关系型信任值不会再随经验的增加而明显变化。

本文认为信任是和风险相关的，针对中国企业的文化背景，许多企业对风险的承受力较弱，有时宁愿放弃一些利润也不愿意冒风险。企业认为在与一家供应商交往很长时间，尤其是合作很久后，会对该供应商的依赖性明显增加，而这种依赖性会增加风险，供应商如果发生违约行为，将会给企业带来巨大损失。所以，当企业和某一供应商合作很久后，企业反而会选择其他的供应商，以便部分的替代现在的供应商，减少对这家供应商的依赖程度。另一方面，供应商也会基于同样的考虑去寻找其他的客户，以分担单一客户给供应商带来的压力和风险。因此，企业间的关系型信任有一个上限，双方合作太久后，反而会产生一定的警惕心理，虽然企业对供应商的能力是认同的，并会继续与该供应商合作，但是基于风险的考虑，双方的关系信任会维持在某一水平而不继续上升。因此对于企业来说，关系型信任达到最高值后就不会再上升，当然对于不同的行业、不同的产品，这一最高也是各不相同的，如图7.2所示。

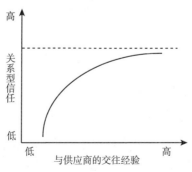

图7.2　与供应商的交往经验与关系型信任的关系

由于交易的频繁性以及技术的关联性，制造企业与供应商更倾向于建立长期的合作关系，例如，本田与供应商的合作时间大多为 25 ~ 50 年。因此，对于如此长期的交往，双方机会主义行为的动机会明显减少，企业间的计算型信任会不断提高。但是，双方关系不可能一直提高，在一定时间后，会逐渐趋向某一水平。因此，这一结论也是和制造业的特点相关的，对于一些非经常性的交易或短期内的合作，交往经验对关系型信任是有促进作用的，如图 7.2 中曲线的前半段，随着交往经验的增加，关系型信任也会明显提高。

7.3 关注"人际"信任向"企业"信任的传递

在本书中曾多次指出中国是一个"人情"的社会，人情、关系对人际间、组织间信任的建立影响很大，本文的调研数据也完全证实了这一点。尤其是在制造业，国有企业占有的比重较高，而国有企业也更倾向于人情、关系的考虑。因此，企业在选择供应商时，应将企业人员间的既有关系考虑进去。

对供应商人员的信任对关系型信任的直接影响为 0.402（P < 0.05），是对关系型信任影响最大的变量，但是对计算型信任影响并不显著。由此说明，人际间信任在向企业间信任转化的过程中，往往是一种关系的延续和扩展。对人员的信任多来自于既有关系，如亲缘、人缘、地缘等；当然也有一部分是由于交往、认同而产生的关系。在既有关系中多为情感信任，在交往关系中的信任也多为了解及认同信任，信任随关系的延伸而转化为企业间信任，这种信任也仅与了解、感情、善意有关，而与能力、契约、成本利益的衡量无关，即人际间的信任只可能转化为关系型信任，而与计算型信任无关。

企业间关系型信任的影响因素中，对供应商人员的信任是影响最大的，这也足以说明"人情关系"在中国企业中占有很大的比重，在选择供应商、选择合作伙伴时，企业还是会将既有关系放在很重要的位置。而在我国制造业企业中，国有企业比例较高的现状，也会使人际间关系的重要性更加明显。

另外，研究中发现，在信任的转化过程中，供应商人员的地位会影响信任转化的进度。该人员在供应商中的地位越高，越有利于信任的转化，即企业高层领导间的亲戚、朋友关系最容易转化为企业间的信任。

7.4 根据企业自身特征选择合适的合作伙伴

（1）企业性质对企业与供应商之间信任及合作的影响。

不同性质的企业对关系型合作的影响有显著差异，但是对计算型信任、关系型信任以及计算型合作并无显著差异。通过比较发现，国有企业比其他任何性质的企业都更注重关系型合作，在本文中曾反复强调中国是一个"人情"社会，这一点在国有企业中得到更多的体现，在国有企业中更强调人际关系、纽带关系，更倾向与合作多年或有既有关系的供应商进行合作。而对于民营、中外合资及外商独资企业来说这方面的考虑较少，主要是从自身利益出发，更容易选择可以使企业获得更多利润的供应商，而对于既有关系、交情等考虑较少。

（2）企业股份制改造情况对企业与供应商之间信任及合作的影响。

股份制改造前后对计算型信任、关系型信任及关系型合作的影响均无显著差异，但对计算型合作的影响差异显著。同时均值的差异值为0.3023，说明经过股份制改造后的企业更倾向于计算型合作，这也说明在进行股份制改造后，企业的整体观念发生变化，从原来的更倾向于"关系"的影响转向更倾向于"能力"的影响，思考与合作伙伴的关系时，企业变得更加理性。

在我国制造业企业中，国有企业还占有很大比重，尤其如石油加工等高壁垒行业，也都需要国有经济占绝对优势地位。因此，国有企业中的"关系"体现明显，无论是在企业性质的影响中，还是股份制改造的影响中，都可以看到，国有企业中的人情、关系对与供应商之间的信任及合作方式的选择有很大的影响。

（3）企业规模对企业与供应商之间信任及合作的影响。

企业的规模在与供应商建立计算型信任、计算型合作及关系型合作中均无显著差异，但是对关系型信任的影响有显著差异，中等以上规模的企业更倾向于与供应商建立关系型信任。笔者认为这和企业在与供应商关系中的地位有关，若企业规模较大，在与供应商的关系中处于相对较优的位置，则愿意与供应商维持更长久的关系，并建立关系型信任。另一方面规模较大的企业相对更注重长远发展，交往中会同时关注双方的利益，利他行为也会有利于关系型信任的建立。由此可见，企业与供应商建立何种类型的信任不仅和供应商的规模、能力有关，同时也和企业自身的规模有关系。

我国制造业近年来发展迅速，正努力由"制造大国"向"制造强国"转变，在这一过程中，更需要企业与供应商的整体合作、强强联合，实现制造业由"比较优势"向"竞争优势"的发展与转变。同时，针对制造业企业与供应商需要长期合作的特点，规模较大的企业会更加注重培养与供应商的关系型信任，以建立长期、稳定的关系，提高在面对突发事件及市场变化时的竞争力。

（4）企业所在地区对企业与供应商之间信任及合作的影响。

本研究中的样本来自河北、天津、浙江以及北京四个省市地区，不同地区的企业对计算型信任以及关系型合作的影响均无显著差异，而对关系型信任及计算型合作来说，企业所在地区的影响差异显著。

但通过进一步的两两对比分析发现，对于信任而言，河北更倾向于关系型信任，而浙江更倾向于计算型信任，天津处于两省市之间。本书认为这反映了各省市的经济水平，浙江的经济发展明显优于河北，尤其是制造业。制造业不仅是浙江工业的主体，在全国也占有非常重要的地位。浙江在由产业集群为主的块状经济向品牌经济发展的过程中，逐渐将企业间的纽带关系减弱，更注重与能力强、利于长远发展的供应商建立关系。而在河北省，很多企业还处于浙江企业发展的前期阶段，比较注重既有关系，以选择比较熟悉或有人情关系的供应商为主。

对于合作而言，河北企业选择供应商时比较看重人情关系，这也使得双方一般是比较熟悉的企业，因此容易建立关系型的合作。而浙江企业比较注重计算型信任，看重供应商的能力及对企业长远发展的益处，对双方企业曾经的交往或关系注重较少，因此更容易建立计算型合作。另一方面，虽然相比较关系型合作而言，浙江企业更注重计算型合作，但是总体来说无论是哪一种合作，浙江都是水平最高的。这从浙江企业的品牌化道路体现出来，只有更多的进行合作，吸引其他企业的优势资源，才可以使企业成长得更快。

7.5 寻求信任与合作的最佳匹配

无论是计算型信任还是关系型信任，均对企业与供应商伙伴关系的建立有显著影响，但是依据信任程度的不同对合作类型有不同的影响，企业在与供应商建立伙伴关系时，应根据不同的信任程度来判断建立何种合作方式是最佳的。

对于合作的维度划分，首先采用小样本数据进行探索性因子分析，分析中将合作分为两个因子。其中双方在广告、存货、营销以及研发中的合作被分在同一因子，这部分合作不针对任何关系及利他行为，完全基于成本利益核算，由此被称为"计算型合作"；另一方面，双方额外费用的分担、对方遇到困难时的帮助等合作被分为同一个因子，这部分合作需要双方的利他行为，需要双方在合作中考虑长远利益，且不能用成本利益来衡量一时的得失，由此这部分合作称为"关系型合作"。对于这种合作维度的划分法，在大样本中采用确定性因子分析验证其有效性，并对合作水平与信任水平的相关性进行分析，如表7.1所示。

表 7.1 合作的类型及水平

	低水平	高水平
计算型信任	计算型合作 （基于法律的威慑、违约行为惩罚）	计算型合作 （基于对方能力的认可、物质利益）
关系型信任	关系型合作 （基于既有关系，亲缘、地缘、人缘等）	关系型合作 （基于双方的交往与认同）

通过模型的分析发现，信任程度的不同对企业间合作的进程有很大影响，企业应根据信任程度来选择合作方式，根据模型分析结果将信任对合作的影响总结如图7.3所示。

从图7.3中可以看到，不同的信任对合作进程的影响大致有以下几种情况：①计算型信任→计算型合作，计算型信任对计算型合作的总影响为0.221，其中直接影响为0.196（P<0.05），间接影响（计算型信任→关系型

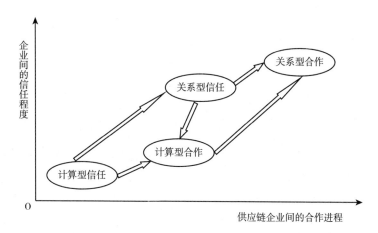

图 7.3 供应链企业间信任与合作的关系

信任→计算型合作）为 0.025；②关系型信任→计算型合作，关系型信任对计算型合作的影响为 0.239（P < 0.05），且全部为直接影响；③计算型信任→关系型合作，计算型信任对关系型合作的总影响为 0.002，其中直接影响为 0.192（P < 0.05），间接影响（计算型信任→关系型信任→关系型合作、计算型信任→计算型合作→关系型合作、计算型信任→关系型信任→计算型合作→关系型合作）共为 0.194；④关系型信任→关系型合作，关系型信任对关系型合作的总影响为 0.425，其中直接影响为 0.281（P < 0.05），间接影响（关系型信任→计算型合作→关系型合作）为 0.144；⑤计算型合作→关系型合作，计算型合作对关系型合作的影响为 0.605（P < 0.05），且全部为直接影响。

综合①②项可以看到，在计算型合作的建立过程中，无论是计算型信任还是关系型信任，信任的增加都可以促进计算型合作的建立，即在"计算型信任→关系型信任→计算型合作"这一链条中缺少任何一项都是成立的。

综合③④⑤项可以看到，关系型的信任不仅可以促进计算型合作，同时也可以促进双方的关系型合作，同时计算型合作发展过程中也会有一部分逐渐转化为关系型合作，即"关系型信任→计算型合作→关系型合作"这一链条中缺少哪一项都是可以成立的。

值得注意的是计算型信任对关系型合作的直接影响为负，即仅仅只有计算型信任的存在是无法使双方建立关系型合作的，反而太多的利益计算对双方的长期关系建立还会有阻碍作用。但是如果计算型信任可以转化为关系型信任或是计算型合作的话，就可以促进关系型合作，即在"计算型信任→关系型信任→计算型合作→关系型合作"这一链条中必须保证关系型信任或计算型合作中某一项的存在，才能由计算型信任转化到关系型合作。

通过以上分析也可以得出如下结论：

> 当企业与供应商的信任为计算型信任时，只能促进计算型合作；只有当双方建立了关系型信任，或是双方的计算型信任经过发展转化成为关系型信任时，才能促进关系型合作。由此企业在选择与供应商的合作方式时一定要兼顾企业间的信任问题，并不是与任何供应商都建立更深层次的关系型信任就是最好的。

通过本研究可以使企业在与供应商建立合作伙伴关系时不再盲目，而是根据实际情况决定是否合作、采取哪种方式合作。在制造业中，由于企业与供应商技术及产品的关联度，研发合作是最普遍的合作方式之一。但是，如果是涉及核心产品或技术的研发，就一定要考虑信任的发展阶段，没有完全信任与信息共享的研发合作是注定要失败的。

第8章 结束语

8.1　研究的创新之处

（1）新变量的引入。在信任的产生机制中，针对供应商（受信方）特征，引入新变量"供应商产品的重要性"及"对供应商人员的信任"。

在以往企业间信任产生机制的研究中，对于供应商（受信方）特征，仅限于能力、声誉、善意及动机等，而未对供应商的产品特征进行考虑，本研究将该变量同时纳入模型，作为影响信任的重要因素。另一方面，中国是一个典型的"人情"社会，人情关系在人际间、企业间的交往中有很大影响，因此，在信任的产生机制中，将对供应商人员的信任也作为供应商的重要特征之一。分析结果发现，在企业间信任的所有前因中，供应商产品的重要性对计算型信任影响最大，而对供应商人员的信任则对关系型信任影响最大，该人员的地位也对人际间信任向企业间信任的转化有很大的影响。由此可见，这两个变量对于企业间信任的研究是不可或缺的，新变量的加入也使供应商特征对信任的影响更加细化和深入。

（2）将企业自身（施信方）特征，作为信任产生机制的一部分，并以控制变量的方式引入理论模型中进行经验研究验证。同时，针对中国当前经济背景，在企业特征中增加股份制改情况这一变量。

在人际间信任的研究中，对个人（施信方）信任倾向的考虑较多，而在企业间信任的研究中，对企业（施信方）特征的影响研究却很少。本书中将企业特征以控制变量的方式引入研究模型中，分析企业特征对信任及合作影响的差异，使企业间信任的产生机制研究更加完善。同时，针对中国经济转型期的背景，在企业的规模、性质以及所在地区等企业特征之外，还将股份制改造情况作为企业特征之一，使研究更具本土化特色。分析结果发现，从信任方面来说，中等规模以上的企业倾向于关系型信任，浙江省的企业倾向于计算型信任，而河北省的企业则倾向于关系型信任；从合作方面来说，股份制改造后企业倾向于计算型合作，国有企业比任何其他企业都倾向于关系型合作。通过这些结论，企业在选择与供应商的信任和合作关系时，就更加有的放矢。

（3）基于中国企业文化背景，在实地访谈与专家求证的基础上，将企业间信任分为"计算型信任"和"关系型信任"两个维度。

通过数据验证发现，这种划分是适合的。通过信任的演化路径可以看到：①在信任的发展过程中，计算型信任会部分转化为关系型信任，但是转化比例并不是很高；②计算型信任并非信任发展的必经阶段，企业间可以直接建立关系型信任，但企业间也可能只存在计算型信任而无法发展到关系型信任。值得注意的是，本书中对企业间信任维度的划分只是一个探索性研究，虽然经过了大样本数据的验证，但样本限制在制造业企业，因此验证还存在一定的局限性，信任的这种维度划分还需要经过更加严格的考虑及反复的验证。

（4）针对合作类型的研究很多，但以往的研究多是基于一定的假设，事先对合作的类型进行划分，而针对具体的行业通过经验研究获得维度划分的却很少，本研究通过针对制造业企业的分析，将供应链内企业间的合作分为"计算型合作"和"关系型合作"，并发现了信任及合作的演化路径，以及信任类型与合作类型的最佳匹配方式。

（5）国内针对企业间信任的研究以定性分析及个案分析为主，经验研究相对较少，本研究以国内制造业企业为样本，对企业间信任进行适合中国企业本土文化的分类，同时根据调研结果结合行业特点对合作进行分类，使得信任与合作的关系研究更具有针对性，为今后进一步探讨我国企业间信任及合作的构建提供一定的理论基础。

8.2 研究局限及未来研究建议

8.2.1 研究局限

（1）结论适用性的局限。

本研究的调查样本是限定在制造业的，虽然也包含了多个行业，但毕竟是限制在制造业这一领域。众所周知，隔行如隔山，不同产业间的环境、特色差异巨大，因此在制造业领域外的其他产业中，本研究结论的适用性需通过进一步的研究去验证。

（2）假设进一步细化的局限。

本研究在信任的产生机制中，将尽可能多的因素纳入到研究模型中，数据分析中发现，许多因素都呈现出多维度的性质，而本研究的假设仅考虑影响因素中的大类与信任及合作的关系，并没有深入到各因素的子维度层面。虽然通过对整体轮廓层面的研究，得出了许多有价值的发现，但也会因为缺少对更细分层次的研究而忽略了一些重要关系。

（3）数据的局限。

数据的局限主要包括数据的质量和数量两部分。数据的质量问题主要是问卷的设计过程、收集过程以及填答过程中产生的问题；数据的数量问题主要是由于调研的工作量较大而导致的收集量有限，以及无效问卷而导致的收集量缩水。

其一，给数据质量带来影响的问题主要来自以下三方面，两个是问卷设计方面的问题，一个是问卷填答方面的问题。

① 关于本研究引入的新变量部分，没有经过检验的量表可以借鉴，该部分测量条款是在实地访谈和专家求证的基础上产生的。由于是首次纳入到问卷中，条款的有效性有待于将来更多研究的反复验证，同时该部分条款也会对问卷的整体有效性及质量产生一定的影响。

② 在针对供应商对企业依赖性的调查中，由于人力、物力及时间上的限制，无法将同一份问卷对相应的供应商进行调研，该部分采用的是企业感知到的供应商对其的依赖。双方企业虽然比较了解，但对一些问题上的认识毕竟存在差异，因此该部分测量条款也会对数据的真实性产生一定的影响。

③ 企业与供应商伙伴关系的建立与否，是企业的一项重要的战略行为。因此问卷中的一些问题难免会涉及企业的商业机密，虽然在研究中已尽量将问题量化并尽量减少主观性问题，但问卷中始终有些问题很难量化，由于机密性和难以填答带来的问题也在一定程度上对问卷的真实性带来偏差。

其二，关于样本数量的问题。本研究的样本总量为316，考虑到针对企业的调研耗时较长、工作量较大，这一样本量已达到数量要求。但模型中涉及的变量较多，并采用结构方程模型进行分析，而结构方程模型对样本量的要求较高，由此样本量略显单薄，在模型分析中有些拟合指数偏低，甚至最优模型中的 GFI、AGFI 的值都略微小于 0.9。

8.2.2 未来研究建议

（1）对信任前因与信任、合作的关系进行更深入的研究。在研究的不足中已经提到，本研究中并没有对前因中各因素的分维度进行假设，只是对各大类的因素与信任及合作的关系进行研究。在后续的研究中，笔者希望能在本研究的基础上，对能力、沟通等变量的子维度与信任及合作的关系进行深入研究，以得到更多有价值的发现。如在本研究中将能力分为管理能力、产品能力和技术能力；沟通分为了关系沟通和信息沟通，那么哪种能力对信任的影响程度更大？哪种沟通会更有利于信任和合作？通过后续研究的深入分析，不仅可以得到一些新的发现，也可以给予企业一个更明确的指导方向。

（2）对企业间信任及合作程度的纵向研究。信任不是静止的，而是动态变化的（Rousseau et al, 1998），如果对企业间信任建立、发展的过程可以采用纵向研究，就可以对信任的发展过程及其对合作的影响有一个更准确的了解，并可以从中发现信任与合作的演化规律。由于纵向研究不仅耗时长，研究的难度也要大得多，目前的研究多是停留在某一时间段的横向研究。本研究由于人力、物力及时间的限制，也是采用的横向研究。在这一方向的后续研究中可以朝纵向研究方面努力，以期待有更多的新发现。

（3）分行业的比较研究。由于人力、物力及时间的限制，本研究中的数据量有限，因此并没有针对不同的行业进行比较研究。笔者认为，由于行业间的差异较大，所以通过将样本控制在某一行业，可以发现行业内企业选择伙伴的规律性；通过对行业间的比较研究，可以发现各行业中企业间信任及合作关系建立的差异。分行业的研究有利于发现各个行业的"特色"，给企业提供更准确（Baron & Kenny, 1986）、更有效的指导（Anderson & Weitz, 1989）。

附录1 调查问卷

调查问卷

尊敬的小姐/女士/先生：

您好！万分感谢您在百忙之中接受我们的问卷调查。

此次问卷调查是由于课题的需要，旨在了解组织间信任的来源以及对组织间合作的影响。本问卷采用匿名的方式作答，您所提供的所有信息仅供此次学术研究之用，对于所回收资料保证绝对保密。

您的参与对我们的研究非常重要，非常感谢您的帮助和付出的宝贵时间。

一、供应商的基本情况

说明：请您从贵公司的供应商中选择一个您最熟悉的、与您联系最多的供应商，并根据这个供应商的情况来完成以下所有问题。

	完全不同意	很不同意	有点不同意	不确定	有点同意	很同意	完全同意
1. 供应商的能力							
1－1－1 这家供应商完全掌握有关市场和市场趋势的信息	1	2	3	4	5	6	7
1－1－2 这家供应商经常给我们提出业务上的建议	1	2	3	4	5	6	7
1－1－3 这家供应商对我们的产品销售有很大帮助	1	2	3	4	5	6	7
1－1－4 这家供应商的产品质量非常高	1	2	3	4	5	6	7
1－1－5 这家供应商产品的价格非常有竞争力	1	2	3	4	5	6	7
1－1－6 这家供应商产品交货非常及时	1	2	3	4	5	6	7

续表

	完全不同意	很不同意	有点不同意	不确定	有点同意	很同意	完全同意
1－1－7 这家供应商面对市场不确定性的应变能力非常强	1	2	3	4	5	6	7
1－1－8 这家供应商的技术创新能力非常强	1	2	3	4	5	6	7
1－1－9 这家供应商的服务非常令人满意	1	2	3	4	5	6	7
1－1－10 这家供应商的财务状况良好	1	2	3	4	5	6	7
2. 供应商的声誉							
1－2－1 这家供应商在同行业以诚信而著称	1	2	3	4	5	6	7
1－2－2 这家供应商非常关心客户的利益	1	2	3	4	5	6	7
1－2－3 这家供应商对任何客户从没有价格歧视	1	2	3	4	5	6	7
1－2－4 这家供应商被大多数顾客所认可	1	2	3	4	5	6	7
1－2－5 有许多同行认为这家供应商只顾着自己的利益	1	2	3	4	5	6	7
1－2－6 有许多同行认为这家供应商是很公正的	1	2	3	4	5	6	7
3. 供应商产品的重要性							
1－3－1 这家供应商的产品对我们很重要	1	2	3	4	5	6	7
1－3－2 这家供应商的产品是很难替代的	1	2	3	4	5	6	7
1－3－3 这家供应商产品的价值占我们产品价值的很大比重	1	2	3	4	5	6	7
1－3－4 这家供应商产品的技术属于通用性技术	1	2	3	4	5	6	7
1－3－5 这家供应商产品的技术属于尖端技术或自主创新技术，难以模仿	1	2	3	4	5	6	7
1－3－6 这家供应商产品的成本在我们产品的成本中占很大比重	1	2	3	4	5	6	7
4. 对供应商人员的信任							
选择一个您最熟悉的这家供应商中的人员，对其进行评价							
1－4－1 我觉得该人员在谈判中总是公平的	1	2	3	4	5	6	7
1－4－2 我觉得该人员是值得信赖的	1	2	3	4	5	6	7
1－4－3 我认为该人员在做任何事情的时候会顾及到我们的利益	1	2	3	4	5	6	7
1－4－4 我认为该人员的行为会和我预期的一样	1	2	3	4	5	6	7

	完全不同意	很不同意	有点不同意	不确定	有点同意	很同意	完全同意
1-4-5 若该人员离开这家供应商，我们将随该人员选择其他供应商	1	2	3	4	5	6	7
1-4-6 我们企业中的其他人认为该人员不值得信赖	1	2	3	4	5	6	7
1-4-7 我认为该人员在做事时只关注他自己的利益	1	2	3	4	5	6	7
1-4-8 若该人员离开这家供应商并不影响与这家供应商的合作	1	2	3	4	5	6	7
1-4-9 我觉得该人员能够履行诺言	1	2	3	4	5	6	7
1-4-10 我认为该人员是胜任的	1	2	3	4	5	6	7
1-4-11 我认为该人员无论何时行为总是一致的	1	2	3	4	5	6	7
该人员在供应商中的地位							
1-4-12 该人员的决策会在一定程度上影响到这家供应商的决定	1	2	3	4	5	6	7
1-4-13 该人员在这家供应商中非常重要	1	2	3	4	5	6	7
1-4-14 该人员在这家供应商中有非常大的权力	1	2	3	4	5	6	7
5. 与供应商的交往与沟通							
与供应商的交往经验							
1-5-1 我们双方合作的历史悠久	1	2	3	4	5	6	7
1-5-2 我们双方看待世界的方法是同样的	1	2	3	4	5	6	7
1-5-3 我们双方的目标是一致的	1	2	3	4	5	6	7
1-5-4 我们双方对于达成目标的战略方法有很多的不同之处	1	2	3	4	5	6	7
1-5-5 我们双方的企业文化有许多相融合的地方	1	2	3	4	5	6	7
与供应商的沟通							
1-5-6 我们双方会分享我们各自的机密信息	1	2	3	4	5	6	7
1-5-7 有时这家供应商会隐瞒一些对我们非常有利的信息	1	2	3	4	5	6	7
1-5-8 当有我们之间有冲突发生时，双方可以很好的沟通解决	1	2	3	4	5	6	7
1-5-9 我们之间经常相互往来	1	2	3	4	5	6	7

	完全不同意	很不同意	有点不同意	不确定	有点同意	很同意	完全同意
1-5-10 如果我们内部出现任何不可预料的问题，如资金周转不灵等，我们会及时通知这家供应商	1	2	3	4	5	6	7
1-5-11 如果这家供应商内部出现任何问题，他们会及时通知我们	1	2	3	4	5	6	7
1-5-12 我们和这家供应商之间的信息交换是非常及时的	1	2	3	4	5	6	7
1-5-13 我们和这家供应商之间的信息交换是非常准确的	1	2	3	4	5	6	7
1-5-14 我们和这家供应商之间的信息交换是非常充足和完全的	1	2	3	4	5	6	7
6. 与供应商的相互依赖性							
我们对这家供应商的依赖性							
1-6-1 如果和这家供应商建立关系，我们的产品必须根据他的需要做一些修改	1	2	3	4	5	6	7
1-6-2 如果和这家供应商建立关系，我们必须进行大量专用投资	1	2	3	4	5	6	7
1-6-3 如果和这家供应商建立关系，我们必须将产品的一些关键信息和他分享	1	2	3	4	5	6	7
1-6-4 如果和这家供应商建立关系，我们必须派员工到他那里进行培训	1	2	3	4	5	6	7
1-6-5 如果和这家供应商建立关系，我们将长期需要他技术支持	1	2	3	4	5	6	7
1-6-6 这家供应商产品的性能价格比是最佳的	1	2	3	4	5	6	7
1-6-7 这家供应商的产品会使我们的产品在市场上更有竞争力	1	2	3	4	5	6	7
1-6-8 市场上可选择的供应商很多，我们可以轻易地替换掉这家供应商	1	2	3	4	5	6	7
1-6-9 这家供应商的产品是我们产品中必须的	1	2	3	4	5	6	7
1-6-10 寻找一个更合适的供应商是很困难的	1	2	3	4	5	6	7
我们感知到的这家供应商对我们的依赖性							
1-6-11 如果这家供应商和我们建立关系，则他的产品必须根据我们的需要做一些修改	1	2	3	4	5	6	7

续表

	完全不同意	很不同意	有点不同意	不确定	有点同意	很同意	完全同意
1-6-12 如果这家供应商和我们建立关系，则他必须进行大量的专用投资	1	2	3	4	5	6	7
1-6-13 如果这家供应商和我们建立关系，则我们将成为他的重要客户	1	2	3	4	5	6	7
1-6-14 如果这家供应商和我们建立关系，则他必须派员工到我们这里进行专门培训	1	2	3	4	5	6	7
1-6-15 如果这家供应商和我们建立关系，则他必须将产品的一些关键信息和我们分享	1	2	3	4	5	6	7
1-6-16 如果这家供应商和我们建立关系，则会增加他的获利能力	1	2	3	4	5	6	7
1-6-17 如果这家供应商和我们建立关系，则他长期需要我们的技术支持	1	2	3	4	5	6	7
1-6-18 这家供应商产品的客户是有限的	1	2	3	4	5	6	7

二、对供应商的信任

	完全不同意	很不同意	有点不同意	不确定	有点同意	很同意	完全同意
关系型信任维度							
2-1 我们觉得这家供应商在谈判中很公平	1	2	3	4	5	6	7
2-2 我们认为这家供应商会利用任何机会去获得利润，甚至会损害到我们的利益也毫无顾忌（R）	1	2	3	4	5	6	7
2-3 我们觉得这家供应商是可以信赖的	1	2	3	4	5	6	7
2-4 我们觉得这家供应商不会利用我们的问题去获利利润	1	2	3	4	5	6	7
2-5 我们认为这家供应商曾试图逃避他们的承诺（R）	1	2	3	4	5	6	7
2-6 我们觉得这家供应商在同我们协商时很诚恳	1	2	3	4	5	6	7
2-7 当环境出现变化时，我们觉得这家供应商会给我们提供支持	1	2	3	4	5	6	7
2-8 我们觉得当这家供应商做出重大决策时，会考虑到我们的利益	1	2	3	4	5	6	7

续表

	完全不同意	很不同意	有点不同意	不确定	有点同意	很同意	完全同意
计算型信任维度							
2-9 我们相信对供应商履约行为的监控是有效的	1	2	3	4	5	6	7
2-10 我们相信这家供应商是有能力履行义务的	1	2	3	4	5	6	7
2-11 我们相信这家供应商的违约行为成本是很高的	1	2	3	4	5	6	7
2-12 我们相信对这家供应商的评价体系是很规范的	1	2	3	4	5	6	7
2-13 我们相信与这家供应商签订的契约是很完备的	1	2	3	4	5	6	7
2-14 我们相信对这家供应商的行为规范很明确	1	2	3	4	5	6	7

三、与供应商的合作

	完全不同意	很不同意	有点不同意	不确定	有点同意	很同意	完全同意
3-1 我们和这家供应商在产品的广告上积极的合作	1	2	3	4	5	6	7
3-2 我们和这家供应商会共同控制我们的存货水平	1	2	3	4	5	6	7
3-3 我们会和这家供应商共同制定产品的市场战略	1	2	3	4	5	6	7
3-4 我们会和这家供应商共同开发新产品	1	2	3	4	5	6	7
3-5 我们会和这家供应商共同分担额外费用	1	2	3	4	5	6	7
3-6 这家供应商会和我们分享他们所供应产品的成本结构信息	1	2	3	4	5	6	7
3-7 我们会和这家供应商分享我们的长期产品计划	1	2	3	4	5	6	7
3-8 我们和这家供应商共同执行及时供货计划（JIT）	1	2	3	4	5	6	7
3-9 无论这家供应商有什么需要，我们将尽可能帮助他们	1	2	3	4	5	6	7
3-10 无论我们有什么需要，这家供应商将尽最大努力帮助我们	1	2	3	4	5	6	7

四、企业及个人基本信息

4-1　企业所在地：

4-2　企业规模（员工总数）：＿＿＿＿＿＿人

4-3　企业性质：□国有企业（含国有控股）□集体企业 □民营企业

　　　　　　　　　□中外合资企业 □外商独资企业 □其他（请注明:）

4-4　企业是否已进行股份制改造：□是□否

若已改制或正在改制，则改制的时间为：

4-5　企业所属行业：□机械制造 □电子通信 □纺织 □生物医药

　　　　　　　　　　□家用电器 □塑胶制品 □金属制品 □石油化工

　　　　　　　　　　□食品加工 □服装加工 □其他（请注明:）

4-6　企业在该行业属于规模_____的公司。

1. 非常小　　　　　2. 很小　　　　　3. 有点小　　　　　4. 中等

5. 有点大　　　　　6. 很大　　　　　7. 非常大

4-7　企业在该行业的市场份额_____。

1. 非常小　　　　　2. 很小　　　　　3. 有点小　　　　　4. 中等

5. 有点大　　　　　6. 很大　　　　　7. 非常大

4-8　您在该企业的工作部门：_____　　　职务：_____

4-9　您对这家供应商的了解程度：

1. 完全不了解　　　2. 很不了解　　　3. 有点不了解　　4. 不确定

5. 有点了解　　　　6. 很了解　　　　7. 完全了解

4-10　在与这家供应商合作的过程中，您的参与程度

1. 完全不参与　　　2. 基本不参与　　3. 有点不参与　　4. 不确定

5. 有点参与　　　　6. 基本参与　　　7. 完全参与

4-11　您与这家供应商交往的时间：

1. 1 年以下　　　　2. 1~2 年　　　　3. 2~3 年　　　　4. 3~5 年

5. 5~7 年　　　　　6. 7~10 年　　　　7. 10 年以上

4-12　贵企业与这家供应商交往的时间：

1. 1 年以下　　　　2. 1~2 年　　　　3. 2~3 年　　　　4. 3~5 年

5. 5~7 年　　　　　6. 7~10 年　　　　7. 10 年以上

问卷到此结束，再次感谢您的参与和帮助！

附录 2 数据的描述性统计和正态分布

数据的描述性统计量和正态分布性 –1

	N	Mean	Std.	Skewness		Kurtosis	
	Statistic	Statistic	Statistic	Statistic	Std. Error	Statistic	Std. Error
供应商能力	316	4.8165	1.5028	−0.622	0.137	−0.168	0.273
CAP2	316	4.6044	1.3796	−0.182	0.137	−0.513	0.273
CAP3	316	4.5728	1.4942	−0.472	0.137	−0.442	0.273
CAP4	316	5.1519	1.3531	−0.758	0.137	0.351	0.273
CAP5	316	4.9620	1.3517	−0.606	0.137	0.026	0.273
CAP6	316	5.2658	1.3448	−0.762	0.137	0.182	0.273
CAP7	316	4.6994	1.3551	−0.412	0.137	−0.080	0.273
CAP8	316	4.5127	1.5108	−0.375	0.137	−0.386	0.273
CAP9	316	5.0570	1.2485	−0.364	0.137	−0.145	0.273
供应商声誉	316	4.9335	1.3209	−0.667	0.137	0.326	0.273
REP2	316	4.7152	1.2089	−0.393	0.137	0.007	0.273
REP3	316	4.4082	1.3759	0.046	0.137	−0.292	0.273
REP5	316	4.6108	1.2230	−0.322	0.137	−0.077	0.273
REP6	316	4.6266	1.09250	−0.128	0.137	0.290	0.273
产品重要性	316	5.1835	1.4468	−0.647	0.137	−0.147	0.273
PRO2	316	4.4525	1.5879	−0.324	0.137	−0.394	0.273
PRO3	316	4.9810	1.6309	−0.729	0.137	−0.134	0.273
PRO6	316	4.5854	1.6082	−0.365	0.137	−0.579	0.273

续表

	N	Mean	Std.	Skewness		Kurtosis	
	Statistic	Statistic	Statistic	Statistic	Std. Error	Statistic	Std. Error
交往经验	316	4.6582	1.1368	−0.331	0.137	−0.087	0.273
EXP2	316	4.4842	1.1696	−0.022	0.137	0.018	0.273
EXP3	316	4.7342	1.2262	−0.198	0.137	−0.293	0.273
EXP5	316	4.5981	1.1040	−0.222	0.137	−0.232	0.273
沟通	316	5.0475	1.3097	−0.720	0.137	0.383	0.273
COM9	316	5.3418	1.2638	−0.628	0.137	0.283	0.273
COM10	316	4.9019	1.1408	−0.633	0.137	0.750	0.273
COM11	316	4.2785	1.5008	−0.098	0.137	−0.479	0.273
COM12	316	4.7215	1.3517	−0.321	0.137	−0.045	0.273
COM13	316	4.4557	1.3049	−0.036	0.137	−0.241	0.273
COM14	316	4.1741	1.4447	−0.002	0.137	−0.411	0.273
我对供应商依赖	316	3.4873	1.6300	0.100	0.137	−0.839	0.273
DEP2	316	3.3038	1.5294	0.314	0.137	−0.375	0.273
DEP3	316	3.6835	1.6098	−0.220	0.137	−0.917	0.273
DEP4	316	3.7184	1.7311	0.086	0.137	−0.935	0.273
DEP5	316	3.7342	1.6730	−0.040	0.137	−0.903	0.273
DEP7	316	4.3544	1.5330	−0.276	0.137	−0.443	0.273
DEP8	316	4.2627	1.3907	−0.257	0.137	−0.045	0.273
DEP9	316	4.6171	1.6606	−0.464	0.137	−0.450	0.273
DEP10	316	4.3449	1.5730	−0.248	0.137	−0.542	0.273
供应商对我依赖	316	4.6076	1.5320	−0.439	0.137	−0.326	0.273
SDEP12	316	3.6424	1.5019	−0.042	0.137	−0.912	0.273
SDEP13	316	4.8070	1.4899	−0.407	0.137	−0.657	0.273
SDEP14	316	3.4652	1.5661	0.102	0.137	−0.711	0.273
SDEP15	316	4.1519	1.4505	−0.531	0.137	−0.223	0.273
SDEP16	316	4.4399	1.4820	−0.138	0.137	−0.232	0.273
SDEP17	316	3.7089	1.5402	0.098	0.137	−0.824	0.273
Valid N（listwise）	316						

数据的描述性统计量和正态分布性 - 2

	N	Mean	Std.	Skewness		Kurtosis	
	Statistic	Statistic	Statistic	Statistic	Std. Error	Statistic	Std. Error
供应商对我依赖	316	4.6076	1.5320	- 0.439	0.137	- 0.326	0.273
SDEP12	316	3.6424	1.5019	- 0.042	0.137	- 0.912	0.273
SDEP13	316	4.8070	1.4899	- 0.407	0.137	- 0.657	0.273
SDEP14	316	3.4652	1.5661	0.102	0.137	- 0.711	0.273
SDEP15	316	4.1519	1.4505	- 0.531	0.137	- 0.223	0.273
SDEP16	316	4.4399	1.4820	- 0.138	0.137	- 0.232	0.273
SDEP17	316	3.7089	1.5402	0.098	0.137	- 0.824	0.273
人员信任	316	4.3513	1.3847	- 0.338	0.137	- 0.433	0.273
PTRU2	316	4.6899	1.2594	- 0.790	0.137	0.766	0.273
PTRU3	316	4.0570	1.2736	- 0.265	0.137	0.130	0.273
PTRU4	316	4.0633	1.4015	- 0.58	0.137	- 0.337	0.273
PTRU6	316	4.5000	1.1832	0.156	0.137	0.083	0.273
PTRU7	316	4.4589	1.2247	0.101	0.137	- 0.127	0.273
PTRU9	316	4.9810	0.9426	- 0.351	0.137	0.104	0.273
PTRU10	316	4.9589	1.1162	- 0.063	0.137	1.851	0.273
PTRU11	316	4.4968	1.1615	- 0.390	0.137	0.417	0.273
人员地位	316	4.4684	1.3647	- 0.574	0.137	- 0.002	0.273
POW13	316	4.3449	1.3037	- 0.461	0.137	0.000	0.273
POW14	316	4.0633	1.4015	- 0.058	0.137	- 0.337	0.273
信任维度 1	316	4.6519	1.1598	- 0.140	0.137	- 0.378	0.273
TRU2	316	4.6487	1.1657	0.096	0.137	- 0.280	0.273
TRU3	316	4.9335	1.0041	- 0.851	0.137	1.933	0.273
TRU5	316	4.6329	1.1649	- 0.003	0.137	- 0.125	0.273
TRU6	316	4.8133	1.1212	- 0.279	0.137	- 0.245	0.273
TRU7	316	4.9494	1.0499	- 0.147	0.137	0.061	0.273
TRU8	316	4.5506	1.1604	- 0.056	0.137	- 0.039	0.273
信任维度 2	316	4.9177	1.1627	- 0.424	0.137	0.168	0.273
CON11	316	4.6487	1.2624	- 0.267	0.137	- 0.613	0.273
CON12	316	4.5443	1.2704	- 0.189	0.137	- 0.487	0.273

续表

	N	Mean	Std.	Skewness		Kurtosis	
	Statistic	Statistic	Statistic	Statistic	Std. Error	Statistic	Std. Error
CON13	316	4. 7532	1. 2882	− 0. 239	0. 137	− 0. 195	0. 273
CON14	316	4. 5000	1. 2687	− 0. 028	0. 137	− 0. 619	0. 273
与供应商合作	316	4. 0759	1. 5535	− 0. 137	0. 137	− 0. 419	0. 273
COP2	316	4. 4810	1. 4017	− 1. 316	0. 137	− 0. 209	0. 273
COP3	316	3. 9842	1. 4703	− 0. 099	0. 137	− 0. 626	0. 273
COP4	316	4. 1329	1. 6585	− 0. 318	0. 137	− 0. 636	0. 273
COP5	316	3. 9272	1. 5769	− 0. 182	0. 137	− 0. 581	0. 273
COP6	316	4. 0348	1. 5661	− 0. 158	0. 137	− 0. 601	0. 273
COP7	316	4. 4525	1. 5351	− 0. 503	0. 137	− 0. 189	0. 273
COP8	316	4. 5728	1. 5969	− 0. 620	0. 137	− 0. 319	0. 273
COP9	316	4. 2722	1. 4394	− 0. 222	0. 137	− 0. 172	0. 273
Valid N（listwise）	316						

附录 3 数据的偏差分析（邮寄与走访）

邮寄与走访两种方法的效果统计

问卷回收		N	Mean	Std. Deviation	Std. Error Mean
供应商能力	邮寄	151	4.7351	1.5087	0.1228
	走访	165	4.8909	1.4980	0.1166
CAP2	邮寄	151	4.5430	1.3698	0.1115
	走访	165	4.6606	1.3903	0.1082
CAP3	邮寄	151	4.6291	1.4680	0.1195
	走访	165	4.5212	1.5205	0.1184
CAP4	邮寄	151	5.1722	1.4225	0.1158
	走访	165	5.1333	1.2904	0.1005
CAP5	邮寄	151	4.9669	1.3585	0.1106
	走访	165	4.9576	1.3496	0.1051
CAP6	邮寄	151	5.2649	1.3794	0.1123
	走访	165	5.2667	1.3166	0.1025
CAP7	邮寄	151	4.6291	1.3741	0.1118
	走访	165	4.7636	1.3384	0.1042
CAP8	邮寄	151	4.4371	1.5387	0.1252
	走访	165	4.5818	1.4860	0.1157
CAP9	邮寄	151	5.0596	1.2556	0.1022
	走访	165	5.0545	1.2457	9.698E − 02

续表

问卷回收		N	Mean	Std. Deviation	Std. Error Mean
供应商声誉	邮寄	151	4.9073	1.3384	0.1089
	走访	165	4.9576	1.3083	0.1018
REP2	邮寄	151	4.7219	1.1671	9.498E−02
	走访	165	4.7091	1.2495	9.727E−02
REP3	邮寄	151	4.3642	1.3539	0.1102
	走访	165	4.4485	1.3986	0.1089
REP5	邮寄	151	4.5894	1.2344	0.1004
	走访	165	4.6303	1.2159	9.466E−02
REP6	邮寄	151	4.6490	1.0532	8.571E−02
	走访	165	4.6061	1.1300	8.797E−02
产品重要性	邮寄	151	5.1258	1.4980	0.1219
	走访	165	5.2364	1.4007	0.1090
PRO2	邮寄	151	4.4636	1.5265	0.1242
	走访	165	4.4424	1.6467	0.1282
PRO3	邮寄	151	4.9801	1.5555	0.1266
	走访	165	4.9818	1.7018	0.1325
PRO6	邮寄	151	4.5033	1.6728	0.1361
	走访	165	4.6606	1.5480	0.1205
交往经验	邮寄	151	4.5960	1.0781	8.774E−02
	走访	165	4.7152	1.1884	9.252E−02
EXP2	邮寄	151	4.3974	1.1609	9.447E−02
	走访	165	4.5636	1.1754	9.151E−02
EXP3	邮寄	151	4.7219	1.2174	9.907E−02
	走访	165	4.7455	1.2379	9.637E−02
EXP5	邮寄	151	4.5695	1.0489	8.536E−02
	走访	165	4.6242	1.1548	8.990E−02
沟通	邮寄	151	4.9272	1.4052	0.1144
	走访	165	5.1576	1.2095	9.416E−02
COM9	邮寄	151	5.3113	1.2446	0.1013
	走访	165	5.3697	1.2842	9.997E−02

续表

问卷回收		N	Mean	Std. Deviation	Std. Error Mean
COM10	邮寄	151	4.8411	1.2005	9.770E-02
	走访	165	4.9576	1.0840	8.439E-03
COM11	邮寄	151	4.2914	1.4541	0.1183
	走访	165	4.2667	1.5466	0.1204
COM12	邮寄	151	4.6093	1.3903	0.1131
	走访	165	4.8242	1.3111	0.1021
COM13	邮寄	151	4.3444	1.3468	0.1096
	走访	165	4.5576	1.2608	9.815E-02
COM14	邮寄	151	4.0993	1.4549	0.1184
	走访	165	4.2424	1.4363	0.1118
我对供应商依赖	邮寄	151	3.4702	1.5824	0.1288
	走访	165	3.5030	1.6770	0.1306
DEP2	邮寄	151	3.2384	1.4547	0.1184
	走访	165	3.3636	1.5968	0.1243
DEP3	邮寄	151	3.7616	1.5651	0.1274
	走访	165	3.6121	1.6513	0.1286
DEP4	邮寄	151	3.8013	1.7475	0.1422
	走访	165	3.6424	1.7177	0.1337
DEP5	邮寄	151	3.6954	1.5790	0.1285
	走访	165	3.7697	1.7587	0.1369
DEP7	邮寄	151	4.3245	1.5168	0.1234
	走访	165	4.3818	1.5518	0.1208
DEP8	邮寄	151	4.2517	1.3526	0.1101
	走访	165	4.2727	1.4286	0.1112
DEP9	邮寄	151	4.6225	1.7039	0.1387
	走访	165	4.6121	1.6252	0.1265
DEP10	邮寄	151	4.3775	1.5481	0.1260
	走访	165	4.3152	1.5996	0.1245
供应商对我依赖	邮寄	151	4.5166	1.5269	0.1243
	走访	165	4.6909	1.5366	0.1196

问卷回收		N	Mean	Std. Deviation	Std. Error Mean
SDEP12	邮寄	151	3.6358	1.5296	0.1245
	走访	165	3.6485	1.4808	0.1153
SDEP13	邮寄	151	4.7086	1.5257	0.1242
	走访	165	4.8970	1.4551	0.1133
SDEP14	邮寄	151	3.4305	1.5254	0.1241
	走访	165	3.4970	1.6065	0.1251
SDEP15	邮寄	151	4.0397	1.4692	0.1196
	走访	165	4.2545	1.4299	0.1113
SDEP16	邮寄	151	4.3775	1.4177	0.1154
	走访	165	4.4970	1.5406	0.1199
SDEP17	邮寄	151	3.6887	1.5196	0.1237
	走访	165	3.7273	1.5632	0.1217
人员信任	邮寄	151	4.1656	1.3635	0.1110
	走访	165	4.5212	1.3863	0.1079
PTRU2	邮寄	151	4.6623	1.2430	0.1012
	走访	165	4.7152	1.2774	$9.945E-02$
PTRU3	邮寄	151	3.9536	1.2614	0.1027
	走访	165	4.1515	1.2812	$9.974E-02$
PTRU4	邮寄	151	4.1457	1.2827	0.1044
	走访	165	3.9879	1.5020	0.1169
PTRU6	邮寄	151	4.4437	1.2091	$9.839E-02$
	走访	165	4.5515	1.1604	$9.033E-02$
PTRU7	邮寄	151	4.3245	1.2835	0.1044
	走访	165	4.5818	1.1586	$9.020E-02$
PTRU9	邮寄	151	4.8675	0.9638	$7.844E-02$
	走访	165	5.0848	0.9134	$7.110E-02$
PTRU10	邮寄	151	4.9073	1.0915	$8.882E-02$
	走访	165	5.0061	1.1396	$8.872E-02$
PTRU11	邮寄	151	4.3907	1.1660	$9.489E-02$
	走访	165	4.5939	1.1524	$8.971E-02$

续表

问卷回收		N	Mean	Std. Deviation	Std. Error Mean
人员地位	邮寄	151	4.5033	1.2852	0.1046
	走访	165	4.4364	1.4368	0.1119
POW13	邮寄	151	4.3709	1.2034	9.793E−02
	走访	165	4.3212	1.3924	0.1084
POW14	邮寄	151	4.1457	1.2827	0.1044
	走访	165	3.9879	1.5020	0.1169
信任维度1	邮寄	151	4.5894	1.1563	9.410E−02
	走访	165	4.7091	1.1636	9.058E−02
TRU2	邮寄	151	4.4636	1.1534	9.386E−02
	走访	165	4.8182	1.1544	8.987E−02
TRU3	邮寄	151	4.8477	1.0440	8.496E−02
	走访	165	5.0121	0.9626	7.494E−02
TRU5	邮寄	151	4.5762	1.1630	9.464E−02
	走访	165	4.6848	1.1677	9.090E−02
TRU6	邮寄	151	4.7616	1.1702	9.523E−02
	走访	165	4.8606	1.0758	8.375E−02
TRU7	邮寄	151	4.8675	1.0563	8.596E−02
	走访	165	5.0242	1.0415	8.108E−02
TRU8	邮寄	151	4.5497	1.1758	9.569E−02
	走访	165	4.5515	1.1498	8.951E−02
信任维度2	邮寄	151	4.7748	1.1614	9.452E−02
	走访	165	5.0485	1.1519	8.968E−02
CON11	邮寄	151	4.6490	1.2122	9.864E−02
	走访	165	4.6485	1.3104	0.1020
CON12	邮寄	151	4.5430	1.2582	0.1024
	走访	165	4.5455	1.2853	0.1001
CON13	邮寄	151	4.7219	1.2337	0.1004
	走访	165	4.7818	1.3392	0.1043
CON14	邮寄	151	4.4967	1.2955	0.1054
	走访	165	4.5030	1.2476	9.712E−02

续表

问卷回收		N	Mean	Std. Deviation	Std. Error Mean
与供应商合作	邮寄	151	4.2119	1.4905	0.1213
	走访	165	3.9515	1.6034	0.1248
COP2	邮寄	151	4.5828	1.2980	0.1056
	走访	165	4.3879	1.4881	0.1158
COP3	邮寄	151	4.0993	1.3893	0.1131
	走访	165	3.8788	1.5373	0.1197
COP4	邮寄	151	4.1987	1.6534	0.1345
	走访	165	4.0727	1.6659	0.1297
COP5	邮寄	151	4.1325	1.5305	0.1245
	走访	165	3.7394	1.5999	0.1246
COP6	邮寄	151	4.2583	1.4808	0.1205
	走访	165	3.8303	1.6178	0.1259
COP7	邮寄	151	4.5695	1.4400	0.1172
	走访	165	4.3455	1.6142	0.1257
COP8	邮寄	151	4.6887	1.5196	0.1237
	走访	165	4.4667	1.6621	0.1294
COP9	邮寄	151	4.3576	1.3728	0.1117
	走访	165	4.1939	1.4975	0.1166

邮寄与走访两种方法的独立样本 T 检验结果－1

		Levene's Test for Equality of Variances		t-test for Equality of Means					95% Confidence Interval of the Difference	
		F	Sig.	t	df	Sig. (2－tailed)	Mean Difference	Std. Error Difference	Lower	Upper
供应商能力	Equal variances assumed	0.185	0.667	-0.920	314	0.358	-0.1558	0.1693	-0.4889	0.1773
	Equal variances not assumed			-0.920	311.131	0.358	-0.1558	0.1693	-0.4890	0.1774
CAP2	Equal variances assumed	0.013	0.909	-0.756	314	0.450	-0.1176	0.1555	-0.4235	0.1883
	Equal variances not assumed			-0.757	312.282	0.450	-0.1176	0.1554	-0.4233	0.1882
CAP3	Equal variances assumed	0.093	0.761	0.641	314	0.522	0.1079	0.1684	-0.2235	0.4393
	Equal variances not assumed			0.642	313.095	0.522	0.1079	0.1682	-0.2230	0.4388
CAP4	Equal variances assumed	0.881	0.349	0.255	314	0.799	3.885E－02	0.1526	-0.2614	0.3391
	Equal variances not assumed			0.253	303.539	0.800	3.885E－02	0.1533	-0.2628	0.3405
CAP5	Equal variances assumed	0.067	0.795	0.61	314	0.951	9.312E－02	0.1525	-0.2907	0.3093
	Equal variances not assumed			0.61	311.158	0.951	9.312E－02	0.1525	-0.2908	0.3094
CAP6	Equal variances assumed	0.164	0.686	-0.012	314	0.991	-1.766E－03	0.1517	-0.3002	0.2967
	Equal variances not assumed			-0.012	308.346	0.991	-1.766E－03	0.1520	-0.3009	0.2973
CAP7	Equal variances assumed	0.180	0.672	-0.881	314	0.379	-0.1345	0.1527	-0.4349	0.1659
	Equal variances not assumed			-0.880	309.884	0.380	-0.1345	0.1528	-0.4352	0.1662
CAP8	Equal variances assumed	0.224	0.636	-0.850	314	0.396	-0.1447	0.1702	-0.4796	0.1902
	Equal variances not assumed			-0.849	309.264	0.397	-0.1447	0.1705	-0.4802	0.1907

续表

		Levene's Test for Equality of Variances		t-test for Equality of Means					95% Confidence Interval of the Difference	
		F	Sig.	t	df	Sig. (2-tailed)	Mean Difference	Std. Error Difference	Lower	Upper
CAP9	Equal variances assumed	0.009	0.925	0.036	314	0.971	5.057E-03	0.1408	-0.2720	0.2821
	Equal variances not assumed			0.036	311.084	0.97	5.057E-03	0.1409	-0.2721	0.2822
供应商声誉	Equal variances assumed	0.775	0.379	-0.338	314	0.736	-5.029E-02	0.1490	-0.3434	0.2428
	Equal variances not assumed			-0.337	310.131	0.736	-5.029E-02	0.1491	-0.3437	0.2431
REP2	Equal variances assumed	1.011	0.315	0.094	314	0.925	1.276E-02	0.1364	-0.2555	0.2811
	Equal variances not assumed			0.094	313.865	0.925	1.276E-02	0.1360	-0.2547	0.2803
REP3	Equal variances assumed	0.421	0.517	-0.543	314	0.587	-8.425E-02	0.1551	-0.3895	0.2210
	Equal variances not assumed			-0.544	313.001	0.587	-8.425E-02	0.1549	-0.3890	0.2205
REP5	Equal variances assumed	0.016	0.899	-0.297	314	0.767	-4.090E-02	0.1379	-0.3123	0.2305
	Equal variances not assumed			-0.296	310.638	0.767	-4.090E-02	0.1380	-0.3125	0.2307
REP6	Equal variances assumed	0.693	0.406	0.349	314	0.728	4.295E-02	0.1232	-0.1995	0.2854
	Equal variances not assumed			0.350	313.891	0.727	4.295E-02	0.1228	-0.1987	0.2846
产品重要性	Equal variances assumed	0.274	0.601	-0.678	314	0.498	-0.1105	0.1631	-0.4314	0.2103
	Equal variances not assumed			-0.676	306.563	0.500	-0.1105	0.1636	-0.4324	0.2113
PRO2	Equal variances assumed	2.316	0.129	0.118	314	0.906	2.115E-02	0.1791	-0.3313	0.3736
	Equal variances not assumed			0.118	313.945	0.906	2.115E-02	0.1785	-0.3301	0.3724

续表

		Levene's Test for Equality of Variances		t-test for Equality of Means						95% Confidence Interval of the Difference	
		F	Sig.	t	df	Sig. (2-tailed)	Mean Difference	Std. Error Difference		Lower	Upper
RE03	Equal variances assumed	0.212	0.646	-0.009	314	0.993	-1.686E-03	0.1840		-0.3637	0.3603
	Equal variances not assumed			-0.009	314.000	0.993	-1.686E-03	0.1832		-0.3622	0.3588
RE06	Equal variances assumed	1.058	0.304	-0.868	314	0.386	-0.1573	0.1812		-0.5138	0.1992
	Equal variances not assumed			-0.865	305.576	0.388	-0.1573	0.1818		-0.5151	0.2005
交往经验	Equal variances assumed	1.008	0.316	-0.930	314	0.353	-0.1191	0.1281		-0.3711	0.1328
	Equal variances not assumed			-0.934	313.978	0.351	-0.1191	0.1275		-0.3700	0.1317
EXP2	Equal variances assumed	0.310	0.578	-1.264	314	0.207	-0.1663	0.1316		-0.4252	9.264E-02
	Equal variances not assumed			-1.264	312.170	0.207	-0.1663	0.1315		-0.4251	9.250E-02
EXP3	Equal variances assumed	0.006	0.936	-0.171	314	0.865	-2.360E-02	0.1383		-0.2957	0.2485
	Equal variances not assumed			-0.171	312.367	0.86	-2.360E-02	0.1382		-0.2955	0.2483
EXP5	Equal variances assumed	1.565	0.212	-0.439	314	0.661	-5.471E-02	0.1245		-0.2997	0.1902
	Equal variances not assumed			-0.441	313.983	0.659	-5.471E-02	0.1240		-0.2986	0.1892

邮寄与走访两种方法的独立样本 T 检验结果 - 2

		Levene's Test for Equality of Variances		t-test for Equality of Means					95% Confidence Interval of the Difference	
		F	Sig.	t	df	Sig. (2 - tailed)	Mean Difference	Std. Error Difference	Lower	Upper
沟通	Equal variances assumed	2.991	0.085	-1.566	314	0.118	-0.2304	0.1472	-0.5200	5.911E-02
	Equal variances not assumed			-1.556	297.333	0.121	-0.2304	0.1481	-0.5219	6.109E-02
COM9	Equal variances assumed	0.173	0.678	-0.410	314	0.682	-5.844E-02	0.1425	-0.3388	0.2220
	Equal variances not assumed			-0.411	312.957	0.682	-5.844E-02	0.1423	-0.3385	0.2216
COM10	Equal variances assumed	1.508	0.220	-0.907	314	0.365	-0.1165	0.1285	-0.3694	0.1363
	Equal variances not assumed			-0.903	303.040	0.367	-0.1165	0.1291	-0.3706	0.1375
COM11	Equal variances assumed	1.273	0.260	0.146	314	0.884	2.472E-02	0.1693	-0.3083	0.3578
	Equal variances not assumed			0.146	313.766	0.884	2.472E-02	0.1688	-0.3074	0.3569
COM12	Equal variances assumed	0.849	0.358	-1.414	314	0.158	-0.2150	0.1520	-0.5140	8.406E-02
	Equal variances not assumed			-1.411	307.324	0.159	-0.2150	0.1524	-0.5148	8.486E-02
COM13	Equal variances assumed	0.573	0.450	-1.453	314	0.147	-0.2132	0.1467	-0.5018	7.543E-02
	Equal variances not assumed			-1.449	306.668	0.148	-0.2132	0.1471	-0.5027	7.631E-02
COM14	Equal variances assumed	0.061	0.805	-0.879	314	0.380	-0.1431	0.1628	-0.4633	0.1771
	Equal variances not assumed			-0.879	310.776	0.380	-0.1431	0.1628	-0.4635	0.1773
我对供应商依赖	Equal variances assumed	0.561	0.455	-0.179	314	0.858	-3.283E-02	0.1839	-0.3946	0.3289
	Equal variances not assumed			-0.179	313.701	0.858	-3.283E-02	0.1834	-0.3936	0.3280

续表

		Levene's Test for Equality of Variances		t-test for Equality of Means					95% Confidence Interval of the Difference	
		F	Sig.	t	df	Sig. (2-tailed)	Mean Difference	Std. Error Difference	Lower	Upper
DEP2	Equal variances assumed	2.495	0.115	-0.726	314	0.468	-0.1252	0.1724	-0.4644	0.2139
	Equal variances not assumed			-0.729	313.994	0.466	-0.1252	0.1717	-0.4630	0.2125
DEP3	Equal variances assumed	1.195	0.275	0.824	314	0.411	0.1495	0.1814	-0.2074	0.5064
	Equal variances not assumed			0.826	313.608	0.409	0.1495	0.1810	-0.2066	0.5055
DEP4	Equal variances assumed	0.000	0.985	0.815	314	0.416	0.1589	0.1951	-0.2249	0.5427
	Equal variances not assumed			0.814	310.505	0.416	0.1589	0.1952	-0.2252	0.5430
DEP5	Equal variances assumed	4.732	0.030	-0.394	314	0.694	$-7.433E-02$	0.1887	-0.4455	0.2969
	Equal variances not assumed			-0.396	313.889	0.692	$-7.433E-02$	0.1878	-0.4438	0.2951
DEP7	Equal variances assumed	0.580	0.447	-0.332	314	0.740	$-5.731E-02$	0.1729	-0.3975	0.2829
	Equal variances not assumed			-0.332	312.632	0.740	$-5.731E-02$	0.1727	-0.3972	0.2825
DEP8	Equal variances assumed	1.531	0.217	-0.134	314	0.893	$-2.107E-02$	0.1569	-0.3297	0.2876
	Equal variances not assumed			-0.135	313.632	0.893	$-2.107E-02$	0.1565	-0.3290	0.2868
DEP9	Equal variances assumed	0.462	0.497	0.055	314	0.956	$1.040E-02$	0.1873	-0.3582	0.3789
	Equal variances not assumed			0.055	308.292	0.956	$1.040E-02$	0.1877	-0.3590	0.3797
DEP10	Equal variances assumed	0.056	0.814	0.351	314	0.726	$6.233E-02$	0.1774	-0.2867	0.4114
	Equal variances not assumed			0.352	313.009	0.725	$6.233E-02$	0.1771	-0.2862	0.4109

续表

		Levene's Test for Equality of Variances		t-test for Equality of Means					95% Confidence Interval of the Difference	
		F	Sig.	t	df	Sig. (2 – tailed)	Mean Difference	Std. Error Difference	Lower	Upper
供应商对我依赖	Equal variances assumed	0.020	0.888	-1.001	314	0.313	-0.1744	0.1725	-0.5138	-0.1651
	Equal variances not assumed			-1.011	311.871	0.313	-0.1744	0.1725	-0.5137	0.1650
SDEP12	Equal variances assumed	0.232	0.630	-0.075	314	0.940	-1.272E-02	0.1694	-0.3461	0.3206
	Equal variances not assumed			-0.075	309.444	0.940	-1.272E-02	0.1697	-0.3466	0.3211
SDEP13	Equal variances assumed	1.205	0.273	-1.123	314	0.262	-0.1884	0.1677	-0.5184	0.1416
	Equal variances not assumed			-1.121	308.282	0.263	-0.1884	0.1681	-0.5191	0.1424
SDEP14	Equal variances assumed	0.824	0.365	-0.377	314	0.707	-6.651E-02	0.1766	-0.4140	0.2810
	Equal variances not assumed			-0.377	313.567	0.706	-6.651E-02	0.1762	-0.4132	0.2802
SDEP15	Equal variances assumed	0.004	0.949	-1.317	314	0.189	-0.2148	0.1632	-0.5358	0.1062
	Equal variances not assumed			-1.315	309.831	0.189	-0.2148	0.1634	-0.5362	-0.1066
SDEP16	Equal variances assumed	0.884	0.348	-0.715	314	0.475	-0.1195	0.1670	-0.4481	0.2092
	Equal variances not assumed			-0.718	3313.989	0.473	0.1195	0.1664	-0.4469	0.2080
SDEP17	Equal variances assumed	0.239	0.625	-0.222	314	0.825	-3.853E-02	-0.1737	-0.3803	0.3033
	Equal variances not assumed			-0.222	312.847	0.824	-3.853E-02	0.1735	-0.3799	0.3028

邮寄与走访两种方法的独立样本 T 检验结果－3

		Levene's Test for Equality of Variances		t-test for Equality of Means					95% Confidence Interval of the Difference	
		F	Sig.	t	df	Sig. (2－tailed)	Mean Difference	Std. Error Difference	Lower	Upper
人员信任	Equal variances assumed	0.076	0.784	－2.296	314	0.022	－0.3556	0.1549	－0.6604	－5.09E－02
	Equal variances not assumed			－2.298	312.363	0.022	－0.3556	0.1548	－0.6602	－5.11E－02
PTRU2	Equal variances assumed	0.115	0.735	－0.372	314	0.710	－5.290E－02	0.1420	－0.3323	0.2265
	Equal variances not assumed			－0.373	312.809	0.709	－5.290E－02	0.1419	－0.3320	0.2262
PTRU3	Equal variances assumed	0.096	0.757	－1.382	314	0.168	－0.1979	0.1432	－0.4797	8.394E－02
	Equal variances not assumed			－1.382	312.317	0.168	－0.1979	0.1431	－0.4795	8.375E－02
PTRU4	Equal variances assumed	1.739	0.188	1.000	314	0.318	0.1578	0.1578	－0.1527	0.4684
	Equal variances not assumed			1.007	312.534	0.315	0.1578	0.1567	－0.1506	0.4662
PTRU6	Equal variances assumed	0.065	0.799	－0.809	314	0.419	－0.1078	0.1333	－0.3701	0.1545
	Equal variances not assumed			－0.807	308.785	0.420	－0.1078	0.1336	－0.3706	0.1550
PTRU7	Equal variances assumed	1.005	0.317	－1.873	314	0.062	－0.2573	0.1374	－0.5276	1.298E－02
	Equal variances not assumed			－1.865	303.012	0.063	－0.2573	0.1380	－0.5289	1.425E－02
PTRU9	Equal variances assumed	0.435	0.510	－2.057	314	0.040	－0.2173	0.1056	－0.4251	－9.49E－03
	Equal variances not assumed			－2.053	307.746	0.041	－0.2173	0.1059	－0.4256	－8.98E－03
PTRU10	Equal variances assumed	0.022	0.883	－0.785	314	0.433	－9.878E－02	0.1258	－0.3463	0.1487
	Equal variances not assumed			－0.787	313.342	0.432	－9.878E－02	0.1255	－0.3458	0.1482

续表

		Levene's Test for Equality of Variances		t-test for Equality of Means					95% Confidence Interval of the Difference	
		F	Sig.	t	df	Sig. (2 - tailed)	Mean Difference	Std. Error Difference	Lower	Upper
PTRU11	Equal variances assumed	0.076	0.783	-1.557	314	0.120	-0.2032	0.1305	-0.4600	5.359E-02
	Equal variances not assumed			-1.556	310.846	0.121	-0.2032	0.1306	-0.4602	5.373E-02
人员地位	Equal variances assumed	3.536	0.061	0.435	314	0.664	6.695E-02	0.1539	-0.2358	0.3697
	Equal variances not assumed			0.437	313.840	0.662	6.695E-02	0.1531	-0.2344	0.3682
POW13	Equal variances assumed	3.103	0.079	0.338	314	0.736	4.965E-02	0.1470	-0.2396	0.3389
	Equal variances not assumed			0.340	312.994	0.734	4.965E-02	0.1461	-0.2378	0.3371
POW14	Equal variances assumed	1.739	0.188	1.000	314	0.318	0.1578	0.1578	-0.1527	0.4684
	Equal variances not assumed			1.007	312.534	0.315	0.1578	0.1567	-0.1506	0.4662
信任维度1	Equal variances assumed	0.106	0.745	-0.916	314	0.360	-0.1197	0.1306	-0.3767	0.1374
	Equal variances not assumed			-0.916	311.867	0.360	-0.1197	0.1306	-0.3767	0.1373
TRU2	Equal variances assumed	0.616	0.433	-2.729	314	0.007	-0.3546	0.1300	-0.6103	-9.89E-02
	Equal variances not assumed			-2.729	311.580	0.007	-0.3546	0.1299	-0.6103	-9.89E-02
TRU3	Equal variances assumed	3.354	0.068	-1.457	314	0.146	-0.1644	0.1129	-0.3865	5.766E-02
	Equal variances not assumed			-1.451	305.222	0.148	-0.1644	0.1133	-0.3874	5.849E-02
TRU5	Equal variances assumed	0.004	0.951	-0.828	314	0.408	-0.1087	0.1313	-0.3669	0.1496
	Equal variances not assumed			-0.828	311.751	0.408	-0.1087	0.1312	-0.3669	0.1495

续表

		Levene's Test for Equality of Variances		t-test for Equality of Means					95% Confidence Interval of the Difference	
		F	Sig.	t	df	Sig. (2 – tailed)	Mean Difference	Std. Error Difference	Lower	Upper
TRU6	Equal variances assumed	2.552	0.111	-0.784	314	0.434	-9.902E-02	0.1263	-0.3476	0.1496
	Equal variances not assumed			-0.781	304.921	0.436	-9.902E-02	0.1268	-0.3486	0.1505
TRU7	Equal variances assumed	0.205	0.651	-1.327	314	0.186	-0.1567	0.1181	-0.3890	7.566E-02
	Equal variances not assumed			-1.326	310.704	0.186	-0.1567	0.1182	-0.3892	7.581E-02
TRU8	Equal variances assumed	0.008	0.929	-0.014	314	0.989	-1.846E-03	0.1309	-0.2594	0.2557
	Equal variances not assumed			-0.014	310.158	0.989	-1.846E-03	0.1310	-0.2597	0.2560
信任维度2	Equal variances assumed	1.264	0.262	-2.101	314	0.036	-0.2737	0.1302	-0.5299	-1.74E-02
	Equal variances not assumed			-2.100	311.060	0.037	-0.2737	0.1303	-0.5300	-1.73E-02
CON11	Equal variances assumed	0.804	0.371	0.004	314	0.997	5.218E-04	0.1424	-0.2797	0.2807
	Equal variances not assumed			0.004	313.962	0.997	5.218E-04	0.1419	-0.2787	0.2797
CON12	Equal variances assumed	0.070	0.791	-0.017	314	0.987	-2.408E-03	0.1433	-0.2844	0.2795
	Equal variances not assumed			-0.017	312.566	0.987	-2.408E-03	0.1432	-0.2841	0.2793
CON13	Equal variances assumed	0.665	0.415	-0.413	314	0.680	-5.996E-02	0.1453	-0.3458	0.2259
	Equal variances not assumed			-0.414	313.985	0.679	-5.996E-02	0.1447	-0.3448	0.2248
CON14	Equal variances assumed	0.168	0.682	-0.044	314	0.965	-6.342E-03	0.1431	-0.2879	0.2752
	Equal variances not assumed			-0.044	309.049	0.965	-6.342E-03	0.1433	-0.2884	0.2757

续表

		Levene's Test for Equality of Variances		t-test for Equality of Means					95% Confidence Interval of the Difference	
		F	Sig.	t	df	Sig. (2 - tailed)	Mean Difference	Std. Error Difference	Lower	Upper
与供应商合作	Equal variances assumed	0.186	0.666	1.491	314	0.137	0.2604	0.1746	-8.32E-02	0.6040
	Equal variances not assumed			1.496	313.920	0.136	0.2604	0.1740	-8.20E-02	0.6029
COP2	Equal variances assumed	2.569	0.110	1.236	314	0.217	0.1949	0.1577	-0.1154	0.5052
	Equal variances not assumed			1.243	313.291	0.215	0.1949	0.1568	-0.1136	0.5034
COP3	Equal variances assumed	1.451	0.229	1.334	314	0.183	0.2205	0.1654	-0.1048	0.5459
	Equal variances not assumed			1.340	313.953	0.181	0.2205	0.1646	-0.1034	0.5445
COP4	Equal variances assumed	0.034	0.853	0.674	314	0.501	0.1259	0.1869	-0.2419	0.4938
	Equal variances not assumed			0.674	311.931	0.501	0.1259	0.1869	-0.2417	0.4936
COP5	Equal variances assumed	1.945	0.164	2.227	314	0.027	0.3931	0.1765	4.581E-02	0.7403
	Equal variances not assumed			2.231	313.377	0.026	0.3931	0.1761	4.649E-02	0.7396
COP6	Equal variances assumed	2.075	0.151	2.446	314	0.015	0.4280	0.1750	8.366E-02	0.7723
	Equal variances not assumed			2.455	314.000	0.015	0.4280	0.1743	8.501E-02	0.7709
COP7	Equal variances assumed	2.983	0.085	1.298	314	0.195	0.2241	0.1727	-0.1157	0.5639
	Equal variances not assumed			1.304	313.801	0.193	0.2241	0.1718	-0.1140	0.5622
COP8	Equal variances assumed	2.415	0.121	1.236	314	0.217	0.2221	0.1797	-0.1315	0.5756
	Equal variances not assumed			1.241	314.000	0.216	0.2221	0.1790	-0.1301	0.5742
COP9	Equal variances assumed	1.484	0.224	1.010	314	0.313	0.1637	0.1621	-0.1553	0.4826
	Equal variances not assumed			1.014	313.999	0.312	0.1637	0.1615	-0.1540	0.4814

参考文献

［1］Ali, H. & Birley, S. The Role of Trust in the Marketing Activities of Entrepreneurs Establishing New Ventures ［J］. Journal of Marketing Management, 1998, 14 (7): 749 −763

［2］Anderson, E. & Weitz, B. A. Determinants of continuity in conventional industrial channel dyads ［J］. Marketing Sciences, 1989, 8 (Fall): 310 −323

［3］Anderson, E. & Weitz, B. A. The Use of Pledges to Build and Sustain Commitment in Distribution Channels ［J］. Journal of Marketing Research, 1992, 29 (February): 18 −34

［4］Anderson, J. C. & Gerbing, D. W. Structural equation modeling in practice: a review and recommended two-step approach ［J］. Psychological Bulletin, 1988, 103: 411 −423

［5］Anderson, J. C. & Narus, J. A. A model of distributor firm and manufacturer firm working partnerships ［J］. Journal of Marketing, 1990, 54 (1): 42 −59

［6］Appelbaum, S., Bartolomucci, N., Beaumier, E., et al. Organizational citizenship behavior: a case study of culture, leadership and trust ［J］. Management Decision, 2004, 42: 13 −40

［7］Arino, A., Torre, J. d. l., & Ring, P. S. Relational quality and inter-personal trust in strategic alliances ［J］. European Management Review, 2005, 2 (1): 15 −27

［8］Atkinson, S. & Butcher, D. Trust in managerial relationships ［J］. Journal of Managerial Psychology, 2003, 18 (4): 282 −302

［9］Bagozzi, R. P. & Yi, Y. On the Evaluation of Structural Equation Models

[J]. Journal of the Academy of Marketing Science, 1988, 16 (1): 74 -94

[10] Barber, B. The logic and limits of trust [M]. New Brunswick, NJ: Rutgers University Press, 1983

[11] Barney, J. B. Firm resources and sustained competitive advantage [J]. Journal of Management, 1991, 17: 99 -120

[12] Barney, J. B. & Hansen, M. H. Trustworthiness as a source of competitive advantage [J]. Strategic Management Journal, 1994, 15: 175 -190

[13] Baron, R. & Kenny, D. The moderator-mediator variable distinction in sociallpsychological research [J]. Journal of Personality and Social Psychology, 1986, 51: 1173 -1182

[14] Batt, P. J. Building trust between growers and market agents [J]. Supply Chain Management, 2003, 8 (1): 65 -78

[15] Beamish, P. The characteristics of joint ventures in developed and developing countries [J]. Columbia Journal of World Business, 1985, 20: 13 -19

[16] Bendor, J. , Kramer, R. M. , & Stout, S. When in doubt: Cooperation in a noisy prisoner's dilemma [J]. Journal of Conflict Resolution, 1991, 35: 691 -719

[17] Bigne, E. & Blesa, A. Market orientation trust and satisfaction in dyadic relationships: A manufacturer-retailer analysis [J]. International Journal of Retail & Distribution Management, 2003, 31: 574 -590

[18] Bleeke, J. & Ernst, D. The way to win in cross border alliances [J]. Harvard Business Review, 1991, 69 (6): 127 -135

[19] Bollen, K. A. Structural equations with latent variables [M]. New York: Wiley, 1989

[20] Booth, B. E. Processes and the evolution of trust in interfirm collaborative relationships: A longitudinal study [D]. Unpublished PhD Dissertation, Northwestern University, 1998

[21] Boyle, R. & Bonacich, P. The development of trust and mistrust in mixed-motive games [J]. Sociometry, 1970, 33: 123 -139

[22] Bradach, J. L. & Eccles, R. G. Price authority, and trust: From ideal types to plural forms [J]. Annual Review of Sociology, 1989, 15: 97 -118

[23] Browne, M. & Cudeck, R. Alternative ways of assessing model fit. In K. Bollen &J. Long (Eds.), Testing structural equation models [M]: 136 -162. Newbury Park: Sage, 1993

［24］Browne, M. W. & Mels, G. RAMONA user's guide ［M］. Columbus: Department of Psychology, Ohio State University, 1990

［25］Burt, R. S. & Knez, M. Kinds of third-party effects on trust ［J］. Rationality and Society, 1995, 7: 255 –292

［26］Butler, J. K. Toward understanding and measuring conditions of trust: Evolution of a conditions of trust inventory ［J］. Journal of Management, 1991, 17: 643 – 663

［27］Butler, J. K. & Cantrell, R. S. A behavioral decision theory approach to modeling dyadic trust in superiors and subordinates ［J］. Psychological Reports, 1984, 55: 19 –28

［28］Cabon-Dhersin, M. –L. & Ramani, S. V. Does trust matter for R&D cooperation? A game theoretic examination ［J］. Theory and Decision, 2004, 57（2）: 143 –180

［29］Carson, S. J., Madhok, A., Varman, R., et al. Information processing moderators of the effectiveness of trust-based governance in interfirm R&D collaboration ［J］. Organization Science, 2003, 14（1）: 45 –56

［30］Chaudhuri, A., Khan, S. A., Lakshmiratan, A., et al. Trust and trustworthiness in a sequential bargaining game ［J］. Journal of Behavioral Decision Making, 2003, 16（5）: 331 –340

［31］Chen, C. C., Chen, Y. –R., & Xin, K. Guanxi Practices and Trust in Management: A Procedural Justice Perspective ［J］. Organization Science, 2004, 15（2）: 200 –209

［32］Chen, Z. X., Aryee, S., & Lee, C. Test of a mediation model of perceived organizational support ［J］. Journal of Vocational Behavior, 2005, 66: 457 – 470

［33］Chen, J. V., Yen, D. C., Rajkumar, T. M. &Tomochko, N. A.. The antecedent factors on trust and commitment in supply chain relationships ［J］. Computer Standards & Interfaces, 2011, 33: 262 –270

［34］Child, J. & Mollering, G. Contexual confidence and active trust development in the Chinese businesss environment ［J］. Organization Science, 2003, 14（1）: 69 –80

［35］Chowdhury, S. The Role of Affect-and Cognition-based Trust in Complex Knowledge Sharing ［J］. Journal of Managerial Issues, 2005, 17（3）: 310 –326

[36] Chu, S. - Y. & Fang, W. - C. Exploring the Relationships of Trust and Commitment in Supply Chain Management [J]. Journal of American Academy of Business, 2006, 9 (1): 224 -228

[37] Chua, R. Y. J., Ingram, P. &Morris, M. W. From the head and the heart: locating cognition-and affect-based trust in managers' professional networks [J]. Academy of Management Journal, 2008, 51 (3): 436 -452

[38] Coleman, J. S. Foundations of Social Theory [M]. Cambridge, MA: Harvard University Press, 1990

[39] Coletti, A. L., Sedatole, K. L., & Towry, K. L. The Effect of Control Systems on Trust and Cooperation in Collaborative Environments [J]. The Accounting Review, 2005, 80 (2): 477 -500

[40] Cook, J. & Wall, T. New work attitude measures of trust, organizational commitment, and personal need nonfulfillment [J]. Journal of Occupational Psychology, 1980, 53: 39 -52

[41] Couch, L. L. & Jones, W. H. Measuring Levels of Trust [J]. Journal of Research in Personality, 1997, 31 (3): 319 -336

[42] Cravens, D. W., Grant, K., Ingram, T. N., et al. In search of excellent sales organizations [J]. European Journal of Marketing, 1992, 26 (1): 6 -23

[43] Das, T. K. & Teng, B. -S. Between trust and control: Developing confidence in partner cooperation in alliances [J]. The Academy of Management Review, 1998, 23 (3): 491 -512

[44] Das, T. K. & Teng, B. - S. A Resource-Based Theory of Strategic Alliances [J]. Journal of Management, 2000, 26 (1): 31 -61

[45] Das, T. K. & Teng, B. - S. Trust, Control, and Risk in Strategic Alliances: An Integrated Framework [J]. OrganizationStudies, 2001, 22 (2): 251 - 283

[46] Dasgupta, P. Trust as a commodity. In D. G. Gambetta (Ed.), Trust: Making and Breaking Cooperative Relations [M]: 49 -72. New York: Basil Blackwell, 1988

[47] Davies, M. & Prince, M. Dynamics of Trust Between Clients and Their Advertising Agencies: Advances in Performance Theory [J]. Academy of Marketing Science Review, 2005: 1 -32

[48] Day, D. D. Methods in Attitude Research [J]. American Sociological Re-

view, 1940, 5: 395 -410

[49] Deutsch, M. Trust and suspicion [J]. Journal of Conflict Resolution, 1958, 2: 265 -279

[50] Deutsch, M. The effect of motivational orientation upon trust and suspicion [J]. Human Relations, 1960, 13: 123 -140

[51] Dietz, G. Partnership and the development of trust in British workplaces [J]. Human Resource Management Journal, 2004, 14 (1): 5 -24

[52] DiMaggio, P. & Powell, W. The iron cage revisited: Institutional isomorphism and collective rationality in organizational fields [J]. American Sociological Review, 1983, 48: 147 -160

[53] Dirks, K. T. & Ferrin, D. L. The Role of Trust in Organizational Settings [J]. Organization Science, 2001, 12 (4): 450 -467

[54] Doney, P. M. & Cannon, J. P. An Examination of the Nature of Trust in Buyer-Seller Relationships [J]. Journal of Marketing, 1997, 61: 35 -51

[55] Doz, Y. & Prahalad, C. K. Managing DMNCs: A search for a new paradigm [J]. Strategic Management Journal, 1991, 12 (Summer Special Issue): 145 - 164

[56] Droege, S. B., Anderson, J. R., & Bowler, M. Trust and organizational information flow [J]. Journal of Business and Management, 2003, 9 (1): 45 -59

[57] Dwivedi, M., Varman, R., & Saxena, K. K. Natrue of Trust in Small Clusters [J]. International Journal of Organizational Analysis, 2003, 11 (2): 93 - 104

[58] Dwyer, R. F., Schurr, P. H., & Oh, S. Developing Buyer-Seller Relationships [J]. Journal of Marketing, 1987, 51 (April): 11 -27

[59] Dyer, J. H. Specialized supplier networks as a source of competitive advantage: Evidence from the auto industry [J]. Strategic Management Journal, 1996, 17 (4): 271 -291

[60] Dyer, J. H. & Chu, W. The role of trustworthiness in reducing transaction costs and improving performance: Empirical evidence from the United States, Japan, and Korea [J]. Organization Science, 2003, 14 (1): 57 -68

[61] Emerson, R. M. Power-Dependence Relations [J]. American Sociological Review, 1962, 27 (February): 31 -41

[62] Erdem, F. & Ozen, J. Cognitive and effective dimensions of trust in develo-

ping team performance [J]. Team Performance Management, 2003, 9: 131 -135

[63] Farris, G. , Senner, E. , & Butterfield, D. Trust, culture, and organizational behavior [J]. Industrial Relations, 1973, 12: 144 -157

[64] Ferrin, D. L. & Dirks, K. T. The use of rewards to increase and decrease trust: Mediating processes and differential effects [J]. Organization Science, 2003, 14 (1): 18 -31

[65] Fombrun, C. & Shanley, M. What's in a Name? Reputation Building and Corporate Strategy [J]. Academy of Management Journal, 1990, 33 (2): 233 -258

[66] Fornell, C. & Larcker, D. Evaluating structural equation models with unobservable variables and measurement error [J]. Journal of Marketing Research, 1981, 18: 39 -50

[67] Frazier, G. L. On the Measurement of Interfirm Power in Channels of Distribution [J]. Journal of Marketing Research, 1983, 20 (May): 158 -166

[68] Frost, T. , Stimpson, D. V. , & Maughan, M. R. C. Some correlates of trust [J]. Journal of Psychology, 1978, 99: 103 -108

[69] Fukuyama , F. Trust : The Social Virtues and the Creation of Prosperity [M]. New York: Free Press, 1995

[70] Gambetta, D. "Can we trust trust?" In D. Gambetta (Ed.), Trust: Making and Breaking Cooperative Relation [M]: 213 -237. Oxford: Blackwell, 1988

[71] Ganesan, S. Determinants of Long-Term Orientation in Buyer-seller Relationships [J]. Journal of Marketing, 1994, 58: 1 -19

[72] Gao, T. , Sirgy, M. J. , & Bird, M. M. Reducing buyer decision-making uncertainty in organizational purchasing: can supplier trust, commitment, and dependence help? [J]. Journal of Business Research, 2005, 58 (4): 397 -405

[73] Good, D. Individuals, interpersonal relations, and trust. In D. G. Gambetta (Ed.), Trust [M]: 131 -185. New York: Basil Blackwell, 1988

[74] Granatt, M. On trust: Using public information and warning partnerships to support the community response to an emergency [J]. Journal of Communication Management, 2004, 8 (4): 354 -365

[75] Granovetter, M. Economic action and social structure: The problem of embeddedness [J]. American Journal of Sociology, 1985, 91: 481 -510

[76] Green, R. Measuring goodwill trust between groups of people: three years of an oil industry alliance [J]. Strategic Change, 2003, 12 (7): 367 -379

［77］Gulati, R. Does familiarity breed trust? The implications of repeated ties for contractual choice in alliances ［J］. Academy of Management Journal, 1995a, 38: 85 -112

［78］Gulati, R. Social structure and alliance formation pattern: A longitudinal analysis ［J］. Administrative Science Quarterly, 1995b, 40: 619 -652

［79］Gulati, R. Alliances and networks ［J］. Strategic Management Journal, 1998, 19: 293 -317

［80］Gulati, R. Where do interorganizational networks come from? ［J］. American Journal of Sociology, 1999a

［81］Gulati, R. Network location and learning: the influencee of network resource and firm capabilities of the alliance formation ［J］. Strategic Management Journal, 1999b, 20: 397 -420

［82］Gulati, R., Khanna, T., & Nohria, N. Unilateral Commitments and the Importance of Process in Alliances ［J］. Sloan Management Review, 1994, 35 (3): 61 -69

［83］Hadjikhani, A. & Thilenius, P. The impact of horizontal and vertical connections on relationships' commitment and trust ［J］. The Journal of Business & Industrial Marketing, 2005, 20: 136 -147

［84］Hair, J. F., Anderson, R. E., Tatham, R. L., et al. Multivariate data analysis ［M］(5th ed.). Prentice Hall International: UK, 1998

［85］Hamel, G., Doz, Y., & Prahalad, C. K. Collaborate with Your Competitors and Win ［J］. Harvard Business Review, 1989, January-February: 133 -139

［86］Handfield, R. B. & Bechtel, C. The role of trust and relationship structure in improving supply chain responsiveness ［J］. Industrial Marketing Management, 2002, 31 (4): 367 -382

［87］Hart, K. M., Capps, H. R., Canagemi, J. P., et al. Exploring organizational trust and its multiple dimensions: A case study of General Motors ［J］. Organization Development Journal, 1986, 4 (2): 31 -39

［88］Harwood, I. & Ashleigh, M. The impact of trust and confidentiality on strategic organizational change programmes: a case study of post-acquisition integration ［J］. Strategic Change, 2005, 14 (2): 63 -75

［89］Heide, J. B. & John, G. The Role of Dependence Balancing in Safeguarding Transaction-Specific Assets in Conventional Channels ［J］. Journal of Marketing,

1988, 52 (January): 20 –35

[90] Heide, J. B. & John, G. Alliances in industrial purchasing: The determinants of joint action in buyer-supplier relationships [J]. Journal of Marketing Research, 1990, 27 (1): 24 –36

[91] Heide, J. B. & Miner, A. S. The shadow of the future: Effects of anticipated interaction and frequency of contact on buyer-seller cooperation [J]. Academy of Management Journal, 1992, 35: 265 –291

[92] Hennart, J. F. The Transaction Costs Theory of Joint Ventures: An Empirical Study of Japanese Subsidiaries in the United States [J]. Management Science, 1991, 37: 483 –497

[93] Hildebrandt, L. Konfirmatorische Analysen von Modellen des Konsumentenverhaltens [M]. Berlin: Dunckner & Humblott, 1983

[94] Hill, C. W. L. Cooperation, opportunism, and the invisible hand: Implications for transactions cost theory [J]. Academy of Management Review, 1990, 15 (3): 500 –513

[95] Ho, T. –H. & Weigelt, K. Trust Building Among Strangers [J]. Management Science, 2005, 51 (4): 519 –530

[96] Hosmer, L. T. Trust: The connecting link between organizational theory and philosophical ethics [J]. Academy of Management Review, 1995, 20: 379 –403

[97] Houston, M. B. & Johnson, S. A. Buyer-supplier contracts versus joint ventures: Determinants and consequences of transaction structure [J]. Journal of Marketing Research, 2000, 37 (1): 1 –15

[98] Hubbell, A. P. & Chory-Assad, R. M. Motivating Factors: Perceptions of Justice and Their Relationship with Managerial and Organizational Trust [J]. Communication Studies, 2005, 56 (1): 47 –70

[99] Huemer, L. Activating trust: the redefinition of roles and relationships in an international construction project [J]. International Marketing Review, 2004, 21 (2): 187 –201

[100] Hwang, Y. & Lee, K. C. Investigating the moderating role of uncertainty avoidance cultural values on multidimensional online trust [J]. Information & Management, 2012

[101] Johnson, D. & Grayson, K. Cognitive and affective trust in service relationships [J]. Journal of Business Research, 2005, 58: 500 –507

[102] Johnston, D. A., McCutcheon, D. M., Stuart, F. I., et al. Effects of supplier trust on performance of cooperative supplier relationships [J]. Journal of Operations Management, 2004, 22 (1): 23 –38

[103] Jones, A. P., James, L. R., & Bruni, J. R. Perceived leadership behavior and employee confidence in the leader as moderated by job involvement [J]. Journal of Applied Psychology, 1975, 60: 146 –149

[104] Jong, G. D. & Woolthuis, R. K. The institutional arrangements of innovation: antecedents and performance effects of trust in high-tech alliances [J]. Industry and Innovation, 2008, 15 (1): 45 –67

[105] Joshi, A. W. & Stump, R. L. The Contingent Effect of Specific Asset Investments on Joint Action in Manufacturer-Supplier Relationships: An Empirical Test of the Moderating Role of Reciprocal Asset Investments, Uncertainty, and Trust [J]. Journal of the Academy of Marketing Science, 1999, 27 (3): 291 –305

[106] Jones, S. L., Fawcett, S. E., Fawcett, A. M. & Wallin, C.. Benchmarking trust signals insupply chain alliances: Moving toward a robust measure of trust [J]. Benchmarking: An International Journal, 2010, 17 (5): 701 –727

[107] Jr, J. L. M., Hansen, M. H., & Pearson, A. W. The Cognitive and Affective Antecedents of General Trust Within Cooperative Organizations [J]. Journal of Managerial Issues, 2004, 16 (1): 48 –64

[108] Kahneman, D., Knetsch, J., & Thaler, R. Fairness as a constant on profit seeking: Entitlements in the market [J]. The American Economic Review, 1986, 76: 728 –741

[109] Kee, H. W. & Knox, R. E. Conceptual and methodological considerations in the study of trust [J]. Journal of Conflict Resolution, 1970, 14: 357 –366

[110] Kickul, J., Gundry, L. K., & Posig, M. Does Trust Matter? The Relationship Between Equity Sensitivity and Perceived Organizational Justice [J]. Journal of Business Ethics, 2005, 56 (3): 205 –218

[111] Kidd, J., Richter, F. –J., & Li, X. Learning and trust in supply chain management [J]. Management Decision, 2003, 41 (7): 603 –612

[112] Kiffin-Petersen, S. Trust: A Neglected Variable in Team Effectiveness Research [J]. Journal of the Australian and New Zealand Academy of Management., 2004, 10 (1): 38 –53

[113] Klein, B., Crawford, R. A., & Alchian, A. A. Vertical integration, ap-

propriable rents, and the competitive contracting process [J]. Journal of Law and Economics, 1978, 21: 297 –326

[114] Kogut, B. Joint ventures: Theoretical and empirical perspectives [J]. Strategic Management Journal, 1988, 9 (4): 319 –332

[115] Kogut, B. The stability of joint ventures: Reciprocity and competitive rivalry [J]. Journal of Industrial Economics, 1989, 38: 183 –198

[116] Kogut, B. , Shan, W. , & Walker, G. The make-or-cooperate decision in the context of an Industry network. In N. Nohria &R. Eccles (Eds.), Networks and Organizations [M]: 348 –365. Cambridge, MA: Harvard Business School Press, 1992

[117] Kramer, R. M. & Brewer, M. B. Effects of group identity on resource use in a simulated commons dilemma [J]. Journal of Personality and Social Psychology, 1984, 46: 1044 –1057

[118] Krishnan, R, X. When does trust matter to alliance performance [J]. Academy of Management Journal, 2006, 49 (5): 894 –917

[119] Kumar, N. The power of trust in manufacturer-retailer relationships [J]. Harvard Business Review, 1996, 74 (6): 92 –105

[120] Kwon, I. –W. G. & Suh, T. Factors Affecting the Level of Trust and Commitment in Supply Chain Relationships [J]. Journal of Supply Chain Management, 2004, 40 (2): 4 –14

[121] Kwon, I. –W. G. & Suh, T. Trust, commitment and relationships in supply chain management: a path analysis [J]. Supply Chain Management, 2005, 10 (1): 26 –33

[122] Lane & Bachmann. Trust Within and Between Organizations: Conceptual Issues and Empirical Applications [M]. New York: Oxford University Press, 1998

[123] Larson, A. Network dyads in entrepreneurial settings: A study of the governance of exchange relationships [J]. Administrative Science Quarterly, 1992, 37: 76 –104

[124] Larzelere, R. & Huston, T. The dyadic trust scale: Toward understanding interpersonal trust in close relationships [J]. Journal of Marriage and the Family, 1980, 42: 595 –604

[125] Lee, A. –R. Down and down we go: Trust and compliance in South Korea [J]. Social Science Quarterly, 2003, 84 (2): 329 –343

[126] Lee, E. J. Factors that enhance consumer trust in human-computer inter-

action: an examination of interface factors and the moderating influences [D]. Unpublished Doctor Paper, Tennessee University, 2002

[127] Lee, H. L., Padmanabhan, V., & Whang, S. Information distortion in a supply chain: The bullwhip effect [J]. Management Science, 1997, 43 (4): 546 – 558

[128] Levinthal, D. A. & Fichman, M. Dynamics of interorganizational attachments: Auditor-client relationships [J]. Administrative Science Quarterly, 1988, 33: 345 –369

[129] Lewicki, R. J. & Bunker, B. B. Trust in relationships: A model of trust development and decline. In B. B. Bunker &J. Z. Rubin (Eds.), Conflict, cooperation and justice: Essays inspired by the work of Morton Deutsch [M]. San Francisco: Jossey-Bass, 1995

[130] Lewicki, R. J. & McAllister, D. J. Trust and distrust: New relationships and realities [J]. Academy of Management Review, 1998, 23 (3): 438 –458

[131] Lewicki, R. J. & Stewenson, M. A. Trust development in negotiation: Proposed actions and a research agenda [J]. Business and Professional Ethics Journal, 1997, 16 (1 –3): 99 –132

[132] Lewis, J. & Weigert, A. Trust as a social reality [J]. Social Forces, 1985, 63: 967 –985

[133] Li, S. An integrated model for supply chain management pratice, performance and competitive advantage [D]. Unpublished Doctor Paper, The University of Toledo, 2002

[134] Li, Y. & Pickles, A. Social Capital and Social Trust In Britain [J]. European Sociological Review, 2005, 21 (2): 109 –123

[135] Lindskold, S. Trust development, the GRIT proposal, and the effects of conciliatory acts on conflict and cooperation [J]. Psychological Bulletin, 1978, 85: 772 –793

[136] Lines, R., Selart, M., Espedal, B., et al. The Production of Trust During Organizational Change [J]. Journal of Change Management, 2005, 5 (2): 221 –245

[137] Luhmann, N. Trust and Power [M]. Chichesrer: John Wiley & Sons Ltd, 1979

[138] Luhmann, N. Familiarity, confidence, trust: Problems and alternatives. In

D. Gambetta (Ed.), Trust: Making and breaking cooperative relations [M]. 94 -
108. Oxford, UK: Basil Blackwell, 1988

[139] MacMillan, K. , Money, K. , Money, A. , et al. Relationship marketing in
the not-for-profit sector: an extension and application of the commitment-trust theory
[J]. Journal of Business Research, 2005, 58 (6): 806 -818

[140] Mayer, R. C. , Davis, J. H. , & Schoorman, F. D. An integrative model
of organizational trust [J]. Academy of Management Review, 1995, 20 (3): 709 -
734

[141] McAllister, D. J. After and cognition-based trust as foundation for interper-
sonal cooperation in organizations [J]. Academy of Management Journal, 1995, 38:
24 -59

[142] McEvily, B. , Perrone, V. , & Zaheer, A. Introduction to the special issue
on trust in an organizational context [J]. Organization Science, 2003a, 14 (1): 1 -4

[143] McEvily, B. , Perrone, V. , & Zaheer, A. Trust as an organizing principle
[J]. Organization Science, 2003b, 14 (1): 91 -106

[144] McKnight, D. H. , Cummings, L. L. , & Chervany, N. L. Initial trust for-
mation in new organizational relationships [J]. Academy of Management Review,
1998, 23 (3): 473 -490

[145] McQuiston, D. H. A Conceptual Model for Building and Maintaining Rela-
tionships between Manufacturers' Representatives and Their Principals [J]. Industrial
Marketing Management, 2001, 30 (2): 165 -181

[146] Medsker, G. , Williams, L. , & Holahan, P. A review of current practices
for evaluating causal models in organizational behaviour and human resource manage-
ment research [J]. J Manage, 1994, 20 (2): 439 -464

[147] Messick, D. M. , Wilke, H. , Brewer, M. B. , et al. Individual adapta-
tions and structural change as solutions to social dilemmas [J]. Journal of Personality
and Social Psychology, 1983, 44: 294 -309

[148] Miles, R. E. & Creed, W. E. D. Organizational forms and managerial phi-
losophies: A descriptive and analytical review. In B. M. Staw &L. L. Cummings
(Eds.), Research in organizational behavior [M], Vol. 17: 333 -372. Greenwich
CT: JAI Press, 1995

[149] Miles, R. E. & Snow, C. C. Causes of failure in network organizations
[J]. California Management Review, 1992, 34 (4): 53 -72

[150] Mishra, A. K. Organizational responses to crisis: The centrality of trust. In R. M. Kramer &T. R. Tyler (Eds.), Trust in organizations: Frontiers of theory and re-search [M]: 261 –287. Thousand Oaks, CA: Sage, 1996

[151] Miyamoto, T. & Rexha, N. Determinants ofthree facets of customer trust: A marketing model of Japanese buyer 枇 upplier relationship [J]. Journal of Business Research, 2004, 57 (3): 312 –319

[152] Moorman, C. , Zaltman, G. , & Deshpande, R. Relationships between providers and users of market research: The dynamics of trust within and between or-ganizations [J]. Journal of Marketing Research, 1992, 29 (3): 314 –328

[153] Morgan, R. M. & Hunt, S. D. The commitment-trust theory of relationship marketing [J]. Journal of Marketing, 1994, 58 (3, July): 20 –38

[154] Morris, M. & Carter, C. R. Relationship Marketing and Supplier Logistics Performance: An Extension of the Key Mediating Variables Model [J]. Journal of Sup-ply Chain Management, 2005, 41 (4): 32 –43

[155] Nguyen, T. V. & Rose, J. Building trust—Evidence from Vietnamese en-trepreneurs [J]. Journal of Business Venturing, 2009, 24: 165 –182

[156] Nooteboom, B. An analysis of specificity in transaction cost economics [J]. Organization Studies, 1993a, 14: 443 –451

[157] Nooteboom, B. Firm size effects on transaction costs [J]. Small Business Economics, 1993b, 5: 283 –295

[158] Nooteboom, B. Trust, opportunism and governance: A process and con-trol model [J]. Organization Studies, 1996, 17: 985 –1010

[159] Nooteboom, B. , Berger, H. , & Noorderhaven, N. G. Effects of trust and governance on relational risk [J]. Academy of Management Journal, 1997, 40 (2): 308 –338

[160] North, D. C. Institutions, institutional change, and economic performance [M]. New York: Cambridge University Press, 1990

[161] Parkhe, A. Strategic Alliance structuring: a game theoretic and transaction on cost examination of interfirm cooperation [J]. Academy of Management Journal, 1993a, 36 (4): 794 –829

[162] Parkhe, A. Partner nationality and the structure-performance relationship in strategic alliances [J]. Organization Science, 1993b, 4: 301 –324

[163] Perrone, V. , Zaheer, A. , & McEvily, B. Free to be trusted? Organiza-

tional constraints on trust in boundary spanners [J]. 2003, 14 (4): 422 –439

[164] Peteraf, M. A. The cornerstones of competitive advantage: A resource-based view [J]. Strategic Management Journal, 1993, 14 (3): 179 –191

[165] Powell, W. W. Neither market nor hierarchy: Network forms of organization. In B. M. Staw &L. L. Cummings (Eds.), Research in organizational behavior [M], Vol. 12: 295 –336. Greenwich, CT: JAI, 1990

[166] Poppo, L., Zhou, K. Z. & Ryu, S. Alternative origins to interorganizational trust: an interdependence perspective on the shadow of the past and the shadow of the future [J]. Organization Science, 2008, 19 (1): 39 –55

[167] Prahalad, E. S. & Hamel, G. The Core Competence and the Corporation [J]. Harvard Business Review, 1990, 68 (3)

[168] Raine-Eudy, R. Using structural equation modeling to test for differential reliability and validity: An empirical demonstration [J]. Structural Equation Modeling, 2000, 7 (1): 124 –141

[169] Ratnasingam, P. E-Commerce Relationships: The Impact of Trust on Relationship Continuty [J]. International Journal of Commerce & Management, 2005, 15 (1): 1 –16

[170] Raub, W. & Weesie, J. Reputation and efficiency in social interactions: An example of network effects [J]. American Journal of Sociology, 1990, 96: 626 –654

[171] Read, W. H. Upward communication in Industrial hierarchies [J]. Human Relations, 1962, 15 (3): 3 –15

[172] Richardson, G. B. The organization of Industry [J]. Economic Journal, 1972, 82: 883 –896

[173] Riddalls, C. E., Icasati-Johanson, B., Axtell, C. M., et al. Quantifying the Effects of Trust in Supply Chains During Promotional Periods [J]. International Journal of Logistics: Research and Applications, 2002, 5 (3): 257 –274

[174] Ring, P. S. & Van de Ven, A. Structuring cooperative relationships between organizations [J]. Strategic Management Journal, 1992, 13: 483 –498

[175] Ring, P. S. & Van de Ven, A. H. Developmental process of cooperative interorganizational relationships [J]. Academy of Management Review, 1994, 19: 90 –118

[176] Ritter, T. & Gemunden, H. G. The impact of a company's business strat-

egy on its technological competence, network competence and innovation success [J]. Journal of Business Research, 2004, 57 (5): 548 −556

[177] Rosen, B. & Jerdee, T. H. Influence of subordinate characteristics on trust and use of participative decision strategies in a management simulation [J]. Journal of Applied Psychology, 1977, 62: 628 −631

[178] Rotter, J. B. A new scale for the measurement of trust [J]. Journal of Personality, 1967, 35: 651 −665

[179] Rotter, J. B. Interpersonal trust, trustworthiness, and gullibility [J]. American Psychologist, 1980, 35: 1 −7

[180] Rousseau, D. M. , Sitkin, S. B. , Burt, R. S. , et al. Not so different after all: A cross-discipline view of trust [J]. Academy of Management Review, 1998, 23: 393 −404

[181] Rumelt, R. P. Towards a strategic theory of the firm. In B. Lamb (Ed.), Competitive strategic management [M]: 556 − 570. Englewood Cliffs, NJ: Prentice Hall, 1984

[182] Sagar, P. & Singla, A. Trust and corporate social responsibility: Lessons from India [J]. Journal of Communication Management, 2004, 8 (3): 282 −290

[183] Sahay, B. S. Understanding trust in supply chain relationships [J]. Industrial Management & Data Systems, 2003, 103: 553 −563

[184] Sako, M. Prices, Quality and Trust: Interfirm Relations in Britain and Japan [M]. Cambridge, England: Cambridge University Press, 1992

[185] Saunders, M. N. K. & Thornhill, A. Organisational justice, trust and the management of change: An exploration [J]. Personnel Review, 2003, 32 (3): 360 −375

[186] Schoorman, F. D. , Mayer, R. C. &Davis, J. H. . An integrative model of organizational trust: Past, present, and future [J]. Academy of Management Review, 2007, 32 (2): 344 −354

[187] Selnes, F. Antecedents and consequences of trust and satisfaction in buyer-seller relationships [J]. European Journal of Marketing, 1998, 32: 305 −322

[188] Serva, M. A. & Fuller, M. A. The Effects of Trustworthiness Perceptions on the Formation of Initial Trust: Implications for MIS Student Teams [J]. Journal of Information Systems Education, 2004, 15 (4): 383 −395

[189] Shapiro, D. L. , Sheppard, B. H. , & Cheraskin, L. Business on a

handshake [J]. Negotiation Journal, 1992, 8: 365 -377

[190] Shapiro, S. P. The sociall control of interpersonal trust [J]. American Journal of Sociology, 1987, 93: 623 -658

[191] Silva, S. C. , Bradley, F. & Sousa, C. M. P. . Empirical test of the trust-performance link in an international alliances context [J]. International Business Review, 2012, 21: 293 -306

[192] Sirdeshmukh, D. , Singh, J. , & Sabol, B. Consumer trust, value, and loyalty in relational exchanges [J]. Journal of Marketing, 2002, 66 (1): 15 -37

[193] Sitkin, S. B. & Roth, N. L. Explaining the limited effectiveness of legalistic "remedies" for trust/distrust [J]. Organization Science, 1993, 4: 367 -392

[194] Skinner, D. & Spira, L. F. Trust and control-a symbiotic relationship? [J]. Corporate Governance, 2003, 3 (4): 28 -35

[195] Smith, J. B. & Barclay, D. W. The effects of organizational differences and trust on the effectiveness of selling partner relationships [J]. Journal of Marketing, 1997, 61 (1): 3 -21

[196] Solomon, L. The influence of some types of power relationships and game strategies upon the development of interpersonal trust [J]. Journal of Abnormal and Social Psychology, 1960, 61: 223 -230

[197] Spector, M. D. & Jones, G. E. Trust in the Workplace: Factors Affecting Trust Formation Between Team Members [J]. The Journal of Social Psychology, 2004, 144 (3): 311 -321

[198] Strickland, L. H. Surveillance and trust [J]. Journal of Personality and Social Psychology, 1958, 26: 200 -215

[199] Svensson, G. Triadic trust in business networks: A conceptual model and empirical illustration [J]. European Business Review, 2004, 16 (2): 165 -190

[200] Sztompka, P. Trust : A Sociological Theory [M]. New York: Cambridge University Press, 1999

[201] Telser, L. G. A Theory of Self-Enforcing Contracts [J]. Journal of Business, 1980, 53 (January): 27 -44

[202] Vangen, S. & Huxham, C. Nurturing collaborative relations: Building trust in interorganizational collaboration [J]. The Journal of Applied Behavioral Science, 2003, 39 (1): 5 -31

[203] Vincent, M. & Zikmund, W. G. An experimental investigation of situational

effects on risk perception [J]. Advances in Consumer Research, 1976, 3 (1): 125 –130

[204] Wernerfelt, B. A resource-based view of the firm [J]. Strategic Management Journal, 1984, 12 (5): 89 –96

[205] Wheaton, W. C. Income and Urban Residence: An Analysis of Consumer Demand for Location [J]. American Economic Review, 1977, 67 (4): 620 –631

[206] Whitener, E. M., Brodt, S. E., Korsgaard, M. A., et al. Managers as initiators of trust: An exchange relationship framework for understanding managerial trustworthy behavior [J]. The Academy of Management Review, 1998, 23 (3): 513 –530

[207] Williams, H. Formal structures and social reality. In D. Gambetta (Ed.), Trust: Making and breaking of cooperative relations [M]: 3 –13. Oxford, England: Blackwell, 1988

[208] Williams, M. In whom we trust: Group membership as an effective context for trust development [J]. The Academy of Management Review, 2001, 26 (3): 377 –396

[209] Williamson, O. E. Markets and Hierarchies: Analysis and Antitrust Implications [M]. New York: Free Press, 1975

[210] Williamson, O. E. Transaction-cost economics: The governance of contractual relations [J]. Journal of Law and Economics, 1979, 22: 233 –261

[211] Williamson, O. E. Credible commitments: Using hostages to support exchange [J]. American Economic Review, 1983, 73: 519 –540

[212] Williamson, O. E. The economic Institutions of Capitalism [M]. New York, NY: Free Press, 1985

[213] Williamson, O. E. Calculativeness, trust and economic organization [J]. Journal of Law and Economics, 1993, 30: 131 –145

[214] Yang, J. & Zheng M., Factors Affecting the Level of Trust and Cooperation in Supply Chain –the Case of Chinese Manufacturing Enterprises [C]. 9th Wuhan International Conference on E-Business, 2010

[215] Zaheer, A., McEvily, B., & Perrone, V. Does Trust Matter? Exploring the Effects of Interorganizational and Interpersonal Trust on Performance [J]. Organization Science, 1998, 9 (2): 141 –159

[216] Zaheer, A. & Venkatraman, N. Relational governance as an interorganiza-

tional strategy: An empirical test of the role of trust in economic exchange [J]. Strategic Management Journal, 1995, 16 (5): 373 -392

[217] Zajac, E. J. & Olsen, C. P. From transaction cost to transactional value analysis: Implications for the study of interorganizational strategies [J]. Journal of Management Studies, 1993, 30 (1): 131 -145

[218] Zucker, L. G. Production of trust: Institutional sources of economic structure, 1840 -1920. In B. M. Straw &L. L. Cummings (Eds.), Research in organizational behavior [M], Vol. 8: 53 -111. Greenwich, CT: JAI Press, 1986

[219] Zucker, L. G. Institutional theories of organization [J]. Annual Review of Sociology, 1987, 13: 443 -464

[220] Zur, A., Leckie, C. & Webster, C. M. Cognitive and affective trust between Australian exporters and their overseas buyers [J]. Australasian Marketing Journal, 2012, 20: 73 -79

[221] 彼得·什托姆普卡 (Piotr Sztompak). 信任: 一种社会学理论 [M]. 程胜利, 译. 北京: 中华书局, 2005

[222] 曹和平, 杨爱民, 林卫斌. 信用 [M]. 北京: 清华大学出版社, 2004

[223] 曹玉玲, 李随成. 企业间信任的影响因素模型及实证研究 [J]. 科研管理, 2011 (1): 137 -146

[224] 陈介玄, 高承恕. 台湾企业运作的社会秩序: 人情关系与法律 [J]. 东海学报, 1991 (32): 219 -232

[225] 陈剑涛. 构建战略联盟信任机制 [J]. 经济管理, 2004 (3): 54 -56

[226] 陈明亮. 结构方程建模方法的改进及在 CRM 实证中的应用 [J]. 科研管理, 2004 (2): 70 -74

[227] 陈正昌, 程炳林, 陈新丰, 等. 多变量分析方法——统计软件应用 [M]. 北京: 中国税务出版社, 2005

[228] 陈志祥, 马士华, 陈荣秋. 供应链企业间的合作对策与委托实现机制问题 [J]. 科研管理, 1999 (6): 98 -102

[229] 陈志祥, 马士华. 供应链中的企业合作关系 [J]. 南开管理评论, 2004 (2): 56 -59

[230] 程凯. 企业合作关系中的信任问题分析 [J]. 中州学刊, 2001 (2): 21 -24

[231] 储小平, 李怀祖. 信任与家族企业的成长 [J]. 管理世界, 2003 (6): 98 -104

[232] 戴天婧, 汤谷良. 控制中的信任与信任中的控制——基于 5 个中外合资汽车

制造公司的案例研究 [J]. 管理世界, 2011 (10): 141 –153

[233] 刁丽琳. 产学研合作契约类型、信任与知识转移关系研究 [D]. 华南理工大学, 2013

[234] 弗朗西斯·福山. 信任: 社会美德与创造经济繁荣 [M]. 彭志华, 译. 海口: 海南出版社, 2001

[235] 高海霞. 消费者的感知风险及减少风险行为研究——基于手机市场的研究 [D]. 浙江大学, 2004

[236] 高兆明. 信任危机的现代性解释 [J]. 学术研究, 2002 (4): 5 –15

[237] 龚晓京. 人情、契约与信任 [J]. 北京社会科学, 1999 (4): 124 –127

[238] 郭志刚. 社会统计分析方法——SPSS 软件应用 [M]. 北京: 中国人民大学出版社, 2004

[239] 韩岫岚. 企业国际战略联盟的形成与发展 [J]. 中国工业经济, 2000 (4): 13 –18

[240] 何静, 刘兴东, 王会海. 战略联盟内部信任机制研究 [J]. 企业经济, 2002 (7): 70 –91

[241] 侯杰泰, 温忠麟, 成子娟. 结构方程模型及其应用 [M]. 北京: 教育科学出版社, 2004

[242] 黄芳铭. 结构方程模式: 理论与应用 [M]. 北京: 中国税务出版社, 2005

[243] 黄孝武. 企业间信任问题理论述评 [J]. 经济学动态, 2002 (10): 59 –63

[244] 贾平著. 企业动态联盟 [M]. 北京: 经济管理出版社, 2003

[245] 简兆权. 战略联盟的合作博弈分析 [J]. 数量经济技术经济研究, 1998a (8): 34 –36

[246] 简兆权, 李垣. 战略联盟的形成机制: 非零和合作博弈 [J]. 科学学与科学技术管理, 1998b (9): 17 –18

[247] 金黛如 (Daryl Koehn). 信任与生意: 障碍与桥梁 [M]. 陆晓禾, 马迅, 何锡蓉, 等译. 上海: 上海社会科学院出版社, 2003

[248] 金高波, 李新春. 网络组织中的信任与控制及其在中国转型期的表现 [J]. 学术研究, 2001 (12): 41 –45

[249] 金玉芳, 董大海. 消费者信任影响因素实证研究——基于过程的观点 [J]. 管理世界, 2004 (7): 93 –99

[250] 康志杰. 信: 立身处世的支撑点 [M]. 广西人民出版社, 1996

[251] 克雷默 (Krammer, R. M.), 泰勒 (Tyler, T. R.). 组织中的信任 [M]. 管兵, 刘穗琴, 译. 北京: 中国城市出版社, 2003

[252] 李长江，徐静，苏繁．供应链节点企业间的信任及实现机制 [J]．工业工程与管理，2005（2）：89 -91

[253] 李红霞，席酉民．管理激励的发展趋向——基于信任的激励 [J]．西安交通大学学报（社会科学版），2003（4）：22 -27

[254] 李伟民，梁玉成．特殊信任与普遍信任：中国人信任的结构与特征 [J]．社会学研究，2002（3）：11 -22

[255] 李新春．企业战略网络的生成发展与市场转型 [J]．经济研究，1998（4）：70 -78

[256] 李东红，李蕾．组织间信任理论研究回顾与展望 [J]．经济管理，2009（4）：173 -177

[257] 刘怀伟．商务市场中顾客关系的持续机制研究 [D]．浙江大学，2003

[258] 刘清华．企业网络中关系性交易治理机制及其影响研究 [D]．浙江大学，2003

[259] 林丽，张建新．人际信任研究及其在组织管理中的应用 [J]．心理科学进展，2002（3）：322 -329

[260] 陆小娅，彭泗清．信任缺失与重建 [J]．中国青年报，1995（9/26）

[261] 陆杉．供应链关系资本及其对供应链协同影响的实证研究 [J]．软科学，2012（9）：39 -43

[262] 卢纹岱．SPSS for Windows 统计分析 [M]．北京：电子工业出版社，2002

[263] 罗伯特·布鲁斯·萧，信任的力量 [M]．王振，译．北京：经济管理出版社，2002

[264] 马华维，杨柳，姚琦．组织间信任研究述评 [J]．心理学探新，2011（2）：186 -191

[265] 马克·E. 沃伦．民主与信任 [M]．吴辉，译．北京：华夏出版社，2004

[266] 马庆国．管理统计 [M]．北京：科学出版社，2002

[267] 马庆国．中国管理科学研究面临的几个关键问题 [J]．管理世界，2002（8）：105 -115

[268] 马士华，林勇，陈志祥．供应链管理 [M]．北京：机械工业出版社，2000

[269] 马颜，李晓轩．虚拟团队中的信任研究 [J]．心理科学进展，2004（2）：273 -281

[270] 迈克尔·波特．竞争优势 [M]．陈小悦，译．北京：华夏出版社，1997

[271] 麦特·里德雷．美德的起源 [M]．刘珩，译．北京：中央编译出版社，2003

[272] 倪凤琴．市场交易中信用危机成因初探 [J]．社会科学家，2002（4）：

78 −81

[273] 彭泗清. 信任的建立机制：关系运作与法制手段［J］. 社会学研究，1999
（2）：53 −66

[274] 彭泗清，杨中芳. 中国人人际信任的初步探讨［C］. 第一届华人心理学家学
术研讨会论文，台北，1995（5）

[275] 钱肇基. 企业战略联盟［M］. 北京：中国电力出版社，1998

[276] 戚昌文，柳福东. 全球供应链中的知识产权及其协调管理研究［J］. 华中科
技大学学报（人文社会科学版），2000（3）：42 −45

[277] 秦斌. 企业战略联盟理论评述［J］. 经济学动态，1998（9）：63 −66

[278] 荣泰生. 企业研究方法［M］. 北京：中国税务出版社，2005

[279] 鄢爱红. 儒家诚信伦理的现代诠释与整合［J］. 中国人民大学学报，2002
（5）：26 −33

[280] 山传海，梁军. 从人际信任角度看我国企业规模［J］. 中国软科学，2000
（5）：77 −79

[281] 史占中. 企业战略联盟［M］. 上海：上海财经大学出版社，2001

[282] 孙宝文. 供应链伙伴关系研究［D］. 中央财经大学，2004

[283] 唐任伍. 论"信用缺失"对中国管理的侵蚀及对策［J］. 北京师范大学学
报，2002（1）：52 −59

[284] 托尼·伦德朗（Tony Lendrum）. 共赢——战略联盟与伙伴关系手册［M］.
郑忠静，覃云，译. 北京：企业管理出版社，2003

[285] 王冰，顾远飞. 簇群的知识共享机制和信任机制［J］. 外国经济管理，2002
（5）：2 −7

[286] 王重鸣. 心理学研究方法［M］. 北京：人民教育出版社，1990

[287] 王飞雪，山岸俊男. 信任的中、日、美比较研究［J］. 社会学研究，1999
（2）：67 −82

[288] 王庆喜. 企业资源与竞争优势：基于浙江民营制造企业的理论与经验研究
［D］. 浙江大学，2004

[289] 王蔷. 论战略联盟中的相互信任问题（上）［J］. 外国经济管理，2000
（4）：22 −25

[290] 王蔷. 论战略联盟中的相互信任问题（下）［J］. 外国经济管理，2000
（5）：21 −24

[291] 王蔷. 战略联盟内部的相互信任及其建立机制［J］. 南开管理评论，2000
（3）：13 −17

[292] 王绍光，刘欣．信任的基础：一种理性的解释 [J]．社会学研究，2002
(3)：23 –39

[293] 武志伟，陈莹．关系公平性、企业间信任与合作绩效——基于中国企业的实
证研究 [J]．科学学与科学技术管理，2010 (11)：143 –149

[294] 魏昕，博阳．诚信危机 [M]．北京：中国社会科学出版社，2003

[295] 温承革，于凤霞．供应链企业信任关系的培育途径 [J]．中国软科学，2003
(10)：84 –86

[296] 巫景飞．企业战略联盟：动因、治理与绩效——基于我国企业的经验研究
[D]．复旦大学，2005

[297] 谢凤华．消费者信任前因、维度和结果的研究——基于电视机购买的理论与
经验研究 [D]．浙江大学，2005

[298] 谢洪明，蓝海林．战略网络中嵌入关系的决定因素及其特征和影响 [J]．管
理科学，2003 (16)：11 –17

[299] 许淑君，马士华．供应链企业间的信任机制研究 [J]．工业工程与管理，
2000 (6)：5 –8

[300] 许淑君，马士华．我国供应链企业间的信任危机分析 [J]．计算机集成制造
系统——CIMS，2002 (1)：51 –53

[301] 许淑君，马士华．合作、信任与社会制度 [J]．物流技术，2001 (2)：
37 –39

[302] 徐延辉．企业家的伦理行为与企业社会资本的积累一个经济学和社会学的比
较分析框架 [J]．社会学研究，2002 (6)：63 –71

[303] 徐文明．出世之教与治世之道——试论儒佛的根本分际 [J]．北京师范大学
学报（社会科学版），1997 (3)：89 –93

[304] 杨静，宝贡敏，企业间信任维度的实证研究——以浙江、河北、北京、天津
四省市制造业企业为例 [J]．浙江统计，2008 (3)：18 –20

[305] 杨静，季晓芬，柳小芳，宝贡敏．国外知识共享氛围理论研究述评 [J]．科
学学与科学技术管理，2008 (4)：112 –115

[306] 杨中芳，彭泗清．中国人人际信任的概念化：一个人际关系的观点 [J]．社
会学研究，1999 (2)：1 –21

[307] 杨宜音．"自己人"：信任建构过程中的个案研究 [J]．社会学研究，1999
(2)：38 –51

[308] 尹洪娟，杨静，王铮，李琛．"关系"对知识分享影响的研究 [J]．管理世
界，2011 (6)：178 –179

［309］约翰·马里奥蒂．伙伴竞争未来［M］．孙敏，卫瑾，谢淳，译．沈阳：万卷出版公司，2005

［310］岳红记，刘咏芳．论当前我国企业的信用危机［J］．经济师，2002（8）：16－17

［311］翟学伟．社会流动与关系信任——也论关系强度与农民工的求职策略［J］．社会学研究，2003（1）：1－11

［312］詹勇．中国古典信用精神［M］//曹和平，杨爱民，林卫斌．信用．北京：清华大学出版社，2004

［313］张贯一，达庆利，刘向前．信任问题研究综述［J］．经济学动态，2005（1）：99－102

［314］张建新，张妙清，梁觉．殊化信任与泛化信任在人际信任行为路径模型中的作用［J］．心理学报，2000（3）：311－316

［315］张维迎．博弈论与信息经济学［M］．上海：上海人民出版社，1996

［316］张维迎．管理与竞争力［M］．上海：上海人民出版社，2004

［317］张小兰．论企业战略联盟［D］．西南财经大学，2003

［318］张秀萍．供应链竞争力［M］．北京：中国人民大学出版社，2005

［319］张延锋．战略联盟中信任、控制对合作风险的影响及其组合绩效研究［D］．西安交通大学，2003

［320］张缨．信任、契约及其规制：转型期中国企业间信任关系及结构重组研究［M］．北京：经济管理出版社，2004

［321］张缨．中国转型期企业经济活动"低信任"违约现象的社会学解释［J］．安徽大学学报（哲学社会科学版），2001（3）：76－81

［322］郑伯壎，刘怡君．义利之辨与企业间的交易历程：台湾组织间网络的个案分析［J］．本土心理学研究，1995（4）：2－41

［323］郑伯壎．企业组织中上下属的信任关系［J］．社会学研究，1999（2）：22－37

［324］郑也夫．信任的简化功能［J］．北京社会科学，2000（3）：113－119

［325］郑也夫．信任与社会秩序［J］．学术界，2001（4）：30－40

［326］郑也夫．信任：合作关系的建立与破坏［M］．杨玉明，皮子林，等译．北京：中国城市出版社，2003

［327］郑也夫，彭泗清，等．中国社会中的信任［M］．北京：中国城市出版社，2003

［328］中国企业家调查系统．企业信用：现状、问题及对策——2002年中国企业经

营者成长与发展专题调查报告 [J]. 管理世界，2002（5）：95－103

[329] 周明建. 组织、主管支持，员工情感承诺与工作产出——基于员工"利益交换观"与"利益共同体观"的比较研究 [D]. 浙江大学，2005

[330] 庄贵军，周南，周筱莲，苏晨汀，杨志林. 跨文化营销渠道中文化差异对企业间信任与承诺意愿的影响 [J]. 管理评论，2009（1）：67－76